150 Jahre
Wissen für die Zukunft
Oldenbourg Verlag

Kommunikation in verteilten Anwendungen

Einführung in Sockets, Java RMI, CORBA und Jini

von
Prof. Dr. Oliver Haase

2., überarbeitete und erweiterte Auflage

Oldenbourg Verlag München

Prof. Dr. Oliver Haase studierte Informatik an der Universität Karlsruhe und wurde danach zum Dr.-Ing. an der Universität Siegen promoviert. Von 1998 bis 2005 war er in der Industrieforschung tätig, zuerst bei NEC Europe in Heidelberg, dann bei den Bell Labs in Holmdel, New Jersey. Seit September 2005 ist Dr. Oliver Haase Professor für Verteilte Systeme und Software Engineering an der HTWG Konstanz – im März 2008 wurde er zum Prodekan für den Bereich Forschung der Fakultät für Informatik gewählt.

Bibliografische Information der Deutschen Nationalbibliothek

Die Deutsche Nationalbibliothek verzeichnet diese Publikation in der Deutschen Nationalbibliografie; detaillierte bibliografische Daten sind im Internet über <http://dnb.d-nb.de> abrufbar.

© 2008 Oldenbourg Wissenschaftsverlag GmbH
Rosenheimer Straße 145, D-81671 München
Telefon: (089) 45051-0
oldenbourg.de

Lektorat: Dr. Margit Roth
Herstellung: Anna Grosser
Coverentwurf: Kochan & Partner, München
Grafik: Hannah Haase
Gedruckt auf säure- und chlorfreiem Papier
Gesamtherstellung: Druckhaus „Thomas Müntzer" GmbH, Bad Langensalza

ISBN 978-3-486-58481-3

Vorwort zur 2. Auflage

Die Entwicklungen in der Informatik der vergangen Jahrzehnte waren mitgeprägt von einem atemberaubenden Fortschritt in der Kommunikationstechnologie und infolgedessen der Vernetzung von jedem mit allem. Die Bandbreite des Internet–Weitverkehrsnetzes hat sich in den letzten 30 Jahren um den Faktor 200 000 vervielfacht, die Bandbreite in den Zugangsnetzen – also den Netzen, die den Endbenutzer mit dem Weitverkehrsnetz verbinden – in den letzten zehn Jahren um etwa den Faktor 100. Ein Leben ohne World Wide Web oder Internet wäre für uns heute nur noch schwer, wenn überhaupt, denkbar, und das schon lange nicht mehr nur im technisch-wissenschaftlichen Bereich.

Diese Entwicklung hat eine Klasse von Anwendungen möglich und ökonomisch lohnend gemacht, die zuvor nur eine sehr untergeordnete Rolle gespielt hat, nämlich die der *verteilten Anwendungen*. Die bekannteste und am weitesten verbreitete Unterkategorie verteilter Anwendungen sind Web-Anwendungen, die teilweise auf einem Web-Server und teilweise auf einem Klientenrechner laufen. Aber auch höher verteilte Anwendungen, wie zum Beispiel Peer-to-Peer-basierte Anwendungen, haben einen enormen Aufschwung erfahren.

Verteilte Anwendungen haben viele Vorteile, beispielsweise im Bereich der Ausfallsicherheit, der Wirtschaftlichkeit oder auch der Nutzung von ansonsten brachliegenden Ressourcen. Sie haben aber auch Nachteile, die sich im wesentlichen aus der erhöhten Komplexität im Vergleich zu lokalen Anwendungen ergeben. Ein Ziel dieses Buches besteht darin, dass Sie, liebe Leserin und lieber Leser, die Vor- und Nachteile verteilter Anwendungen kennen lernen und einschätzen können, so dass Sie für eine Neuentwicklung entscheiden können, ob und gegebenenfalls welche verteilte Architektur Sie für Ihre Anwendung verwenden wollen.

Mittlerweile gibt es eine Vielzahl verschiedener Kommunikationsmechanismen, die das Entwickeln verteilter Anwendungen unterstützen. Auch hier gilt es, die Vor- und Nachteile der einzelnen Technologien zu kennen, so dass Sie im konkreten Anwendungsfall die Entscheidung für die jeweils angemessene Technologie treffen können. Eine Entscheidung für eine bestimmte Technologie kann unter Umständen weitreichende Konsequenzen für das betreffende Unternehmen haben; sie kann damit für den langfristigen Geschäftserfolg mitentscheidend sein.

Neben diesem eher grundsätzlichen Wissen will das Buch aber auch die praktische Fähigkeit vermitteln, selbst verteilte Anwendungen mit Hilfe verschiedener Technologien zu entwerfen und zu implementieren.

Die erste Auflage dieses Buches aus dem Jahr 2001 entstand auf der Grundlage der Kurseinheit *Entwicklung verteilter Anwendungen – eigenständige Client-Server-Anwendungen*, die ich im Rahmen der Lehreinheit *Rechnernetze* für das Fernstudium *Allgemeine*

Informatik der Fachhochschule Trier erstellt hatte. Die Resonanz, die ich damals auf das Skript bekommen habe, hatte mich ermutigt, den Text sowie den begleitenden Quellcode einem breiteren Publikum zugängig zu machen. Die erste Auflage hatte meines Erachtens vor allem die folgenden Vorzüge:

- Das Buch gab einen komprimierten, vergleichenden Überblick über die *grundlegenden* Ideen und Eigenschaften der wichtigsten Kommunikationsparadigmen.

- Das Buch stellte auf den ersten Blick komplexe Technologien auf einfache Art und Weise dar und abstrahierte dabei, soweit möglich, von Detailwissen.

- Von besonderem Wert war das begleitende Beispiel – eine verteilte Chat-Anwendung –, das anschaulich den Programmieraufwand zur Entwicklung einer verteilten Anwendung für die verschiedenen Kommunikationstechnologien illustriert hat.

- Das Buch war in sich abgeschlossen, d.h. es wurden keinerlei spezielle Vorkenntnisse gefordert. Die notwendigen Grundkenntnisse in Java wurden im Buch selbst vermittelt. (Generelle Kenntnisse im objektorientierten Programmieren waren allerdings erforderlich, um die entsprechenden Java-Konzepte verstehen zu können.)

Aufgrund seiner speziellen Eignung für die Informatik–Ausbildung wurde das Buch an mehreren Hochschulen als Grundlage für Vorlesungen im Bereich Verteilter Systeme eingesetzt.

Mittlerweile halte ich selbst eine regelmäßige Vorlesung mit dem Titel *Verteilte Systeme* für die Bachelorstudiengänge *Software Engineering* und *Technische Informatik* an der *Hochschule Technik, Wirtschaft und Gestaltung (HTWG) Konstanz*. Diese Veranstaltung basiert auf der hier vorliegenden zweiten und überarbeiteten Auflage des Buches. Bei der Überarbeitung des Buches habe ich versucht, die praktischen Anteile an den fortgeschrittenen Stand der Technik anzupassen, die Gesamtarchitektur des begleitenden Programmbeispiels zu verbessern und gleichzeitig die Stärken der ersten Auflage zu bewahren. Konkret haben sich daraus die folgenden Änderungen ergeben:

- Alle Code–Beispiele basieren jetzt auf Java Version 5. Zwischen der im Jahr 2001 aktuellsten Version 1.4 und Version 5 existieren signifikante Unterschiede, so dass eine Aktualisierung angebracht erschien. Die Unterschiede zwischen Version 5 und Version 6 sind im Vergleich dazu marginal; Java Version 5 hat zudem den Vorteil, dass eine Entwicklungs- und eine Laufzeitumgebung für das Mac-OS–Betriebssystem existieren, was für Version 6 zum heutigen Zeitpunkt nicht der Fall ist.

- Das neue Kapitel 2 *Konzepte verteilter Anwendungen* enthält neben einem Überblick über die wichtigsten Kommunikationsparadigmen auch eine ausführliche Diskussion der beiden Entwurfsziele *Verteilungstransparenz* und *Skalierbarkeit*, sowie eine kurze Betrachtung von Client-Server- und Peer-To-Peer-Architekturen.

- Java hat sich sowohl in der Lehre als auch in der Praxis so stark etabliert, dass es nicht mehr zeitgemäß ist, in einem Buch über verteilte Anwendungen eine Java–Einführung zu geben. Das entsprechende Kapitel aus der ersten Auflage wurde deshalb durch das neue Kapitel 3 *Erforderliche Programmiertechniken* ersetzt, das lediglich diejenigen Aspekte von Java näher beleuchtet, die speziell für die Entwicklung verteilter Anwendungen wichtig sind. Allgemeine Java–Grundkenntnisse werden für die vorliegende Ausgabe vorausgesetzt.

• Das begleitende Chat–Beispiel ist jetzt so aufgebaut, dass die kommunikationsunabhängigen Klassen ein Framework bilden, das mit den jeweiligen kommunikationsspezifischen Klassen zu einer lauffähigen verteilten Anwendung ergänzt werden kann. Das Framework wird im neuen Kapitel 4 *Beispielapplikation* vorgestellt, die verschiedenen Varianten der kommunikationsspezifischen Klassen in den darauf folgenden Kapiteln, in denen die einzelnen Kommunikationsmechanismen besprochen werden.

• Kapitel 6 *Java Remote Method Invocation* wurde um einige Aspekte erweitert, etwa Betrachtungen zur Objektmigration oder die Möglichkeit der dynamischen Serveraktivierung.

• Die Auswahl der alternativen Ansätze in Kapitel 9 wurde aktualisiert, so dass das Kapitel jetzt komplett den Microsoft-basierten Ansätzen zur entfernten Kommunikation gewidmet ist. Das sind zum einen nach wie vor DCOM, weil viele existierende Anwendungen diese Technologie verwenden, sowie neu dazu gekommen das .NET–Framework mit seinen Möglichkeiten der Socketprogrammierung, der Serialisierung sowie dem .NET-Remoting–Mechanismus.

Wie schon in der ersten Auflage des Buches stellt sich wieder die Frage zum Umgang mit Anglizismen, die sich bei keinem Informatik-Lehrbuch vermeiden lässt. Meine Einstellung dazu ist dieselbe wie auch in der erste Auflage, nämlich eine pragmatische: Wo es passende deutsche Übersetzungen für englische Fachausdrücke gibt, verwende ich diese. Wenn ich denke, dass eine Übersetzung dem Verständnis abträglich wäre, verwende ich die englische Bezeichnung. Ich kann nur hoffen, dass die zwangsläufig subjektiven Entscheidungen, die ich dabei treffen musste, in etwa Ihren Geschmack treffen.

Weiterhin verwende ich in Programmcode durchgehend englische Bezeichnungen. Das ist zum einen konsistenter zu den englischen Bezeichnern der Sprache Java und den vordefinierten Typnamen, zum anderen erleichtert ein solcher Stil das Arbeiten in internationalen Entwicklungsteams und ist deshalb eine gute Angewohnheit.

Dieses Buch wurde mit dem Dokumentenverarbeitungssystem LaTeX gesetzt. Ich verwende den Standard-Schriftsatz für Text wie diesen. Programmcode und Text, den Sie über die Tastatur Ihres Computers eingeben müssen bzw. Meldungen, die über den Bildschirm Ihres Computers ausgegeben werden, sind in `Schreibmaschinenschrift` gesetzt. CORBA-IDL-Spezifikationen sind zur besseren Unterscheidung von Java-Programmcode in Sans-Serifen-Schrift gesetzt.

Sie können eine Reihe von Begleitmaterial zu diesem Buch unter der URL
`http://www-home.htwg-konstanz.de/~haase/books/kiva/`
herunterladen. Das betrifft den Java-Programmcode und die ausführbaren Klassen zur begleitenden Chat-Anwendung sowie die Vorlesungsfolien, die ich für meine Vorlesung *Verteilte Systeme* verwende.

Ich möchte hiermit einigen Personen danken, die wesentlich zum Gelingen dieses Buches beigetragen haben: An erster Stelle sind hier meine Frau Claudia und meine Kinder Kai, Hannah und Alex zu nennen. Die Zeit, die ich zum Schreiben dieser Buches gebraucht habe, ging leider von der ohnehin knapp bemessenen Familienzeit ab. Vielen Dank für Euer Verständnis!

Immer noch gilt mein besonderer Dank Andreas Henrich, der als Herausgeber der ersten Auflage damals erheblich zur Qualitätssicherung des Buches beigetragen hat. Außerdem danke ich herzlich meinem Mitarbeiter, Herrn Robert Walter, der einige der Übungs-aufgaben zu Kapitel 3 entwickelt hat.

Der Worte sind genug gewechselt,
Lasst mich auch endlich Taten sehn!

[aus Goethes Faust]

Konstanz, im März 2008   Oliver Haase

Inhaltsverzeichnis

Abbildungsverzeichnis

1   Einführung in das Thema

Wer immer tut, was er schon kann, bleibt immer das, was er schon ist.
– Henry Ford.

Verteilte Anwendungen haben in den vergangenen Jahren einen enormen Aufschwung erfahren. Das liegt zum einen an der rasant zunehmenden Verbreitung von Web-Applikationen, die verteilt auf einem Web-Server und einem Web-Klienten – üblicherweise innerhalb eines Web-Browsers – ablaufen. Der besondere Charme einer Web-Applikation liegt darin, dass sie nahezu plattformunabhängig und ohne jede klientenseitige Installation ablaufen. In jüngster Zeit wurde unter dem Namen *AJAX (Asynchronous JavaScript and XML)* eine Kombination von Technologien etabliert, die es erlaubt, Web-Applikationen mit einer ähnlichen Interaktivität und Benutzersteuerung auszustatten wie klassische Desktop-Anwendungen. Die Einführung von AJAX wird die Verbreitung von Web-Applikationen vermutlich weiter beschleunigen.

Der Aufschwung verteilter Anwendungen gilt aber auch für andere und insbesondere für höher verteilte Anwendungen, die nicht nur auf zwei, sondern auf Dutzenden, Hunderten oder gar viele Tausenden von Rechnern gleichzeitig ablaufen. In dieser Gruppe verteilter Anwendungen finden sich zum Beispiel Peer-to-Peer-Anwendungen, etwa für die verteilte Speicherung von Daten oder auch für die Telekommunikation. Ebenfalls in dieser Gruppe befinden sich sogenannte *Grid-Computing*-Anwendungen, bei denen ein zentraler Server die Berechnung eines hochkomplexen Problems – wie z.B. die Wettervorhersage oder die Simulation der dreidimensionalen Faltungsstruktur eines Proteinmoleküls – an eine große Menge von Computern verteilt, die Ergebnisse einsammelt und miteinander kombiniert.

Die treibende Kraft hinter der wachsenden Popularität verteilter Anwendungen ist die rasante Technologieentwicklung im Bereich von Hochgeschwindigkeitsnetzen und insbesondere im Internet, die die Verteilung einer Anwendung auf eine große Anzahl von teilweise geographisch weit voneinander entfernte Computer erst möglich gemacht hat. Ein paar Zahlen sollen das veranschaulichen:

Innerhalb der vergangenen circa 30 Jahre entwickelte sich die Bandbreite von 56 kbps im ARPANET (dem Vorläufer des heutigen Internet) zu 10 Gbps im Internet Backbone. Das entspricht einer Leistungssteigerung um den Faktor 200 000. Gleichzeitig sank die Fehlerrate von ca. 1 Fehler pro 100 kb auf fast Null (wiederum in optischen Netzen).

Im Bereich der Zugangsnetze, die einen Rechner mit dem Internet verbinden, waren noch vor ungefähr 10 Jahren Telefonmodems mit einer Übertragungsrate von 56kbps Stand der Technik. Heute ist ein Breitbandanschluss über das Telefonnetz (DSL) oder das Fernsehkabelnetz mit gängigen Übertragungsraten von mehreren Mbps für Privatbenutzer schon fast üblich. Das entspricht einer Geschwindigkeitssteigerung um den Faktor 100 innerhalb von 10 Jahren.

Als Konsequenz aus dieser Entwicklung ergibt sich, dass heute in Computernetzen meistens nicht mehr das Netz, sondern der Computer als Flaschenhals angesehen werden muss. Für den Architekten größerer Softwaresysteme ist es wichtig, diese Tatsache zu verinnerlichen und im Entwurfsprozess zu berücksichtigen. Es sei hier allerdings auch erwähnt, dass Bandbreite zwar nahezu beliebig steigerbar ist, die Latenzzeit zur Übertragung einer Nachricht aber nicht beliebig gesenkt werden kann. Beispielsweise benötigt eine Nachricht, die von Europa nach Australien versandt wird und die über die gesamte Übertragungsstrecke von 20 000 km optisch übertragen wird, mindestens eine theoretische Latenzzeit von 70ms vom Sender zum Empfänger, die sich aus der Geschwindigkeit des Lichtes ergibt.

Dieses Kapitel schafft die Voraussetzungen für die weiteren Betrachtungen, die in den restlichen Kapiteln dieses Buchs angestellt werden, indem es drei zentrale Fragen beantwortet:

1. Was ist eine verteilte Anwendung?

2. Welche Vorteile hat eine verteilte Anwendung gegenüber einer lokalen Anwendung beziehungsweise unter welchen Umständen ist Verteilung zwingend erforderlich?

3. Welche Nachteile hat eine verteilte Anwendung gegenüber einer lokalen?

Ein fundiertes Verständnis dieser Fragestellungen ist notwendig, damit der Architekt einer Anwendung entscheiden kann, ob und gegebenfalls warum die Anwendung verteilt werden sollte. Davon *wie* die Verteilung gestaltet sein sollte, handeln die restlichen Kapitel des Buches.

1.1 Was ist eine verteilte Anwendung?

Im Gegensatz zu einer *lokalen* Anwendung, die von einem oder mehreren Prozessen auf *genau einem* Rechner ausgeführt wird, besteht eine verteilte Anwendung aus mehreren Prozessen, die – zumindest zum Teil – auf verschiedenen, miteinander vernetzten Rechnern laufen. Eine verteilte Anwendung involviert also immer mindestens zwei Rechner; eine prominente Klasse von Anwendungen, die typischerweise auf genau zwei Rechnern läuft, sind Web-Anwendungen. Für die Menge beteiligter Rechner gibt es jedoch keine Obergrenze. Beim Peer-To-Peer- oder beim Grid-Computing können das mehrere Tausende gleichzeitig sein.

Um ihre gemeinsame Aufgabe zu erfüllen, müssen die verteilten Prozesse miteinander *interagieren*, um Daten auszutauschen. Prinzipiell gibt es zwei verschiedene Interaktionsmuster, zum einen die *Kooperation* und zum anderen die *Kommunikation*.

Bei der Kooperation arbeiten mehrere Prozesse gleichzeitig auf einem gemeinsamen Datenbereich (engl. *Shared Memory*) und sind dadurch in der Lage, Nachrichten auszutauschen. Dies kann sogar über Rechnergrenzen hinweg geschehen. Einer der bekanntesten

Ansätze dazu ist Linda[1]; in jüngerer Zeit gibt es mit JavaSpaces einen Linda-ähnlichen, aber objektorientierten Ansatz. Kooperation ist von Natur aus ein *symmetrischer* Mechanismus – alle beteiligten Prozesse arbeiten gleichberechtigt auf dem gemeinsamen Datenbereich, siehe Abbildung 1.1 links.

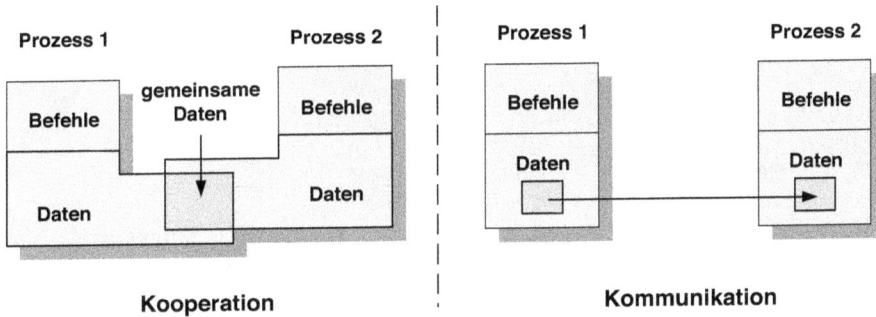

Abb. 1.1: *Interaktionsmuster Kooperation und Kommunikation.*

Bei der Kommunikation sendet ein Prozess Nachrichten in den Datenbereich eines anderen Prozesses. Kommunikation ist damit im Gegensatz zur Kooperation ein *asymmetrischer* Mechanismus – es gibt einen Sender und (mindestens) einen Empfänger, siehe Abbildung 1.1 rechts.

In der Praxis werden Kooperationsmechanismen hauptsächlich bei lokalen Anwendungen eingesetzt, bei denen verschiedene Prozesse miteinander interagieren, die auf demselben Rechner laufen. Bei Prozessen, die auf verschiedenen Rechnern laufen, kommt Kommunikationsmechanismen eine wesentlich größere Bedeutung zu als Kooperationsmechanismen. Dieses Buch beschäftigt sich deshalb ausschließlich mit Kommunikation.

In diesem Sinne sitzt eine verteilte Anwendung oberhalb eines Kommunikationsnetzwerks. Für den Benutzer, aber auch für den *Entwickler*, sollte sich die Anwendung aber möglichst genauso darstellen, als liefe sie zentral auf seinem Rechner; sie *verbirgt* also das Netzwerk vor dem Benutzer bzw. vor dem Entwickler. In Abbildung 1.2 ist schematisch eine verteilte Anwendung dargestellt, die aus drei Prozessen besteht, die auf den Rechnern A und B laufen. Dabei spielt es prinzipiell keine Rolle, ob sich Rechner A und B im selben lokalen Netz (*Local Area Network LAN*) befinden, oder aber diesseits und jenseits des Atlantiks und über eine Satellitenverbindung miteinander kommunizieren. Desweiteren gehören zu der verteilten Anwendung die Kommunikationsbeziehungen zwischen Prozess 1 und Prozess 2, sowie zwischen Prozess 1 und Prozess 3.

---

[1]Weiterführende Literaturhinweise befinden sich jeweils am Ende der einzelnen Kapitel.

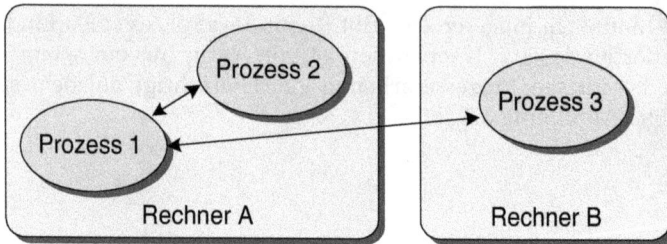

Abb. 1.2: *Verteilungsmodell einer beispielhaften verteilten Anwendung*

1.2 Vorteile verteilter Anwendungen

In welchen Fällen aber bietet es sich an oder unter welchen Umständen ist es erforderlich, eine Aufgabe nicht durch eine lokale, sondern durch eine verteilte Anwendung zu bearbeiten?

- Zum einen gibt es Aufgaben, die von Natur aus verteilt sind. Beispiele dafür sind Videokonferenz-Systeme, Telefonie über das Internet oder Fahrzeug-Leitsysteme. Bei diesen Aufgaben sind die verschiedenen Instanzen, die an der Bearbeitung der gemeinsamen Aufgabe beteiligt sind, geographisch weit voneinander entfernt.

- Ein zweiter Grund ist die mögliche Robustheit, die mit einer verteilten Anwendung erreicht werden kann. Dazu verwendet man etwa redundante Datenkopien (bei einer verteilten Datenbank) oder zusätzliche sogenannte *Stand-by-Rechner*, die Aufgaben übernehmen, falls ein Rechner ausfällt.

- Ein weiterer Grund für Verteilung ist gegeben, wenn Teile der Anwendung auf einem bestimmten Rechner laufen müssen. Dafür kann es verschiedene Gründe geben, beispielsweise weil die Teilaufgabe eine bestimmte Hardware erfordert oder weil sie Zugriff auf entfernt liegende Daten erfordert. In solchen Fällen wird die verteilte Anwendung den fremden Rechner mit der Erledigung der Teilaufgabe beauftragen und sich nach der Berechnung das Ergebnis abholen bzw. zuschicken lassen.

  Eine sehr wichtige und bekannte Klasse von Anwendungen, die genau aus diesem Grund verteilt sind, sind *Web-Anwendungen*.

- Die Verteilung kann aus betriebswirtschaftlichen Gründen sinnvoll sein. Die Preise für Personal Computer und Netzwerke sind im Vergleich zu den Preisen von zentralen Hochleistungsrechnern in jüngerer Zeit so stark gefallen, dass es häufig billiger ist, mehrere PCs miteinander zu vernetzen als einen Großrechner zu kaufen. Für eine möglichst ausgewogene Lastverteilung werden dann Anwendungen gleichmäßig – bezüglich Speicher- und Prozessorbedarf – im Netz verteilt.

- *Grid-Computing*-Projekte (*seti@home* der Universität Berkeley und viele andere *@home*-Projekte) schließlich verwenden ansonsten brachliegende Prozessor- und

Speicherressourcen zur Ausführung extrem rechenaufwendiger Berechnungen. Dazu gehören etwa das Durchsuchen empfangener Radiosignale nach wiederkehrenden Mustern, die Berechnung von Wettervorhersagen und die Simulation hochkomplexer Proteinmoleküle.

Anfang 2007 nahmen über eine Million Computer an *seti@home* teil, was der verteilten Anwendung eine Gesamtrechenleistung von 265 TeraFLOPS verlieh (zum selben Zeitpunkt war der *Blue Gene*-Supercomputer mit 360 TeraFLOPS Rechenleistung der weltweite schnellste Computer).

Wegen des enormen Potenzials und der Popularität von Grid Computing hat die *seti@home*-Gruppe die Plattform *BOINC (Berkeley Open Infrastructure for Network Computing)* entwickelt, auf die verschiedene Verteiltes-Rechnen-Projekte gestellt werden können, so dass Klienten wählen können, für welche Projekte sie ihre brachliegenden Ressourcen bereitstellen möchten.

Zusammenfassend kann man also festhalten, dass es Anwendungen gibt, die verteilt werden *müssen*, und solche, die verteilt werden *können*. Für die letztgenannte Kategorie von Anwendungen ist Verteilung natürlich immer dann sinnvoll, wenn die Vorteile die Nachteile überwiegen. Auf die Nachteile kommen wir im folgenden Abschnitt zu sprechen.

1.3   Nachteile verteilter Anwendungen

There is no free lunch. –Milton Friedman

A distributed system is one in which the failure of a computer you didn't even know existed can render your own computer unusable. – Leslie Lamport

Den Vorteilen einer verteilten Anwendung steht auf der Kostenseite eine erhöhte Komplexität gegenüber, die sich auf alle Phasen des Software-Lebenszyklus niederschlägt, angefangen beim Entwurf, über die Entwicklung einschließlich Testen und Debuggen, bis hin zur Inbetriebnahme und Versionierung der Software. Welche zusätzlichen Herausforderungen, Schwierigkeiten und Risiken diese erhöhte Komplexität – verglichen mit einer rein lokalen Anwendung – im einzelnen verursacht, wird im folgenden besprochen.

Entwurf: Beim Entwurf einer verteilten Anwendung muss ein geeignetes Verteilungsmodell definiert werden, das festlegt, welche Prozesse auf welchen Rechnern laufen sollen. Für die Kommunikation der einzelnen Prozesse untereinander müssen geeignete Mechanismen und Protokolle gewählt bzw. entwickelt werden. Dabei muss berücksichtigt werden, über welche Kanäle die Anwendung kommunizieren wird. Steht zum Beispiel für die Kommunikation zwischen zwei Prozessen eine breitbandige Leitung zur Verfügung, können größere Datenmengen übertragen werden als wenn beispielsweise über eine schmalbandige Luftschnittstelle (z.B. GSM) kommuniziert werden muss.

Der Entwurf wird entsprechend schwierig, wenn diese Randbedingungen nicht vollständig bekannt sind oder für unterschiedliche Installationen beziehungsweise Kunden stark variieren können. Sogenannte *adaptive Anwendungen* können ihr Verhalten dynamisch an die vorgefundene Netzsituation anpassen, indem sie z.B. bei einer breitbandigen Verbindung Daten unkonprimiert, bei einer schmalbandigen Verbindung die zu übertragenden Daten komprimiert übertragen. Das Komprimieren auf der Senderseite und Dekomprimieren auf der Empfängerseite geht natürlich zu Lasten der Prozessorzeiten bei Sender und Empfänger und wird deshalb bei der Kommunikation über eine breitbandige Leitung vermieden. Dass Adaptivität eine zusätzliche Dimension der Komplexität erzeugt, ist offensichtlich.

Implementierung: Die Implementierung der einzelnen Prozesse einer verteilten Anwendung ist aus mehreren Gründen anspruchvoller als die Implementierung einer lokalen Anwendung. Zum einen gibt es neue, zusätzliche Fehlerfälle, wie z.B. den Fall, dass die erwartete Antwortnachricht auf eine Anfrage ausbleibt. Das kann passieren, weil der Kommunikationspartner oder die Kommunikationsverbindung ausfällt. Ein Prozess, der eine Anfrage abschickt, darf also nicht endlos auf eine Antwort warten, sondern muss sich mit einem Timer gegen das Ausbleiben einer Nachricht schützen. Nach Ablauf des Timers muss der Prozess eine geeignete Fehlerbehandlungsroutine ausführen.

Eine andere Fehlerart besteht darin, dass eine unerwartete Nachricht empfangen wird. Wie mit einer solchen Nachricht umgegangen werden muss, hängt von der Anwendung, dem Zustand des Empfängers der Nachricht und vom Verhalten des Senders ab. Es kann unter Umständen sinnvoll sein, den Sender über die unerwartete Nachricht zu informieren, die Nachricht einfach zu ignorieren, oder die verteilte Anwendung in einen *Error Recovery*-Modus überzuführen, weil die Nachricht gezeigt hat, dass sich das Gesamtsystem in einem ungewünschten Zustand befindet.

Ein weiterer Grund für die erhöhte Komplexität bei der Implementierung einer verteilten Anwendung liegt darin, dass Kommunikation oftmals zu Nebenläufigkeit führt. Wenn der (potenzielle) Empfänger einer Nachricht nicht von allen anderen Aktivitäten blockiert sein möchte, muss er das Warten auf eingehende Nachrichten in einen separaten, nebenläufigen Thread auslagern. Der Sender einer Nachricht kann prinzipiell entscheiden, ob er *synchron* oder *asynchron* kommunizieren möchte. Bei synchroner Kommunikation wartet der Sender blockierend auf die Antwort zu seiner Nachricht, bei asynchroner Kommunikation arbeitet er weiter an anderen Aktivitäten und kann die Antwort zu einem beliebigen späteren Zeitpunkt empfangen. Asynchrone Kommunikation erlaubt einen höheren Parallelitätsgrad in der Abarbeitung als synchrone Kommunikation, setzt aber wiederum die Verwendung eines eigenständigen Threads voraus, der das Warten auf die spätere Antwort übernimmt.

Nebenläufige Threads müssen miteinander synchronisiert werden, um Änderungsanomalien zu vermeiden, die ansonsten beim gleichzeitigen Zugriff auf gemeinsame Daten auftreten können. Die Programmierung eines Programms, das nebenläufige Threads enthält, ist im allgemeinen anspruchsvoller als die Programmierung eines streng seriellen Programms.

Testen: Um eine einzelne Komponente zu testen (*Unit Test*) müssen die entfernten Kommunikationspartner simuliert werden, so dass die zu testende Komponente die erwarteten Nachrichten und Antworten erhält. Für erschöpfende Tests müssen dazu nicht nur die sogenannten *Sunny Day Scenarios*, d.h. die fehlerfreien Testfälle, sondern auch verschiedenste Varianten irregulären Verhaltens (*Rainy Day Scenarios*) der entfernten Komponenten simuliert werden. Alleine die Implementierung der Simulatoren für die entfernten Komponenten kann dabei recht aufwendig sein.

Das Zusammenwirken aller Komponenten einer verteilten Anwendung wird in sogenannten *Integrationstests* getestet. Das erfordert oftmals einen komplexen Set-up aller Komponenten, der umso aufwendiger wird, wenn die Komponenten geographisch verteilt sind. Dadurch wird natürlich auch das Beobachten und Aufzeichnen (*Logging*) des Systemverhaltens schwierig. Und schließlich ist es wegen der Vielzahl möglicher Interaktionen, Fehlerfälle, Konfigurationen, verwendeter Plattformen und sonstiger Konstellationen im allgemeinen bestenfalls möglich beziehungsweise wirtschaftlich vertretbar, die wichtigsten Kombinationen der vorgenannten Parameter zu testen.

Debugging: Die erste Schwierigkeit beim Finden eines Fehlers in einem verteilten System ist oftmals, den Fehler zu reproduzieren. Das gilt vor allem dann, wenn die Interaktion vieler Komponenten unter bestimmten Rahmenbedingungen notwendig ist, um den Fehler zu erzeugen, und der Entwickler diese Rahmenbedingungen nicht a priori kennt. Wenn dann zusätzlich geographisch entfernte Komponenten in das Fehlerverhalten involviert sind, ist die Reproduzierbarkeit des Fehlers ein sehr aufwendiges Unterfangen.

Eine wichtige Strategie bei der Fehlersuche mit Hilfe eines Debuggers ist es, sogenannte *Breakpoints* im Programmcode zu setzen, an deren Stelle angekommen der Debugger die Ausführung unterbricht, so dass man sich den Zustand der Objekte und Variablen zum entsprechenden Zeitpunkt anschauen kann. Häufig gibt das Hinweise darüber, wo der Fehler aufgetreten ist. Das Anhalten einer einzelnen Komponente einer verteilten Anwendung ist aber oftmals gar nicht möglich, weil in einer anderen, entfernten Komponente, die auf eine Antwort wartet, ansonsten der entsprechende Timer abläuft (siehe Punkt *Implementierung*). Um dieses Problem zu verhindern, muss die entfernte Komponente zu Debugging-Zwecken abgeändert werden, was aber wiederum bewirken kann, dass das fehlerhafte Verhalten nicht reproduziert werden kann.

Eine weitere Schwierigkeit ergibt sich schließlich aus der Nebenläufigkeit kommunizierender Prozesse. Einen Prozess zu debuggen, in dem mehrere Threads gleichzeitig ablaufen, ist eine wesentlich größere Herausforderung als das Debuggen eines seriellen Prozesses.

Betrieb: Wie im einführenden Zitat von Leslie Lamport angedeutet, können in einer verteilten Anwendung Ausfälle einzelner entfernter Rechner oder Teilausfälle des Kommunikationsnetzwerks dazu führen, dass die gesamte Anwendung hängt, abstürzt oder in einen undefinierten Zustand gerät. Natürlich ist es Aufgabe des Entwicklers, dafür zu sorgen, dass die Anwendung selbst in Ausnahmesituationen zumindest geordnet beendet wird und dem Benutzer die Ursache des Problems mitteilt. Dass eine konsequente und auch konsistente Fehlerbehandlung in einem verteilten System eine noch anspruchsvollere Aufgabe ist als sie das in einem lokalen System ohnehin schon der Fall ist, ist dabei offensichtlich.

Versionierung & Konfiguration: Für eine verteilte Anwendung ist es im allgemeinen sinnvoll, die einzelnen Komponenten unterschiedlichen Versionierungszyklen zu unterwerfen. Wenn zum Beispiel in einer Komponente ein Fehler korrigiert wurde, sollte diese durch eine neue Version ersetzt werden, wohingegen die anderen Komponenten unverändert bleiben können. Das gleiche gilt, wenn in einer Komponente neue Funktionalität implementiert wurde oder vorhandene Funktionalität durch effizientere Implementierungen ersetzt wurde; wenn andere Komponenten davon nicht betroffen sind, ist es sinnvoll, diese nicht mitzuversionieren. Aus den unterschiedlichen Verisonierungszyklen der verteilten Komponenten ergibt sich, dass die Gesamtanwendung in unterschiedlichen Konfigurationen funktionieren muss. Das erfordert im allgemeinen Rückwärtskompatibilitäten bis zu einem gewissen Grad. Ein Server der Version 3.0 muss beispielweise wissen, dass er Anfragen eines Klienten der Version 2.1 und neuer bearbeiten kann. Dieses Zusammenspiel setzt voraus, dass die verteilten Komponenten ihre Versionsnummern als Teil der Kommunikationsprotokolle austauschen.

Die Vorteile einer verteilten Anwendung müssen also zum einen durch zusätzliche Kosten – in Form von Latenzzeiten und Ressourcenverbrauch – für die Kommunikation, vor allem aber durch eine zusätzliche Komplexität, die alle Phasen des Software-Lebenszyklus betrifft, bezahlt werden. Für den Architekten einer großen Anwendung ist es daher wichtig, alle Einflussfaktoren zu kennen und gegeneinander abwägen zu können, um zu entscheiden, ob, aus welchen Gründen und wie die Anwendung verteilt werden sollte. In den weiteren Kapiteln dieses Buches werden wir sehen, welche Techniken man anwendet, um die zusätzliche Komplexität zu beherrschen und welche Mechanismen für die eigentliche Kommunikation zur Verfügung stehen.

1.4   Zusammenfassung

Verteilte Anwendungen haben in den vergangenen Jahren einen enormen Aufschwung erfahren. Das betrifft Web-Applikationen, die im allgemeinen auf zwei Rechner verteilt sind, aber auch höherverteilte Kategorien von Anwendungen, wie zum Beispiel Peer-To-Peer-Systeme und Grid-Computing-Anwendungen. Dieser Aufschwung wurde ermöglicht durch die rasante Technologieentwicklung im Bereich von Hochgeschwindigkeitsnetzen, insbesondere im Internet.

Eine verteilte Anwendung besteht aus mehreren, entfernt voneinander laufenden Prozessen, die miteinander kooperieren, um eine gemeinsame Aufgabe zu bearbeiten. Mögliche Gründe für das Erstellen einer verteilten Anwendung sind die verteilte Natur der Aufgabe (z.B. Telekommunikation), zusätzliche Robustheit durch Verwendung duplizierter Ressourcen, Verwendung von Funktionalität, die auf einem bestimmten, entfernten Rechner erbracht werden muss, Wirtschaftlichkeitserwägungen, oder die Nutzung von ansonsten brachliegenden Ressourcen.

Verteilte Anwendungen sind komplexer als lokale Anwendungen. Diese Komplexität betrifft alle Phasen des Software-Lebenszyklus, angefangen beim Entwurf, über die Entwicklung einschließlich Testen und Debuggen, bis hin zur Inbetriebnahme und Versionierung der Software. Für den Architekten einer Anwendung ist es deshalb wichtig, sich aller Vor- und Nachteile bewusst zu sein, um zu entscheiden ob, warum und wie eine Anwendung verteilt werden soll.

1.5 Übungsaufgaben

Genius is one percent inspiration and ninety-nine percent perspiration.
– Thomas A. Edison.

Aufgabe 1.1

Eine Bank besitzt viele Filialen in ganz Deutschland. Zählen Sie einige Gründe auf, warum es günstiger sein kann, die Informationen über die Kundenkonten in einer verteilten Datenbank zu realisieren, bei der jedes Konto bei der entsprechenden Heimatfiliale gespeichert wird, als in einer großen zentralen Datenbank.

Aufgabe 1.2

Was sind mögliche Gründe für Verteilung, beziehungsweise Vorteile einer verteilten Anwendung?

Aufgabe 1.3

Beschreiben Sie kurz die zusätzlichen Schwierigkeiten, die Verteilung in den einzelnen Phasen des Software–Lebenszyklus mit sich bringt.

1.6 Weiterführende Literatur

Hier finden Sie eine kleine Auswahl weiterführender Literatur zu den verschiedenen Teilgebieten, die in diesem Kapitel behandelt wurden.

- Weiterführendes zum Thema *Prozessinteraktionsmuster*:

    - H. Wettstein. *Architektur von Betriebssystemen*. Hanser Verlag, 3. Auflage 1986, ISBN 3-446-15062-5.

- Weiterführendes zum Thema *Kooperation*:

    - E. Freeman, S. Hupfer, K. Arnold. *JavaSpaces – Principles, Patterns, and Practice*. Addison Wesley 1999, ISBN 0-201-30955-6.

– N. Carriero, D. Gelernter. *How to Write Parallel Programs*. ACM Computing Survey, 1989.

- Weiterführendes zum Thema *Verteilte Systeme*:

– A. Tanenbaum, M. van Steen. *Verteilte Systeme – Grundlagen und Paradigmen*. Pearson, 2. Auflage, 2007, ISBN 3827372933.

2 Konzepte verteilter Anwendungen

Nachdem wir im vorigen Kapitel definiert haben, was wir unter einer verteilten Anwendung verstehen, sowie deren Vor- und Nachteile diskutiert haben, beschäftigen wir uns in diesem Kapitel mit den wichtigsten Grundprinzipien, Konzepten und Techniken, die für den Entwurf einer verteilten Anwendung relevant sind und die dabei helfen, die Komplexität, die einer verteilten Anwendung innewohnt, zu beherrschen. Außerdem geben wir einen Überblick über die wichtigsten Kommunikationsparadigmen, die wir dann in späteren Kapiteln anhand praktischer Programmierbeispiele vertiefen werden.

2.1 Verteilungstransparenz

Ein wichtiges Ziel bei der Entwicklung einer verteilten Anwendung ist es, die Anwendung nach außen genauso erscheinen zu lassen wie eine lokale Anwendung. Idealerweise sollte also der Benutzer einer verteilten Anwendung gar nicht wahrnehmen, dass er oder sie es nicht mit einer lokalen Anwendung zu tun hat.

Diese Eigenschaft nennt man *Verteilungstransparenz*. Allgemein wird ein System als *transparent* bezüglich einer Eigenschaft bezeichnet, wenn diese Eigenschaft für den Benutzer unerheblich – *nicht sichtbar* – ist. In diesem Sinne bedeutet Verteilungstransparenz, dass der Benutzer des verteilten Systems den Eindruck hat, es handle sich um ein lokales System.

Vollständige Verteilungstransparenz wird allerdings nur selten erreicht, aus Gründen, auf die wir am Ende dieses Abschnitts noch einmal zu sprechen kommen. Allerdings ist Verteilungstransparenz keine binäre Eigenschaft, die eine Anwendung entweder komplett oder gar nicht besitzt. Stattdessen gibt es verschiedene Abstufungen von Verteilungstransparenz, die sich daraus ergeben, welche Aspekte von Verteilungstransparenz erfüllt werden. Häufig unterscheidet man die folgenden Teilaspekte:

Zugriffstransparenz bedeutet, dass Unterschiede in der Art, wie Daten gespeichert werden und wie auf sie zugegriffen wird, versteckt werden. Das betrifft etwa Unterschiede in der Byte-Reihenfolge (*Big-Endian*-Darstellung gegenüber *Little-Endian*-Darstellung) oder unterschiedliche Konventionen für Dateinamen auf unterschiedlichen Plattformen und Betriebssystemen.

Ortstransparenz bedeutet, dass auf Ressourcen zugegriffen werden kann, ohne dass ihre Lokation bekannt ist. Das erfordert, dass Ressourcen logische, ortsunabhängige Namen haben, unter denen sie angesprochen werden können und dass es einen

Namensdienst gibt, der diese Namen den Lokationen zuordnen kann, an dem die Ressourcen vorhanden sind.

Migrationstransparenz ist eine weitere Stufe der Ortstransparenz, bei der Ressourcen im System verschoben werden können, ohne dass das für die Benutzer der Ressourcen sichtbar würde. Im Kontext mobiler Systeme (z.B. bei der Mobiltelephonie, aber auch bei der mobilen Datenkommunikation) nennt man diesen Transparenzaspekt auch *Pre-Session Mobility*, das heißt Mobilität *bevor* auf die Ressource zugegriffen wird.

Relokationstransparenz ist die höchste Stufe der Ortstransparenz, die wiederum auf der Migrationstransparenz aufbaut. Bei der Relokationstransparenz kann eine Ressource verschoben werden *während* Nutzer auf sie zugreifen. In mobilen Systemen nennt man diese Art der Lokationstransparenz auch *Mid-Session Mobility*. Sie gewährleistet zum Beispiel, dass die Verbindung zu einem Mobiltelefon nicht abbricht, wenn es sich aus einer Funkzelle heraus und in eine andere hinein bewegt.

Persistenztransparenz spielt z.B. in verteilten Datenbanksystemen eine große Rolle, aber auch immer dann, wenn zumindest ein Teil der Daten einer Anwendung über die Prozesslaufzeit hinaus gespeichert werden sollen. Persistenztransparenz verbirgt den Unterschied zwischen Daten im flüchtigen Hauptspeicher und Daten, die im persistenten Hintergrundspeicher gehalten werden. Manche objektorientierte Datenbanken erlauben dem Anwendungsprogrammierer, mit persistenten Daten genauso umzugehen als wären es transiente Objekte im Hauptspeicher.

Nebenläufigkeitstransparenz verbirgt die Tatsache, dass auf eine Ressource mehrere konkurrierende Prozesse zugreifen. Für jeden einzelnen zugreifenden Prozess stellt sich die Ressource dar, als hätte der Nutzer den alleinigen Zugriff. Dazu ist es erforderlich, dass über geeignete Sperren der Zugriff zu Ressourcen soweit serialisiert wird, dass keine Änderungsanomalien durch gleichzeitiges Ändern derselben Ressource entstehen können, siehe auch Abschnitt 3.2.

Replikationstransparenz ist in gewissem Sinne die Umkehrung zur Nebenläufigkeitstransparenz: Während bei der Nebenläufigkeitstransparenz die Tatsache verborgen wird, dass viele Nutzer gleichzeitig auf eine Ressource zugreifen können, verbirgt die Replikationstransparenz die Tatsache, dass eine Ressource nicht nur einmal, sondern in vielen Kopien (*Replikas*) vorhanden sein kann. Replika werden verwendet, um die Ausfallsicherheit zu erhöhen, die Last konkurrierenden Zugriffs zu verteilen oder um lokale Kopien näher bei den Nutzern bereitzuhalten. Replikationstransparenz stellt sicher, dass ein Nutzer nicht merkt, dass er nur auf eine Kopie der Ressource zugreift. Replikation erfordert, dass die mehrfach gehaltenen Daten konsistent gehalten werden, was keine einfache Aufgabe ist. Replikation ist eine gewünschte Form von Redundanz. Redundanz wiederum gilt als eine der häufigsten Fehlerquellen beim Programmieren, weil sie sehr schnell zu Dateninkonsistenzen führen kann.

Fehlertransparenz wird auch *Fehlertoleranz* genannt und bezeichnet die Fähigkeit eines Systems, Fehler selbst durch geeignete Mechanismen auszugleichen oder zu

„reparieren" und damit vor dem Benutzer zu verbergen. In einer verteilten Anwendung sind mit Fehlern Ausfälle von Teilsystemen gemeint. Diese Ausfälle vor dem Benutzer zu verbergen ist ein sehr ambitioniertes Ziel, das nur selten vollständig erreicht werden kann.

Ein typisches Beispiel für ein fehlertransparentes System ist ein Faxgerät, das selbstständig solange den Verbindungsaufbau zur Gegenstelle wiederholt, bis eine Verbindung zustande kommt.

Wegen der zusätzlichen Zeit, die der Austausch von Nachricht zwischen entfernten Komponenten einer verteilten Anwendung benötigt, ist es in der Praxis sehr schwierig, vollständige Verteilungstransparenz zu erreichen. Das gilt insbesondere, wenn der Kommunikationspartner nicht wie gewünscht reagiert, weil etwa eine Nachricht wegen Netzüberlast unterwegs verloren gegangen ist oder weil der Kommunikationspartner ausgefallen ist.

Ein prinzipielles Problem dabei ist, dass in einem verteilten System eine Komponente nicht mit Sicherheit feststellen kann, ob eine entfernte Komponente, die nicht antwortet, ausgefallen ist oder ob sie nur sehr langsam antwortet. Deshalb dauert es einige wiederholte, erfolglose Kommunikationsversuche, bis der Sender annimmt, dass der Empfänger ausgefallen ist und die Kommunikation beendet. Da die Timer, die bestimmen, wie lange ein Sender einer Nachricht auf eine Antwort wartet, großzügig dimensioniert sein müssen, um zu schnelle Time-Outs im Normalbetrieb zu verhindern, nimmt ein solcher Vorgang im allgemeinen mehrere Sekunden in Anspruch, so dass die Verteilung nicht mehr vor dem Benutzer verborgen werden kann.

2.2   Skalierbarkeit

Skalierbarkeit ist neben der Verteilungstransparenz das zweite wichtige Entwurfsziel eines verteilten Systems. Ein System ist skalierbar, wenn es in verschiedenen Größen existieren kann, ohne dass dafür die verwendeten Algorithmen und Protokolle angepasst werden müssten. Wichtig ist dabei vor allem die Fähigkeit, ohne wesentliche Änderung der zugrunde liegenden Mechanismen *zu wachsen*. Die Skalierbarkeit ist für ein so schnell wachsendes System wie das Internet oder das World Wide Web von essentieller Bedeutung. Oder im Umkehrschluss: Die stark dezentrale, und damit skalierbare Struktur des Internet ohne globale Kontrollinstanzen ist einer der Gründe für seinen Erfolg und sein starkes Wachstum.

Skalierbarkeit betrifft drei verschiedene Dimensionen: Ein System kann skalierbar sein bezüglich der

Größe: Dies bedeutet, dass es auf einfache Art und Weise möglich ist, dem System neue Komponenten hinzuzufügen.

geographischen Verteilung: Dies bedeutet, dass das System unabhängig davon funktioniert, ob es innerhalb einer Institution, einer Stadt, eines Landes, eines Kontinentes oder über den gesamten Globus verteilt ist.

administrativen Verteilung: Dies bedeutet, dass das System auch bei einer Verteilung über administrative Domänen hinweg funktioniert.

Für jede der oben genannten Dimensionen gibt es spezielle Hindernisse, die die Skalierbarkeit erschweren, sowie Techniken und Strategien, diese zu vermeiden. Die folgenden
Abschnitte behandeln diese Hindernisse und Lösungsstrategien.

2.2.1   Skalierbarkeit bezüglich der Größe

Skalierbarkeit bezüglich der Größe wird immer dann erschwert, wenn *zentrale Dienste*,
zentrale Daten oder *zentrale Algorithmen* zum Einsatz kommen.

Zentrale Dienste: Wenn ein Dienst nur einmal auf einer einzigen Servermaschine angeboten wird, kann das schnell zu Engpässen führen, wenn sehr viele Klienten den
Dienst gleichzeitig in Anspruch nehmen.

Die wichtigsten Strategien zur Vermeidung zentraler Dienste sind Verteilung und
Replikation. Bei der Verteilung wird der Dienst aufgeteilt auf mehrere Maschinen,
von denen jede einen Teil des Dienstes bereitstellt. Ein typisches Beispiel für einen
verteilten Dienst ist das Internet *Domain Name System (DNS)*, das logische Do-
mänennamen auf IP-Adressen abbildet. Für die Auflösung des Domänennamens
`www.in.htwg-konstanz.de` beispielsweise sind drei verschiedene DNS-Server zuständig:

- Der DNS-Server der Top-Level-Domäne `de`, der alle DNS-Server auf der zweiten Ebene, und damit auch den der Domäne `htwg-konstanz.de`, kennt.

- Der DNS-Server der Domäne `htwg-konstanz.de`, der den Server der Domäne
`in.htwg-konstanz.de` kennt.

- Der DNS-Server der Domäne `in.htwg-konstanz.de`, der die IP-Adresse der
Maschine `www.in.htwg-konstanz.de` kennt.

Die Verteilung eines Dienstes geht meistens einher mit der Verteilung der vom
Dienst benötigten Daten.

Bei der *Replikation* wird ein Dienst (für den Klienten transparent) mehrfach angeboten. Ein Beispiel dafür sind die Webserver starkfrequentierter Domänen, wie
z.B. Online-Nachrichtendienste, von denen mehrere zur Verfügung stehen. Dazu
wird der einkommende Verkehr (eingehende HTTP-Anfragen) entweder intern verteilt, oder es werden mehrere Maschinen im DNS eingetragen und der DNS-Server
der entsprechenden Domäne gibt bei nacheinander eingehenden DNS-Anfragen
verschiedene Einträge zurück.

Die Replikation eines Dienstes geht meistens einher mit der Replikation der vom
Dienst benötigten Daten.

Zentrale Daten: Ähnlich wie zentrale Dienste können zentrale Daten zu Engpässen
führen. Wenn die Menge der Daten mit der Größe des Systems wächst – wie das
zum Beispiel bei einem Namensdienst der Fall ist – , dann kann der benötigte

Speicherbedarf für eine zentrale Datenhaltung ein Problem sein. Darüber hinaus kann der gleichzeitige Zugriff vieler Klienten auf die zentralen Daten einen Flaschenhals bei der Anfragebearbeitung und der Kommunikation erzeugen. Die Techniken zur Vermeidung zentraler Daten sind dieselben wie die zur Vermeidung zentraler Dienste, nämlich Verteilung und Replikation.

Die Verteilung von Daten dient nicht nur dazu, die Last der Speicherung und der Anfragebearbeitung zu verteilen, sondern kann auch dazu genutzt werden, die *Datenpartitionen* möglichst dort zu speichern, wo sie am häufigsten benötigt werden. Damit erhöht man die sogenannte *Datenlokalität*. Als Beispiel hierfür sollen Daten zu einem landesweiten Restaurantführer gelten. Die Daten zu den Restaurants einer Stadt werden nicht ausschliesslich, aber vorzugsweise von Personen abgerufen, die sich vor Ort befinden. Es ist deshalb naheliegend, den Gesamtdatenbestand in geographische Regionen aufzuteilen und sie auf verteilten Datenbankserver in den betreffenden Regionen abzuspeichern.

Datenreplikation ist eine weitere Technik, Flaschenhälse in großen verteilten Systemen zu vermeiden. Es sei aber hier, ebenso wie in Abschnitt 2.1, nochmals darauf hingewiesen, dass Replikation vorsichtig eingesetzt werden muss, da sie leicht zu Dateninkonsistenzen führen kann.

Eine Unterart der Replikation, die leichter zu beherrschen ist, ist *Caching*. Caching wird bei Daten verwendet, die nur gelesen, nicht aber geändert werden. Ein typisches Anwendungsbeispiel sind Webcaches, die die Originaldaten eines oder mehrerer Webserver in der Nähe der Endbenutzer zwischenspeichern. Benutzeranfragen für Seiten, die im Cache vorrätig sind, werden direkt vom Cache beantwortet und nicht an den Webserver weitergeleitet. Die sogenante *Cache-Kohärenz* gibt an, wie aktuell die Daten in einem Cache sein müssen. Je höher die Cache-Kohärenz, desto aktuell müssen die Daten im Cache sein. Eine hohe Cache-Kohärenz erfordert offensichtlich mehr Kommunikation zwischen Originalserver und Cache als eine niedrige Cache-Kohärenz.

Zentrale Algorithmen: Zentrale Algorithmen sind solche, die Wissen über das gesamte System – oder einen Großteil des gesamten Systems – erfordern, um zu funktionieren. Dezentrale Algorithmen hingegen basieren auf der Annahme, dass jede Komponente des verteilten Systems nur einen eingeschränkten Ausschnitt der Realität kennt, beispielsweise seine direkten Nachbarn. Bei einem gut skalierbaren Algorithmus bleibt für jede Komponente der Umfang an benötigtem Wissen konstant, egal wie stark das System wächst.

Der Unterschied zwischen zentralen und verteilten Algorithmen kann anschaulich am Beispiel von Routing-Algorithmen dargestellt werden, die es erlauben, eine Nachricht von einem Sender zu einem Empfänger weiterzuleiten. Wenn jeder Netzwerkknoten die gesamte Netztopologie kennen würde, wäre das Routing einer Nachricht trivial; schon der Senderknoten würde den gesamtem Pfad von ihm selbst bis zum Empfänger kennen, so dass er die Nachricht nur zu demjenigen direkten Nachbarn schicken müsste, der auf diesem Pfad liegt. Jeder weitere Knoten auf dem Pfad könnte genauo verfahren, bis die Nachricht beim Empfänger eingetroffen ist.

Routing im Internet funktioniert allerdings anders, und zwar mit Hilfe eines dezentralen Algorithmus: Wenn bei einem Knoten eine Nachricht eintrifft, weiß dieser, welcher seiner direkten Nachbarn näher am Zielknoten sitzt als er selbst. Zu diesem Knoten leitet er die Nachricht weiter. Der Nachbar verfährt genauso, bis die Nachricht am Zielknoten angelangt ist. Dieses Verfahren funktioniert deshalb, weil IP-Adressen hierarchisch aufgebaut sind, so dass jeder Knoten für einen zusammenhängenden Adressbereich zuständig ist. Dieser Routing-Algorithmus funktioniert, obwohl kein Knoten im Internet die gesamte Netztopologie kennt, sondern nur das Wissen besitzt, das er für seine lokale Entscheidung benötigt.

2.2.2 Skalierbarkeit bezüglich der geographischen Verteilung

Für die Skalierbarkeit bezüglich der geographischen Verteilung kommen zu den Hindernissen, die wir im Kontext der Skalierbarkeit bezüglich der Größe diskutiert haben, zwei weitere Hindernisse hinzu, die beim Entwurf eines verteilten Systems zu berücksichtigen sind.

Latenzzeiten für entfernte Kommunikation: Wenn ein System gleichermaßen bei Verteilung in einem lokalen Netz und bei Verteilung über ein Weitverkehrsnetz funktionieren soll, ist es wichtig, die Antwortzeiten, die sich bei entfernter Kommunikation ergeben, zu verstecken. Dazu gibt es im wesentlichen zwei Techniken:

- *Vermeidung von Kommunikation durch lokale Vorverarbeitung:* Darunter fällt zum Beispiel das Verschicken einer Sammelanfragen anstelle vieler Einzelanfragen, oder die Vorvalidierung der Syntaxkorrektheit einer Anfrage bevor sie an den entfernten Datenbankserver geschickt wird.
- *Verwendung asynchroner anstatt synchroner Kommunikation:* Die Latenzzeit, die die Übertragung einer Nachricht in einem Weitverkehrsnetz benötigt, ist um Größenordnungen länger als in einem lokalen Netz. Asynchrone Kommunikation kann helfen, diese Latenzzeit zu verbergen, siehe Abschnitt 2.1.

Nachrichtenverteilung über Broadcast: In lokalen Netzen steht üblicherweise eine effiziente Nachrichtenverteilung mittels Broadcast an alle Knoten des Netzes zur Verfügung. In IP-Weitverkehrsnetzen gibt es keinen entsprechenden Broadcast-Mechanismus. Eine verteilte Anwendung, die sich auf Broadcast stützt, ist nicht ohne weiteres skalierbar bezüglich der geographischen Verteilung.

2.2.3 Skalierbarkeit bezüglich der administrativen Verteilung

Es ist wesentlich einfacher, ein System innerhalb einer administrativen Domäne zu betreiben als es über mehrere administrative Domänen zu verteilen. Die wichtigsten Hindernisse für die Skalierbarkeit bezüglich der administrativen Verteilung lassen sich nach den folgenden beiden Gesichtspunkten einteilen:

Sicherheitsrichtlinien: Administrative Domänen werden auch *Vertrauensdomänen* (engl. *Trust Domains*) genannt. Rechner innerhalb der Domäne können sich uneingeschränkt sehen und miteinander kommunizieren. Kommunikation mit Rechnern außerhalb der Domäne ist meistens stark eingeschränkt. Fast immer wird auch die Topologie der Domäne nach außen versteckt, so dass extern nur wenige Rechner direkt sichtbar sind, meistens nur der öffentliche Webserver.

Um sich vor Angriffen von außen zu schützen, definiert und implementiert eine administrative Domäne eine sogenannte Sicherheitsrichtlinie (engl. *Security Policy*); verschiedene Domänen haben im allgemeinen verschiedene Sicherheitsrichtlinien. Während es in einer Domäne erlaubt sein kann, einen bestimmten Port in der Firewall für die Kommunikation in einer verteilten Applikation zu öffnen, können das die Sicherheitsrichtlinien einer anderen Domäne verbieten.

Um Skalierbarkeit bezüglich der administrativen Verteilung zu ermöglichen, muss beim Design eines verteilten Systems von restriktiven Sicherheitsrichtlinien individueller Domänen ausgegangen werden. Um konkreter zu werden, betrachten wir eine verteilte Anwendung, in der entfernte Komponenten über administrative Domänen hinweg miteinander kommunizieren müssen. Für diese Kommunikation können die folgenden, zunehmend restriktive Annahmen über die Sicherheitsrichtlinien der betroffenen Domänen gemacht werden:

- *Die beteiligten Domänen verwenden keine Firewall, alle Komponenten sind von außen direkt zugreifbar*: Dies ist die am wenigsten restriktive Sicherheitsrichtlinie, bei der Kommunikation über Domänengrenzen genauso durchgeführt werden kann wie Kommunikation innerhalb einer Domäne.

- *Die beteiligten Domänen verwenden eine Firewall, erlauben aber die Öffnung der Firewall für die gegebene Anwendung*: In diesem Fall kann die Kommunikation bespielsweise in HTTP-Pakete verpackt über den öffentlich zugänglichen Web-Server der Domänen geschickt ("getunnelt") werden. Dazu muss ein entsprechendes CGI-Skript, Servlet oder ähnliches auf dem Web-Server installiert werden.

- *Die beteiligten Domänen verwenden eine Firewall und erlauben keinerlei Öffnung*: Auch für diesen restriktivsten Fall gibt es eine Lösung, nämlich die Technik des sogenannten *IP-Holepunching*, die hier nicht näher erläutert werden soll. Eine auf IP-Holepunching basierende verteilter Anwendung ist offensichtlich besser skalierbar bezüglich der administrativen Verteilung als eine Anwendung, die einen Eingriff in die Firewalls der beteiligten Domänen erfordert.

Kosten/Nutzen: Eine über Domänen verteilte Anwendung hat nur dann Aussicht auf Erfolg, wenn für alle beteiligte Domänen die Kosten (Kommunikationskosten, Bereitstellung von Servermaschinen, administrativer Aufwand) im Verhältnis zum Nutzen stehen. Es ist zum Beispiel unrealistisch anzunehmen, dass eine Domäne, die nicht am Nutzen der Anwendung beteiligt ist, die Kommunikation der Anwendung bevorzugt behandelt, d.h. schneller weiterleitet oder Datenpakete in Überlastsituationen seltener verwirft.

Für den Entwickler einer verteilten Anwendung ist es deshalb notwendig, schon frühzeitig über ein Geschäftsmodell nachzudenken, das alle an den Kosten beteiligte Domänen auch am Nutzen teilhaben läßt.

2.3   Client-Server-Architekturen

Wir haben die Begriffe *Server* und *Client* bzw. *Klient* in den vorangegangenen Abschnitten bereits verwendet, weil sich ohne sie kaum über Kommunikation sprechen läßt und weil die Begriffe ohnehin weitgehend bekannt sind.

Es ist jedoch wichtig zu wissen, dass die Begriffe in zwei unterschiedlichen Bedeutungen verwendet werden:

Im Rahmen einer konkreten Kommunikation: Wenn eine Komponente A in einem verteilten System (ein Prozess oder ein Rechner) eine Nachricht an eine andere Komponente B schickt, die diese dann bearbeitet und in der Regel eine Antwort zurückschickt, dann wird A der Klient und B der Server genannt.

Als spezielle verteilte Architektur: In einer Client-Server-Architektur sind die Rollen von Klienten und Servern statisch, d.h. über einzelne konkrete Kommunikationsverbindungen hinaus, festgelegt. Es gibt dedizierte Server-Komponenten, die in jeder Kommunikation die Rolle des Servers übernehmen, und es gibt Klienten-Komponenten, die immer die Rolle des Klienten übernehmen.

Client-Server-Architekturen beschreiben nur eine sehr eingeschränkte Teilmenge möglicher Verteilungsmodelle für ein verteiltes System, da sie jede teilnehmende Komponente auf eine bestimmte Rolle festlegen. Genau wegen dieser relativen Einfachheit sind Client-Server-Architekturen sehr weit verbreitet. Das bekannteste Beispiel einer Client-Server-Architektur ist das World Wide Web, in dem die Rollen klar in Web-Server und Web-Klienten aufgeteilt sind.

2.4   Peer-To-Peer-Architekturen

Peer-To-Peer-Architekturen zeichnen sich dadurch aus, dass jede Komponente des verteilten Systems sowohl Server- als auch Client-Funktionalität übernehmen kann. Hier zeigt sich deutlich der Unterschied zwischen (1) den Begriffen Client und Server im Kontext einer konkreten Kommunikation und (2) einer Client-Server-Architektur: Peer-To-Peer-Architekturen sind keine Client-Server-Architekturen, jeder Peer übernimmt aber für jede konkrete Kommunikation die Rolle eines Klienten oder eines Servers. Im Gegensatz zu Client-Server-Architekturen sind diese Rollen aber nicht statisch festgelegt.

Die wesentliche Idee hinter einer Peer-To-Peer-Architektur ist, ein dezentrales verteiltes System *ohne zentrale Server-Komponenten* zu bilden, in dem jeder Peer dieselbe Funktionalität anbietet. Eine solche Architektur ist gut skalierbar bezüglich der Größe; das System wächst einfach durch Hinzufügen neuer Peers. Skalierbarkeit bezüglich der geographischen Verteilung muss allerdings genauso gelöst werden wie in einer Client-Server-Architektur. Die Skalierbarkeit bezüglich der administrativen Verteilung ist in einer Peer-To-Peer-Architektur sogar schwieriger zu erreichen, da nicht nur eine begrenzte Anzahl von im voraus festgelegten Server-Komponenten über die Grenzen administrativer Domänen sichtbar und zugreifbar sein muss, sondern jeder Peer auch als Server fungieren kann.

Peer-To-Peer-Systeme sind hochdynamisch. Neue Peers können sich jederzeit der Gemeinschaft anschließen (*Join*) oder sie wieder verlassen (*Leave*). Oft werden Peer-To-Peer-Systeme zur verteilten Speicherung von Daten verwendet. Die wesentliche Aufgabe besteht dann darin, ein Datum zu einem gegebenen Schlüssel möglichst schnell zu finden und gleichzeitig von jedem Peer nur ein beschränktes Wissen über das Gesamtsystem zu erfordern. Frühere Peer-To-Peer-Systeme haben das gesamte System mit einer Suchanfrage *geflutet*, d.h. eine Komponente, die ein Datum gesucht hat, hat die Anfrage an alle anderen Komponenten geschickt. Da ein solches Vorgehen nicht größenskalierbar ist, verwenden heutige Peer-To-Peer-Systeme dezentrale Suchalgorithmen, wie z.B. die *verteilte Binärsuche* in einer *verteilten Hashtabelle*.

Das Ziel, ein vollständig serverloses verteiltes System zu bauen ist in der Realität kaum zu erreichen, wie die folgende Überlegung zeigt: Wenn ein neuer Peer sich der Gemeinschaft anschließen möchte, benötigt er als Kontaktpunkt die Adresse eines schon vorhandenen Peers. Wenn sich ein Peer im selben Subnetz befindet wie der neue Peer, dann funktioniert das ohne Server, etwa indem der neue Peer eine Suchnachricht per Broadcast im lokalen Netz verschickt, oder indem der schon existierende Peer regelmäßig seine Existenz – wiederum per Broadcast – im lokalen Netz bekannt gibt.

In Weitverkehrsnetzen gibt es aber keinen Broadcastmechanismus, weshalb dieses Verfahren nicht funktioniert, wenn sich kein Peer im selben Netz befindet wie der neue Peer. In diesem Fall kommt man nicht um einen Rendezvous-Server umhin, an den sich neue Peers wenden können, um einen Kontaktpunkt zu bekommen. Aus Skalierbarkeitsgründen ist es wichtig, dass dieser Rendezvous-Server

- nur eine konstante Anzahl von Peers kennt;

- nur einen sehr einfachen, kurzen Nachrichtenaustausch mit den anfragenden Peers durchführt, und keinerlei Sitzungskonzept zwischen ihm selbst und den Peers existiert;

- nicht am Datenaustausch zwischen den Peers beteiligt ist, sondern nur für die erste Kontaktaufnahme zuständig ist.

Peer-To-Peer-Architekturen erfreuen sich wachsender Beliebtheit, was auch daran liegt, dass heutige Rechner oftmals über brachliegende Ressourcen (Speicher, CPU) verfügen, die genutzt werden können, um in der Gemeinschaft Dienste anzubieten, die traditionell von Server-Maschinen übernommen werden.

2.5   Wichtige Kommunikationsparadigmen

Die in diesem Abschnitt besprochenen Technologien sind nach den folgenden Kriterien ausgewählt:

- Technologien, die wichtig sind, um die historische Entwicklung besser verstehen zu können (*Socketkommunikation, nachrichtenbasierte Kommunikation, Prozedurfernaufruf RPC*);

- Technologien, die heute stark im Einsatz sind (*Socketkommunikation, Methodenfernaufruf RMI, sprachunabhängiger Methodenfernaufruf*);

- Technologien, die für die nähere Zukunft richtungsweisend sein könnten (*Jini*).

Parallel zu der rasanten Weiterentwicklung von Netzwerktechnologie einerseits und dem Aufkommen neuer Programmiermethoden (wie z.B. der Objektorientierung, Code-Transportabilität) andererseits haben sich im Laufe der Zeit immer abstraktere, d.h. verteilungstransparentere, Kommunikationsparadigmen entwickelt. Das Ziel dieser Mechanismen ist es, dem Entwickler verteilter Anwendungen eine immer abstraktere Entwicklungsplattform – eine sog. Kommunikations-*Middleware* – zur Verfügung zu stellen, damit sie oder er sich stärker ihren bzw. seinen eigentlichen Aufgaben widmen kann.

So weit das möglich war, sind die hier besprochenen Kommunikationsparadigmen in der Reihenfolge zunehmender Verteilungstransparenz geordnet. Die Frage, welche von zwei Technologien mehr Verteilungstransparenz bietet, ist nicht immer binär zu entscheiden. Es sind aber klare Tendenzen zu erkennen, aufgrund derer die in diesem Kapitel behandelten Mechanismen in der folgenden Reihenfolge vorgestellt werden:

1. Kommunikation über Sockets,

2. nachrichtenbasierte Kommunikation,

3. Prozedurfernaufruf,

4. Methodenfernaufruf,

5. sprachunabhängiger Methodenfernaufruf,

6. Jini.

Socketkommunikation, Methodenfernaufruf, sprachunabhängiger Methodenfernaufruf und Jini werden später in den Kapiteln 5 bis 8 im Detail behandelt.

2.5.1   Kommunikation über Sockets

Sockets sind der De-facto-Standard einer Programmierschnittstelle (engl. *Application Programming Interface API*) für die Kommunikation über TCP/IP und UDP/IP. Ursprünglich im Rahmen von Berkeley UNIX eingeführt, stellt heute jedes gängige Betriebssystem eine Socket-Schnittstelle bereit. Sockets sind Kommunikationsendpunkte innerhalb der Applikationen, die – im Falle des verbindungsorientierten Protokolls TCP – in der Initialisierungsphase miteinander verbunden werden. Dabei spielt es keine Rolle, ob die miteinander kommunizierenden Prozesse auf demselben Rechner, im selben lokalen Netz oder in verschiedenen lokalen Netzen (die dann natürlich über ein IP-basiertes Weitverkehrsnetz miteinander verbunden sein müssen) laufen. Die Verwendung von Sockets in einer Applikation ist in drei Phasen aufgeteilt:

1. *Die Initialisierungsphase.* Diese Phase ist für UDP *symmetrisch*, d.h. es gibt keine Unterscheidung zwischen Sender- und Empfänger-Sockets. Für TCP ist diese Phase *asymmetrisch* zwischen Klienten- und Server-Socket, d.h. ein Server-Socket wird anders initialisiert als ein Klienten-Socket.

2. *Die Lese- und Schreibphase.* Sowohl für UDP als auch für TCP ist diese Phase symmetrisch, d.h. jeder Socket kann gleichermaßen senden und empfangen.

3. *Die Aufräumphase.* Die benötigten Ressourcen werden freigegeben. Auch diese Phase ist sowohl für TCP als auch für UDP symmetrisch.

2.5.2   Nachrichtenbasierte Kommunikation

Nachrichtenbasierte Systeme bieten eine Abstraktionsschicht oberhalb von Sockets an, insofern als eine explizite Initialisierungsphase und eine explizite Aufräumphase entfallen.

Wie bereits der Name sagt, kommunizieren Prozesse über das Austauschen von Nachrichten miteinander. Nachrichtenbasierte Kommunikation kommt mit den beiden Dienstprimitiven *send(receiverAddress, message)* und *receive(senderAddress, message)* aus. Aus Benutzersicht ist das ein verbindungsloser, paketorientierter Kommunikationsdienst. Auf der Transportschicht können sowohl TCP, UDP oder auch ein anderes Protokoll zur Realisierung von nachrichtenbasierter Kommunikation verwendet werden.

2.5.3   Prozedurfernaufruf (Remote Procedure Call RPC)

Der Prozedurfernaufruf ist ein Mechanismus, den die Firma Sun Microsystems unter dem Namen RPC entwickelt und in dem Internet-Gremium IETF (Internet Engineering Task Force) standardisiert hat. RPC ist die Grundlage vieler anderer Technologien, unter anderem basieren Java RMI, CORBA und Microsoft's DCOM auf den RPC-Prinzipien.

Die wesentliche Idee bei der Technik des Prozedurfernaufrufs besteht darin, für die Kommunikation zwischen entfernten Prozessen dasselbe Prinzip wie für den lokalen Prozeduraufruf zu verwenden. Das erlaubt dem Anwendungsentwickler, der in einer prozeduralen Sprache programmiert, eine transparente Verwendung lokaler und entfernter Dienste, die jeweils als Prozeduren realisiert werden können. Der grundsätzliche Ablauf eines Prozedurfernaufrufs ist wie folgt:

1. Der aufrufende Prozess A schickt der entfernten Prozedur B die Eingabeparameter.

2. B führt die entsprechende Funktionalität aus, während A wartet.

3. B schickt die Rückgabeparameter und das Funktionsergebnis zurück zu A.

Dieser Ablauf entspricht einem synchronen Protokoll mit Handshaking. Das bedeutet, dass der Sender die Anfrage (den Prozeduraufruf) zum Empfänger schickt, wartet bis dieser das Ergebnis zurückschickt und erst dann seinen Programmablauf fortsetzt.

Es ist generell auch möglich, *asynchrone* Aufrufe entfernter Prozeduren durchzuführen, bei denen A *nicht* auf das Ergebnis von B wartet, sondern direkt nach dem Verschicken des Prozeduraufrufs mit dem weiteren Programmablauf fortfährt. In diesem Falle muss natürlich ein Mechanismus gefunden werden, A das Ergebnis asynchron zu liefern – etwa durch das Auslösen einer Ausnahme (*Exception*) in A, sobald B das Ergebnis bereitstellt.

Wenn sich für den Anwendungsentwickler ein Prozedurfernaufruf (fast) genauso darstellt wie ein lokaler Aufruf, und wenn dennoch die Ein- und Ausgabeparameter bzw. das Funktionsergebnis über das Netz von A nach B bzw. zurück transportiert werden müssen, stellt sich die Frage, wer diese Kommunikationsaufgaben ausführt. Die RPC-Middleware sieht dazu folgendes Vorgehen zum Erstellen und Verwenden einer entfernten Prozedur vor:

- Der Entwickler der entfernten Prozedur spezifiziert diese in einem Format, das stark einer C-Header-Datei ähnelt; außerdem programmiert er die Semantik der Prozedur in einer C-Prozedur.

- Der RPC-Generator `rpcgen` generiert aus der Spezifikation zwei sog. *Stubs*, einen *Klienten–* und einen *Server–Stub*. Der Klienten-Stub hat exakt den Namen der RPC-Prozedur und muss sich auf dem Rechner befinden, auf dem der Klient läuft. Die Frage, *wie* der Klienten-Stub auf die (entfernte) Klienten-Maschine gelangt, ist vom RPC-Mechanismus nicht abgedeckt. Dies kann beispielsweise per Dateitransfer über FTP oder per Email geschehen.

- Der Applikationsprozess, der als Klient agiert, ruft die gewünschte RPC-Prozedur auf. Dieser Aufruf wendet sich an den (gleichnamigen) Klienten-Stub, der lokal auf derselben Maschine läuft. Der Stub konvertiert die Eingabeparameter in das plattformunabhängige Datenformat XDR (*External Data Representation*). XDR legt beispielsweise eindeutig fest, mit wie vielen Bytes eine Integer-Variable übertragen wird und ob ein Maschinenwort mit dem höchst- oder mit dem tiefstwertigen Byte beginnt.

  Die Parameter werden vom Klienten-Stub über das Netz zum Server-Stub verschickt. Dieses Konvertieren und Verschicken wird auch Parameter-*Marshalling* genannt.

- Der Server-Stub konvertiert die Parameter zurück in das Format seiner Host-Maschine und ruft die eigentliche Serverprozedur auf.

- Nach Beendigung der Serverprozedur werden die Ausgabeparameter und das Ergebnis nach demselben Schema wieder zum Klienten-Stub zurückgeschickt.

- Der Klienten-Stub gibt die Ergebnisse nach oben zum Anwendungsprozess, der den Eindruck hat, als habe der Klienten-Stub die Berechnung selbst durchgeführt.

Dieses Vorgehen ist in Abbildung 2.1 grafisch dargestellt.

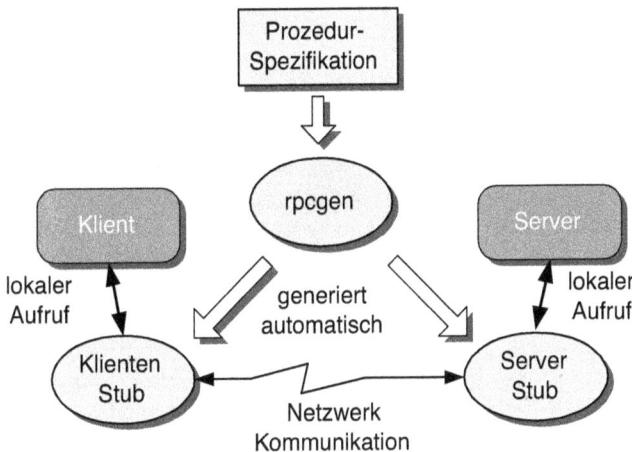

Abb. 2.1: *Generierung und Verwendung von RPC–Klienten- und –Server-Stubs*

2.5.4 Methodenfernaufruf (Remote Method Invocation RMI)

Die Technik des *Methoden*fernaufrufs ist die logische Übertragung des Prinzips des *Prozedur*fernaufrufs auf das Paradigma objektorientierter Programmierung.

Im Gegensatz zum RPC, wo Prozeduren von einem Server für entfernten Aufruf zur Verfügung gestellt werden, werden beim Methodenfernaufruf Objektmethoden bereitgestellt; um ganz genau zu sein, werden nicht *einzelne* Methoden, sondern Objektinstanzen als entfernte Objekte deklariert. An einem entfernten Objekt können dann alle öffentlichen (*public*) Methoden aufgerufen werden. Diese Methoden können (fast) genauso verwendet werden wie Methoden lokaler Objekte. Analog zum RPC werden aus der Spezifikation eines entfernten Objekts Klienten- und Server-Stubs generiert, die für das Parameter-Marshalling zuständig sind.

Die mit Abstand prominenteste Realisierung dieser Technologie ist der Methodenfernaufruf von Java (Java RMI), der in Kapitel 6 näher erläutert wird.

2.5.5 Sprachunabhängiger Methodenfernaufruf

Sowohl der RPC-Mechanismus als auch der Methodenfernaufruf erfordern die homogene Verwendung einer bestimmten Programmiersprache. Insbesondere wenn nicht nur Neuentwicklungen, sondern auch vorhandene Software in die verteilte Anwendung integriert werden sollen, ist das ein schwerwiegender Nachteil. Die Aufhebung dieser Sprachbarriere ist das Ziel des sprachunabhängigen Methodenfernaufrufs.

Wie wir bereits in den Abschnitten 2.5.3 und 2.5.4 gesehen haben, erfordert die Netzwerkkommunikation beim Prozedur- und beim Methodenfernaufruf das Ver- und Entpacken von Parametern und Rückgabewerten in ein maschinenunabhängiges Netzformat, wie z.B. XDR.

Neben dem zusätzlichen Aufwand, den dieses Marshalling verursacht, bietet es auch die Möglichkeit, die oben erwähnte Sprachbarriere zu durchbrechen: Anstatt die Daten beim Empfänger in die Programmiersprache des Senders zu konvertieren, können sie ebenso gut in eine andere Programmiersprache konvertiert werden. Mehr noch, Sender und Empfänger müssen nichts davon wissen, welche Sprache der jeweils andere verwendet (*Sprachtransparenz*). Dies ist kurz gesagt die wesentliche Idee des *sprachunabhängigen* Methodenfernaufrufs. Das Vorgehen aus Entwicklersicht lässt sich wie folgt grob skizzieren:

Das entfernte Objekt (bzw. die Menge seiner öffentlich zugreifbaren Methoden) wird in einer eigenen Spezifikationssprache, einer *Interface Definition Language (IDL)*, spezifiziert. Bei der Stub-Generierung werden statt *eines* Klienten-Stubs in einer bestimmten Programmiersprache *verschiedene* Klienten-Stubs – und zwar einer für jede unterstützte Sprache – erzeugt [1]. Ein Klient, der selbst in C++ geschrieben ist, verwendet beispielsweise den C++-Stub der entsprechenden entfernten Methode. Auf der Server-Seite hingegen muss weiterhin nur ein Stub erzeugt werden, und zwar in der Sprache, in der das entfernte Objekt tatsächlich realisiert wird.

Dieses Prinzip ist in Abbildung 2.2 veranschaulicht. Der Vergleich mit Abbildung 2.1 zeigt, dass der sprachunabhängige Methodenfernaufruf lediglich eine Erweiterung des RPC-Mechanismus darstellt. Das prinzipielle Vorgehen ist bei beiden Technologien sehr ähnlich.

Das bekannteste Beispiele für Kommunikations-Middleware, die den sprachunabhängigen Methodenfernaufruf realisiert, ist CORBA (siehe Kapitel 7).

2.5.6   Jini

Der Anspruch von Jini – entwickelt von Sun Microsystems, aufbauend auf Java – geht über die Zielsetzung des (sprachunabhängigen) Methodenfernaufrufs hinaus: Die oben besprochenen Techniken haben im wesentlichen das Ziel, Interprozesskommunikation durch die Verwendung abstrakter Kommunikationsparadigmen komfortabler zu gestalten. Bei Jini kommt ein weiterer Aspekt hinzu, nämlich das *automatische* Zusammenfinden von Klienten und Servern, auch in einer fremden Netzwerkumgebung. Dieses Prinzip wird oft als *Ad-hoc Networking* bezeichnet; Sun nennt es *Spontaneous Networking*.

---

[1] Es genügt natürlich, wenn jeder Klient den Stub in seiner gewünschten Sprache selbst erzeugt. Dazu muss dem Klienten lediglich die IDL-Spezifikation des entfernten Objektes vorliegen. Ob er diese Spezifikation über FTP, Email oder einen anderen Mechanismus erhält, ist ebenso wie beim RPC nicht festgelegt.

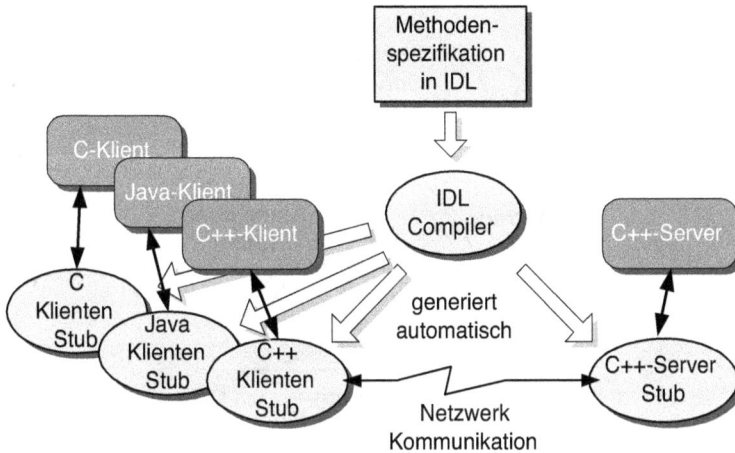

Abb. 2.2: *Generierung von Stubs verschiedener Programmiersprachen aus einer IDL-Spezifikation*

Ein typisches Anwendungsszenario ist folgendes: Ein Benutzer schließt seinen Laptop an ein fremdes Netz an. Der Laptop findet automatisch die im Netz verfügbaren Dienste, z.B. auch einen Druckerdienst. Möchte der Benutzer diesen Dienst verwenden, so bekommt er automatisch einen sog. *Service-Proxy* auf den Laptop heruntergeladen. Dieser Proxy implementiert beispielsweise die Benutzerschnittstelle des Druckerdienstes und die Kommunikation mit dem eigentlichen Drucker, so dass der Benutzer den Dienst genauso verwenden kann, als wäre er *lokal* auf seinem Laptop vorhanden.

Das Herzstück jedes Jini-Netzwerkes ist der *Lookup-Service*. Klienten und Dienste finden Lookup-Services über ein *Discovery*-Protokoll, das eine UDP-Multicast-Nachricht in das Netz sendet. Jini-Dienste registrieren sich beim Lookup-Service mit

- dem Java-Interface, das sie implementieren;

- einer Reihe benutzerdefinierter Attribute, die den Dienst genauer spezifizieren (etwa die Auflösung oder der Standort eines Druckers), und

- einem Service-Proxy, d.h. einem Stück Java-Code, der das oben genannte Interface implementiert.

Darüber hinaus dass der Proxy das entsprechende Interface implementieren muss, gibt es keine weiteren Anforderungen an den Proxy. So ist es insbesondere für Jini unerheblich, ob der *komplette* Dienst bereits im Proxy implementiert ist oder ob für die Dienstausführung Kommunikation mit einer entfernten Dienstkomponente erforderlich ist. Falls Kommunikation erforderlich ist – und das ist der Regelfall – ist es für Jini wiederum egal, ob diese über Sockets, Java RMI, CORBA, oder irgendein proprietäres Protokoll

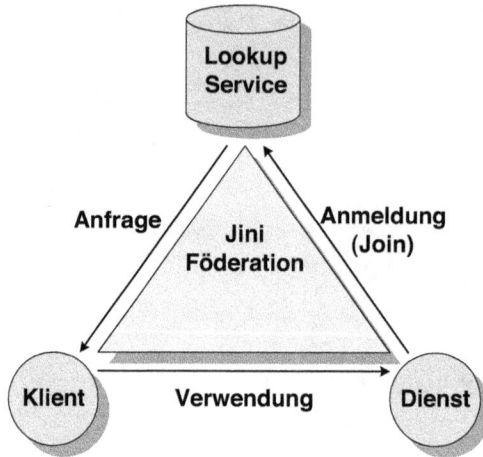

Abb. 2.3: *Dienstanmeldung, -anfrage und -verwendung in einer Jini-Föderation*

geschieht. Im einfachsten Fall ist der Service-Proxy lediglich ein Java RMI-Stub, der jeden Methodenaufruf direkt an ein entsprechendes entferntes Objekt weiterleitet. Durch diese Offenheit ist es einfach, bestehende Dienste in Jini zu integrieren; dazu muss lediglich ein Java-Proxy implementiert werden, der die entfernte Ansteuerung des Dienstes übernimmt.

Klienten, die einen Dienst benötigen, wenden sich mit der entsprechenden Dienstbeschreibung – bestehend aus Java-Interface und Dienstattributen – an den Lookup-Service. Hat der Lookup-Service einen passenden Dienst verzeichnet, sendet er den entsprechenden Proxy zum Klienten. Der Klient kann nun den Dienst verwenden, als wäre er lokal bei ihm vorhanden.

Die wesentlichen Interaktionsschritte *Dienst-Anmeldung (Join)*, *Dienst-Anfrage* und *Dienst-Verwendung* sind in Abbildung 2.3 grafisch veranschaulicht.

2.6   Zusammenfassung

Eines der wichtigsten Ziele beim Entwurf einer verteilten Anwendung ist die Verteilungstransparenz. Eine vollständig verteilungstransparente Anwendung stellt sich nach außen genauso dar wie eine lokale Anwendung. Verteilungstransparenz gliedert sich auf in verschiedene Transparenzaspekte. Je mehr Aspekte von einer Anwendung erfüllt werden, umso verteilungstransparenter ist sie.

Das zweite wichtige Entwurfsziel ist die Skalierbarkeit, die es erlaubt, ein System einfach wachsen zu lassen, ohne dass grundlegende Datenstrukturen oder Algorithmen geändert werden müssen. Skalierbarkeit umfasst drei Dimensionen, nämlich die Größenskalierbarkeit, die Skalierbarkeit bezüglich der geographischen Verteilung und die Skalierbarkeit bezüglich der administrativen Verteilung.

In einer Client-Server-Architektur hat jeder Rechner eine feste Rolle entweder als Klient oder als Server. In einer Peer-To-Peer-Architektur hingegen kann jeder Rechner (Peer) sowohl die Klienten- als auch die Server-Rolle übernehmen. Peer-To-Peer-Systeme versuchen möglichst ohne zentrale Server auszukommen, wodurch sie gut größenskalierbar sind. Andererseits ist die Skalierbarkeit bezüglich der administrativen Verteilung mit einer Peer-To-Peer-Architektur schwieriger zu erreichen als mit einer Client-Server-Architektur.

Um die Entwicklung verteilter Applikationen möglichst weitgehend zu erleichtern, wurden immer abstraktere Kommunikationsparadigmen entwickelt. *Sockets* stellen eine Programmierschnittstelle für die Internet-Protokolle TCP/IP und UDP/IP dar. *Nachrichtenbasierte Kommunikation* bietet nur zwei Dienstprimitive zum Senden und Empfangen von Nachrichten an. Eine Initialisierungs- und Aufräumphase ist dabei nicht notwendig. *Prozedurfernaufrufe (RPC)* wenden die Abstraktion des Prozeduraufrufs auf die Kommunikation zwischen entfernten Prozessen an. Bei *Methodenfernaufrufen* wird die Idee des entfernten Prozeduraufrufs auf die Semantik objektorientierter Programmiersprachen übertragen. *Sprachunabhängige Methodenfernaufrufe* erlauben die Verwendung heterogener Programmiersprachen zur Erstellung einer verteilten Applikation. *Jini* automatisiert außerdem das Auffinden von passenden Diensten, selbst in fremden Netzumgebungen. Dazu registriert sich ein Dienst bei einem speziellen Lookup-Service mit seinem Service-Proxy, der bei Bedarf zu einem Klienten transportiert wird.

2.7 Übungsaufgaben

> *Man kann die Pferde zur Tränke führen, saufen müssen sie selber.* – Karl Schiller.

Aufgabe 2.1

Was bedeutet Verteilungstransparenz? Welche Aspekte umfasst sie?

Aufgabe 2.2

Warum ist vollständige Verteilungstransparenz im allgemeinen nicht erreichbar?

Aufgabe 2.3

Warum ist es wünschenswert, die Verteiltheit einer Applikation für den Benutzer transparent zu halten?

Aufgabe 2.4

Was bezeichnet Skalierbarkeit?

Aufgabe 2.5

Welche Dimensionen der Skalierbarkeit gibt es?

Aufgabe 2.6

Welche Hindernisse und entsprechende Vermeidungsstrategien gibt es für die verschiedenen Dimensionen der Skalierbarkeit?

Aufgabe 2.7

Peer-To-Peer-Architekturen gelten im allgemeinen als gut skalierbar. Für welche Dimensionen der Skalierbarkeit trifft das zu, für welche eher nicht?

Aufgabe 2.8

Warum kommen selbst Peer-To-Peer-Architekuren im allgemeinen nicht ganz ohne zentrale Server aus? Wie sollten diese zentralen Server beschaffen sein, damit sie die Skalierbarkeit möglichst wenig einschränken?

Aufgabe 2.9

Eine C-Applikation auf einem UNIX-Rechner schickt über Sockets einer zweiten C-Applikation, die ebenfalls auf einem UNIX-Rechner läuft, eine Datenstruktur. Ist garantiert, dass diese Struktur auf dem Zielrechner richtig interpretiert wird?

Hinweis: Denken Sie daran, wie die Formate der Basistypen in C definiert sind.

Aufgabe 2.10

Sowohl bei RPC, RMI als auch dem sprachunabhängigen Methodenfernaufruf kann die Prozedur- bzw. Methodenspezifikation auf der Klienten-Seite dazu verwendet werden, die Syntax des entfernten Dienstes abzulesen. Genügt diese Syntaxspezifikation für eine Nutzung des entsprechenden Dienstes?

Hinweis: Denken Sie besonders daran, dass im allgemeinen Implementierer und Nutzer des Dienstes verschiedene Personen sind.

2.8   Weiterführende Literatur

Hier finden Sie eine kleine Auswahl weiterführender Literatur zu denjenigen Themen aus diesem Kapitel, die nicht in einem der nachfolgenden Kapitel vertieft werden. Literaturhinweise zu den Themen *Socketprogrammierung*, *Java RMI*, *CORBA* und *Jini* finden sich jeweils am Ende der Kapitel 5 bis 8.

- Weiterführendes zu den Themen *Verteilungstransparenz und Skalierbarkeit*:

    - A. Tanenbaum, M. van Steen. *Verteilte Systeme – Grundlagen und Paradigmen*. Pearson, 2. Auflage, 2007, ISBN 3827372933.

- Weiterführendes zum Thema *Peer-To-Peer-Systeme*:

  - Ralf Steinmetz, Klaus Wehrle (Herausgeber). *Peer-to-Peer Systems and Applications*. ISBN 3-540-29192-X, Lecture Notes in Computer Science, Volume 3485, Sep 2005

  - Ramesh Subramanian, Brian Goodman (Herausgeber). *Peer-to-Peer Computing: Evolution of a Disruptive Technology*, ISBN 1-59140-429-0, Idea Group Inc., 2005.

  - I. Stoica, R. Morris, D. Karger, M. F. Kaashoek, H. Balakrishnan. *Chord: A Scalable Peer-To-Peer Lookup Service for Internet Applications*. In Proceedings of SIGCOMM 2001, August 2001.

- Weiterführendes zum Thema *Remote Procedure Call*:

  - W. R. Stevens. *UNIX Network Programming*. Prentice Hall 1990, ISBN 0-13-949876-1.

3 Erforderliche Programmiertechniken

Für die detaillierte Darstellung der unterschiedlichen Kommunikationsparadigmen sowie für die Programmbeispiele in den folgenden Kapiteln verwenden wir die Programmiersprache Java. Zum einen eignet sich Java aufgrund vieler Eigenschaften (integrierte Thread-Unterstützung, komfortable Socket-Klassen, eingebauter RMI-Mechanismus, CORBA-Mapping, Bytecode-Transportabilität) sehr gut für die Programmierung von Netzwerkkommunikation, zum anderen erlaubt Javas Plattformunabhängigkeit, Anwendungen in einem heterogenen Netz verschiedener Rechner und Betriebssysteme laufen zu lassen, was wiederum notwendig ist, um die Probleme zu studieren, die mit dieser Heterogenität verbunden sind.

Wir setzen an dieser Stelle gute Java-Programmierkenntnisse voraus, weil diese mittlerweile zum Handwerkszeug der meisten Informatik-Studierenden und anderer am Thema Interessierten gehören. Wer stattdessen über gute Kenntnisse in C++ oder besser noch C# verfügt, sollte sich die notwendigen Java-Kenntnisse in kurzer Zeit aneignen können.

Bevor wir jedoch in Kapitel 4 die Beispielanwendung vorstellen, die uns dann für den Rest des Buches begleiten wird, wollen wir in diesem Kapitel einige Programmiertechniken vertiefen, die speziell für die Entwicklung verteilter Anwendungen wichtig sind. Dazu gehören

- die Thread-Programmierung,

- die Verwendung von Objektsperren,

- die Objektserialisierung, und

- die Java-Sicherheitsmanager.

3.1 Threads

Im Gegensatz zu vielen anderen Programmiersprachen ist Java inhärent *Multithreading*-fähig. Das heißt, dass der Programmierer innerhalb *eines* Java-Programms mehrere *Threads* definieren kann, die unabhängig voneinander laufen. Threads werden auch *leichtgewichtiger Prozesse* genannt, die innerhalb des gemeinsamen (schwergewichtigen) Prozesses laufen, der das entsprechende Java-Programm ausführt. Alle Threads eines Java-Programmes werden quasi-parallel ausgeführt[1].

---

[1]Dabei ist es sowohl für die Entwicklung als auch die Ausführung einer Java-Applikation unerheblich, ob die Threads auf einem Mehrprozessorsystem wirklich parallel ausgeführt werden, oder ob nur durch

Häufig operieren mehrere Threads auf gemeinsamen Daten beziehungweise Objekten. Diese Kooperation ist oftmals sehr praktisch im Sinne der gemeinsamen Erledigung einer Aufgabe oder einfach nur zur Synchronisation der Threads. Andererseits kann sie aber auch zu Anomalien führen, wenn mehrere Threads gleichzeitig auf dieselben Daten zugreifen. Um dies zu vermeiden, muss man Threads mit Hilfe von Objektsperren oder sogenannten kritischen Code-Abschnitten synchronisieren, siehe Abschnitt 3.2.

Ein wichtiges Anwendungsgebiet von Multithreading sind Programme mit graphischen Benutzeroberflächen. Bei solchen Programmen läuft immer ein Thread, der auf Ereignisse (Events) im Fenstersystem wartet und diese dann weiterleitet an die entsprechenden Event-Handler. Dieser Thread muss nicht per Programmanweisung gestartet werden, sondern wird vom Java-Laufzeitsystem automatisch gestartet.

Ein weiteres wichtiges Anwendungsgebiet für Multithreading ist die Netzwerkkommunikation, wie bereits in Abschnitt 1.3 gesehen haben. Auf der Serverseite ist Multithreading wichtig, um gleichzeitig auf einkommende Nachrichten hören und bereits eingegangenen Anfragen bearbeiten zu können. Auf der Klientenseite ist Multithreading wichtig, um asynchrone Kommunikation ohne Warten realisieren zu können. Das serverseitige Multithreading wird für RMI- und CORBA-Kommunikation vom Java-Laufzeitsystem übernommen, bei der Socketprogrammierung muss es hingegen vom Entwickler programmiert werden.

Java bietet zwei verschiedene Arten an, Threads zu erzeugen und zu starten:

1. Entweder durch Erweitern der Klasse `Thread` (siehe Abschnitt 3.1.1), oder

2. durch Implementieren der Schnittstelle `Runnable` (siehe Abschnitt 3.1.2).

Die erste Methode ist etwas einfacher anzuwenden als die zweite. Der Grund dafür, die zweite Variante dennoch anzubieten, liegt in der Einfachvererbung von Java: Wenn die Klasse `MyThread`, die den Thread implementieren soll, bereits von einer anderen Klasse `MySuperclass` erbt, kann sie nicht zusätzlich von der Klasse `Thread` erben – in solchen Fällen bleibt nur die Alternative durch Implementierung der Schnittstelle `Runnable`.

3.1.1   Erweitern der Klasse `Thread`

Das eigentliche Erweitern der `Thread`-Klasse geschieht mit Hilfe der folgenden beiden Schritte:

1. Die neue Klasse `MyThread` muss als Subklasse von `Thread` deklariert werden:

2. Die Klasse `MyThread` muss die Methode `public void run()` der Superklasse `Thread` überschreiben. Diese Methode wird von der virtuellen Java-Maschine automatisch ausgeführt, sobald der entsprechende Thread gestartet wird und sollte die eigentliche Funktionalität der Klasse `MyClass` enthalten oder aufrufen.

Umschalten zwischen den Threads der Eindruck von Parallelität erzeugt wird.

```
public class MyThread extends Thread {
  ...
  public void run() {
    // eigentliche Funktionalitaet des Threads
    ...
  }
  ...
}
```

Um den ensprechenden Thread zu starten, muss eine Instanz der neuen Klasse erzeugt werden, und diese muss mit Hilfe der Methode start gestartet werden:

```
MyThread thread = new MyThread();
thread.start();
```

3.1.2 Implementieren der Runnable-Schnittstelle

Das Implementieren der Runnable-Schnittstelle ist – naheliegenderweise – dem Erweitern der Thread-Klasse sehr ähnlich:

1. Die neue Klasse MyClass muss die Schnittstelle Runnable implementieren

2. Die Schnittstelle Runnable enthält als einzige Methode die Methode public void run(). Die Klasse MyClass muss deshalb wie in Abschnitt 3.1.1 die Methode public void run() mit der eigentlichen Funktionalität der Klasse MyClass implementieren.

```
public class MyThread implements Runnable {
  ...
  public void run() {
    // eigentliche Funktionalitaet des Threads
    ...
  }
  ...
}
```

Das Starten eines neuen Threads geschieht in diesem Fall etwas anders als beim Erweitern der Thread-Klasse. In dieser Variante muss ein Objekt der Klasse Thread erzeugt werden, das mit dem entsprechenden Runnable-Objekt initialisiert wird. Anschließend wird das Thread-Objekt gestartet:

```
Thread thread = new Thread(new MyThread());
thread.start();
```

3.2   Objektsperren

Wenn zwei oder mehr Threads gleichzeitig auf eine gemeinsame Ressource (ein gemeinsames Objekt) zugreifen, kann es zu Parallelitätsanomalien kommen. Die übliche Technik, solche Anomalien zu verhindern, besteht darin, schreibende Zugriffe auf gemeinsame Daten zu serialisieren, d.h. nacheinander anstatt gleichzeitig auszuführen. Dadurch verringert sich der *Parallelitätsgrad* der Anwendung, weil konkurrierende Threads aufeinander warten müssen.

Um schreibenden Zugriff auf Objekte zu serialisieren, verwendet man *Objektsperren*. In Java besitzt jedes Objekt eine sogenannte inhärente ("innewohnende") Sperre – auch *Monitorsperre* oder einfach *Monitor* genannt –, die zum Zweck der Serialisierung verwendet werden kann. Dazu gibt es zwei verschiedene Techniken, nämlich *synchronisierte Methoden* und *synchronisierte Anweisungen*.

In Java kennzeichnet man eine Methode mit Hilfe des **synchronized**-Modifizierers als synchronisierte Methode.

Wenn ein Thread t_1 mit Hilfe einer *synchronisierten Methode m* auf ein Objekt zugreift, dann hält t_1 die inhärente Sperre des Objekts. Ein anderer Thread t_2, der auf dasselbe Objekt ebenfalls über eine synchronisierte Methode – sei es die Methode m oder eine andere synchronisierte Methode n – zugreifen möchte, muss warten, bis t_1 die Methode m wieder verlässt und damit die Sperre wieder freigibt. Nichtsynchronisierte Methoden am selben Objekt können weiterhin ohne Einschränkung parallel ausgeführt werden.

Die folgende Beispielklasse **SyncSample** definiert zwei Instanzvariablen **a** und **b**, sowie deren Get-Methoden **getA** und **getB** und Set-Methoden **setA** und **setB**. Der schreibende Zugriff auf die Variablen **a** und **b** ist mit Hilfe der synchronisierten Set-Methoden serialisiert, während der lesende Zugriff über die Get-Methoden uneingeschränkt möglich ist.

```
public class SyncSample {
    private int a;
    private double b;

    public int getA () { return a; }
    public   double getB () { return b; }

    public synchronized void setA (int a) { this.a = a; }
    public synchronized void setB (double b) { this.b = b; }
}
```

Die zweite Art, Objekte zu sperren, besteht in der Verwendung synchronisierter Anweisungen. Dabei definiert man das Objekt, das gesperrt werden soll, sowie einen Anweisungsblock, während dessen Ausführung die Sperre gehalten werden soll. Einen solchen Anweisungsblock nennt man auch *kritischen Programmabschnitt*. Das genaue Vorgehen ist am besten anhand eines Beispiels gezeigt. Dazu formulieren wir die obige Klasse **SyncSample** wie folgt um:

```
public class SyncSample {
    private Integer a;
    private Double b;

    public int getA() { return a; }
    public double getB() { return b; }

    public void setA(int a) {
        synchronized(this.a) {
            this.a = a;
        }
    }

    public void setB(double b) {
        synchronized(this.b) {
            this.b = b;
        }
    }
}
```

In dieser Version der Klasse `SyncSample` haben wir für die Typdefinitionen der Instanzvariablen a und b die Wrapperklassen `Integer` und `Double` verwendet, weil damit *a* und b Objekte sind, die inhärente Sperren besitzen, im Gegensatz zu Variablen skalarer Typen. Dank des automatischen Ver- und Entpackens zwischen skalaren Typen und ihren Wrapperklassen seit Java 5 können wir weiterhin skalare Methodenparameter an diese Instanzvariablen zuweisen.

Im Unterschied zur ersten Version sind in der zweiten Version nicht die kompletten Set-Methoden als `synchronized` gekennzeichnet. Stattdessen ist jeweils innerhalb des Methodenrumpfs ein kritischer Abschnitt gekennzeichnet, während dessen Ausführung das Objekt a beziehungsweise das Objekt b gesperrt wird. Man beachte, dass in dieser Version nur schreibende Zugriffe auf dieselbe Instanzvariable serialisiert werden, da wir für a und b eigene Sperren verwenden. Schreibender Zugriff auf a konkurriert in dieser Version nicht mit schreibendem Zugriff auf b. Durch diese *feingranularere* Sperren haben wir den Parallelitätsgrad im Vergleich zur Version mit synchronisierten Methoden erhöht. Im allgemeinen kann man sagen, dass synchronisierte Anweisungen feingranularere Sperren und damit höhere Parallelität erlauben, zum Preis eines erhöhten Programmieraufwands.

3.3 Objektserialisierung

Bei der Objektserialisierung werden Objekte so in Byteströme konvertiert, dass diese zu einem späteren Zeitpunkt oder auf einem entfernten Rechner in genaue Kopien der Ausgangsobjekte zurückgewandelt werden können (*Deserialisierung*). Objektserialisierung ist nicht mit der in Abschnitt 3.2 vorgestellten Technik der *Serialisierung von Zugriffen auf Objekte* zu verwechseln.

Wie bereits angedeutet, wird Objektserialisierung zu zwei verschiedenen Zwecken eingesetzt:

1. zur persistenten Speicherung von Objekten im Hintergrundspeicher;

2. zum Transportieren auf einen entfernten Rechner.

Im Kontext der Netzwerkkommunikation wird Objektserialisierung meistens im Zusammenhang mit Java RMI zum Versenden von objektwertigen Methoden-Parametern und -Ergebnissen verwendet. Objektserialisierung ist aber auch für die Socketprogrammierung (siehe Kapitel 5) sehr nützlich, weil sie den Programmierer davon befreit, eigene Darstellungen für den Transport von Objekten über die Leitung definieren zu müssen.

Damit eine Klasse serialisierbar ist, muss sie die Schnittstelle `Serializable` implementieren. Dadurch sind alle Objekte der Klasse und die Objekte aller ihrer Subklassen serialisierbar. `Serializable` ist eine Schnittstelle *ohne* Methoden, d.h. eine Klasse `MyClass` muss, um `Serializable` zu implementieren, lediglich die Anweisung `implements Serializable` enthalten. Dies markiert `MyClass` als serialisierbar; die eigentliche Serialisierung wird vom Java-Laufzeitsystem automatisch durchgeführt. Es entsteht also kein zusätzlicher Programmieraufwand durch das Implementieren der Schnittstelle `Serializable`.

Objekte werden serialisiert, indem man sie in einen sogenannten `ObjectOutputStream` schreibt. Ein Objekt `oos` der Klasse `ObjectOutputStream` kann durch Einhüllen (englisch: *Wrapping*) eines allgemeinen Ausgabestroms, d.h. eines Objekts `os` der Klasse `OutputStream`, wie folgt erzeugt werden:

```
ObjectOutputStream oos = new ObjectOutputStream(os);
```

In Kapitel 5 werden wir sehen, wie man zu einem Socket einen assoziierten Ausgabestrom vom Typ `OutputStream` erhält.

Ein serialisierbares Objekt `obj` wird mit Hilfe der Instanzmethode `writeObject` der Klasse `ObjectOutputStream` in den Strom geschrieben und dabei automatisch serialisiert:

```
oos.writeObject(obj);
```

Beim Serialisieren wird zunächst ein Header erzeugt, der unter anderem den Objekttyp enthält. Danach werden die Instanzvariablen mit Hilfe der `write`-Methode ihres jeweiligen Typs geschrieben. Instanzvariablen, die nicht serialisiert werden sollen, können mit dem `transient`-Modifizierer gekennzeichnet werden; sie werden beim Schreiben nicht berücksichtigt und beim Lesen mit Ihrem Defaultwert belegt. Man definiert Variablen im wesentlichen aus zwei Gründen als `transient`:

1. Um das serialisierte Objekt kleiner zu halten, was die Serialisierung und die Deserialisierung beschleunigt und die Bandbreite zur Übertragung (beziehungsweise den Plattenplatz zur Speicherung) reduziert. Das funktioniert natürlich nur, wenn

der Wert der Variablen nach der Deserialisierung tatsächlich nicht mehr benötigt wird.

Wie groß die Ersparnis durch das Auslassen der transienten Variablen ist, hängt davon ob, ob sich dahinter ein skalarer Wert oder ein möglicherweise komplexes Objekt verbirgt.

2. Um als Instanzvariablen enthaltene Objekte, die selbst nicht serialisierbar sind, von der Serialisierung auszunehmen. Das ist deshalb wichtig, weil ansonsten die komplette Serialisierung fehlschlagen und eine `NotSerializableException` liefern würde.

Enthält ein zu serialisierendes Objekt selbst wieder Objekte als Bestandteile, wird derselbe Serialisierungsvorgang rekursiv durchgeführt. Dabei werden Unterobjekte, die mehr als einmal referenziert werden, nur einmal serialisiert. Dieser Mechanismus führt nicht nur zu einer Reduktion der serialisierten Daten, sondern auch dazu, dass Zyklen im zu serialisierenden Objektgraphen kein Problem darstellen.

Das Deserialisieren eines Objektes auf der Empfängerseite geschieht analog durch Lesen von einem Strom der Klasse `ObjectInputStream` mit Hilfe der Methode `readObject`. Ein `ObjectInputStream` kann – ebenfalls analog zum Schreiben – durch Einhüllen eines allgemeinen Eingabestroms, d.h. eines Objekts `is` der Klasse `InputStream`, erzeugt werden:

```
ObjectInputStream ois = new ObjectInputStream(is);
MyClass obj = (MyClass) ois.readObject();
```

In Kapitel 5 werden wir ebenfalls sehen, wie man zu einem Socket einen assoziierten *Eingabestrom* vom Typ `InputStream` erhält.

Man beachte, dass das Ergebnis des Aufrufs der Methode `readObject` in den tatsächlichen Typ des gelesenen Objektes konvertiert werden muss, da `readObject` den Rückgabetyp `Object` besitzt.

Um sicherzustellen, dass Sender und Empfänger dieselbe Version oder serialisierungskompatible Versionen der serialisierten Klasse verwenden, können serialisierbare Klassen eine Versionsnummer enthalten, die sogenannte `serialVersionUID`. Wenn die vom Strom gelesene Versionsnummer eines Objektes beim Deserialisieren nicht mit der Versionsnummer der geladenen Klasse übereinstimmt, wird eine `InvalidClassException` geworfen.

Die `serialVersionUID` kann automatisch vom System eingefügt werden, oder sie kann manuell als Konstante, das heißt als private, finale, statische Variable, vom Typ `long` deklariert und gesetzt werden:

```
private static final long serialVersionUID = 4711L;
```

In der *Java(TM) Object Serialization Specification* wird dem Entwickler geraten, die `serialVersionUID` per Hand zu setzen, da der Mechanismus zum automatischen Setzen zu unerwarteten `InvalidClassException`–Ausnahmen bei der Deserialisierung führen kann.

Jedesmal wenn sich die Klassendefinition strukturell so ändert, dass dadurch Serialisierung und Deserialisierung mit alter und neuer Version nicht mehr zusammenpassen würden, muss die `serialVersionUID` geändert werden. Die Eclipse-Entwicklungsumgebung beispielsweise übernimmt auf Wunsch das automatische Ändern der Versionsnummer bei geänderter Klassendefinition.

Damit auch die geerbten Felder einer serialisierbaren Klasse serialisiert werden können, muss für die Superklasse eine der beiden folgenden Bedingungen gelten:

- *Die Superklasse ist selbst serialisierbar.* In diesem Fall ist klar, wie die geerbten Felder serialisiert werden.

- *Die Superklasse enthält einen nichtprivaten, parameterlosen Konstruktor.* In diesem Fall wird beim Deserialisieren der parameterlose Konstruktor der Superklasse verwendet, um die geerbten Felder zu initialisieren. Falls die Subklasse Zugriff auf die geerbten Felder hat, kann sie diese mit Hilfe der Methoden `writeObject` und `readObject` selbst serialisieren und deserialisieren. Diese Möglichkeit wird hier nicht weiter beschrieben, die interessierte Leserin sei auf die weiterführende Literatur zum Thema Objektserialisierung in Abschnitt 3.7 verwiesen.

Der Vollständigkeit halber sei außerdem erwähnt, dass es eine zweite Schnittstelle gibt, die zu serialisierende Klassen implementieren können, nämlich die Schnittstelle `Externalizable`. Diese Schnittstelle erweitert `Serializable`, so dass eine Klasse, die `Externalizable` implementiert, automatisch auch `Serializable` implementiert. Im Gegensatz zu `Serializable` enthält `Externalizable` jedoch zwei Methoden, nämlich

```
public void readExternal(ObjectInput in);
public void writeExternal(ObjectOutput in);
```

Mit Hilfe dieser beiden Methoden kann (und muss) der Entwickler angeben, in welchem Format Objekte der Klasse serialisiert und wie sie wieder deserialisiert werden sollen. Damit kann flexibel das Transportformat der Objekte bestimmt werden, was andererseits höheren Entwicklungsaufwand und eine zusätzliche Fehlerquelle bedeutet, wenn beispielsweise die Lesemethode geändert wurde und damit nicht mehr mit der Schreibmethode zusammenpasst.

3.4   Sicherheitsmanager

Java besitzt eine umfangreiche *Sicherheitsarchitektur*, zu der Technologien gehören wie die Verifikation von Bytecode, das Signieren von Jar-Dateien und eben auch das Konzept des *Sicherheitsmanagers (Security Manager)*, der die Ausführrechte einer Applikation oder eines Applets kontrolliert.

Da aus dem Internet heruntergeladene Applets als potenziell gefährlich angesehen werden müssen, laufen sie immer unter der Kontrolle eines Sicherheitsmanagers. Dieser verhindert zum Beispiel den Zugriff auf das lokale Dateisystem und die Kommunikation mit entfernten Rechnern außer dem Webserver, von dem das Applet stammt. Man spricht deshalb auch davon, dass Applets in einem *Sandkasten (Sandbox)* ablaufen.

Eine Applikation läuft in der Regel *ohne* Sicherheitsmanager und darf deshalb alle Arten sicherheitskritischer Anweisungen ausführen, zum Beispiel Verbindungen zu beliebigen Rechnern aufbauen und Dateien lesen und schreiben. Wenn man dem Hersteller eines Programms vertraut, ist das auch ein sinnvolles Sicherheitskonzept. Werfen wir einen Blick auf das folgende einfache Testprogramm SecurityCheck, das ohne Sicherheitsmanager läuft und das die Werte der beiden Systemeigenschaften java.version und user.home auf dem Bildschirm ausgibt:

```
public class SecurityCheck {
  public static void main(String[] args) {
    System.out.println(System.getProperty("java.version"));
    System.out.println(System.getProperty("user.home"));
  }
}
```

Die Ausführung dieses Programms erzeugt eine Ausgabe ähnlich der folgenden:

```
$ java SecurityCheck
1.5.0_13
/Users/haase
$
```

Nun gibt es allerdings gerade im Zusammenhang mit verteilten Anwendungen Operationen, die so kritisch sind, dass man sie nicht ohne zusätzliche Absicherungen erlauben möchte. Dazu gehört unter anderem das dynamische Herunterladen und Ausführen von fremdem Code, wie es in Java RMI und Jini verwendet wird.

Aus diesem Grund gibt es die Möglichkeit, auch eine Applikation unter der Kontrolle eines Sicherheitsmanagers laufen zu lassen. Um in einer Applikation einen Sicherheitsmanager – ein Objekt der Klasse SecurityManager – zu setzen, muss im Programm vor der ersten sicherheitskritischen Anweisung die Klassenmethode setSecurityManager der Klasse System aufgerufen werden, wie es hier am Beispiel der modifizierten Klasse SecurityCheck gezeigt ist:

```
public class SecurityCheck {
  public static void main(String[] args) {
    System.setSecurityManager(new SecurityManager());
    System.out.println(System.getProperty("java.version"));
    System.out.println(System.getProperty("user.home"));
  }
}
```

Die Klasse `SecurityManager` enthält eine Reihe von Methoden, deren Namen mit
`check` beginnt, zum Beispiel `checkAccept`, `checkConnect` und `checkAccess`. Wenn
eine Applikation unter der Kontrolle eines Sicherheitsmanagers abläuft, dann ruft jede als sicherheitskritisch eingestufte Methode eine entsprechende `check<XXX>`–Methode
des Sicherheitsmanagers auf, bevor sie die eigentliche Funktionalität ausführt. Der Sicherheitsmanager hat so die Möglichkeit, die Ausführung zu verhindern, indem er eine
Ausnahme vom Typ `SecurityException` wirft.

Ob der Sicherheitsmanager die Ausführung einer sicherheitskritischen Methode erlaubt
oder nicht, hängt von den *Security Policies (Sicherheitsrichtlinien)* ab, unter denen die
Applikation läuft. Wenn keine eigenen Policies angegeben sind, verwendet das Laufzeitsystem *Default Policies*, die beispielsweise das dynamische Herunterladen von Klassen
über das Internet oder das Auslesen sicherheitskritischer Systemeigenschaften (*System
Properties*) verbieten.

Wenn wir beispielsweise die sicherheitskontrollierte Version der Klasse `SecurityCheck`
ausführen, führt das zu einem Laufzeitfehler beim Zugriff auf die Systemeigenschaft
`user.home`, während auf die Eigenschaft `java.version` weiterhin zugegriffen werden
darf, wie man im Folgenden sieht. Die Default Policies erachten offensichtlich den Zugriff auf die Eigenschaft `user.home` als sicherheitskritischer als den Zugriff auf die Eigenschaft `java.version`:

```
$ java SecurityCheck
1.5.0_13
Exception in thread "main"
  java.security.AccessControlException: access denied
      (java.util.PropertyPermission user.home read)
        at [...]
$
```

Um einer Applikation, die unter der Kontrolle eines Sicherheitsmanagers läuft, über die
Default Policies hinausgehende Rechte einzuräumen, verwendet man benutzerdefinierte *Policydateien*. Eine Policydatei besteht aus Einträgen, mit denen man spezifizieren
kann, welche zusätzlichen Rechte man dem auszuführenden Code einräumen möchte,
in Abhängigkeit von der URL, von der er heruntergeladen wurde und davon, wer ihn
erstellt hat – die letztere Eigenschaft wird über *Zertifikate* kontrolliert. Man kann eine
Policydatei entweder per Hand in einem Texteditor erstellen oder mit Hilfe des Programms `policytool`, das Teil jeder Java–Installation ist.

Zu Entwicklungs- und Testzwecken – *aber nicht für produktive Systeme!* – ist es nützlich,
eine Policydatei, beispielsweise mit Namen `all.policy`, zu erstellen, die einer Applikation sämtliche Rechte einräumt. Eine solche Datei benötigt lediglich den folgenden
Eintrag

```
grant {
  permission java.security.AllPermission;
};
```

Die benutzerdefinierte Policydatei übergibt man dem Java–Laufzeitsystem bei der Ausführung der Applikation in der Systemeigenschaft `java.security.policy`. Damit können wir zum Beispiel die Klasse `SecurityCheck` unter der Kontrolle eines Sicherheitsmanagers wieder ohne Laufzeitfehler ausführen. In dem folgenden Kommandozeilenaufruf bezeichnet der Platzhalter ‹CONFIGHOME› das Verzeichnis, in dem die Datei `all.policy` gespeichert ist.

```
$ java −Djava.security.policy=<CONFIGHOME>/all.policy \
            SecurityCheck
1.5.0_13
/Users/haase
$
```

3.5   Zusammenfassung

Für die Entwicklung verteilter Anwendungen spielen einige Programmiertechniken eine wichtige Rolle, dazu gehören *Thread-basiertes Programmieren*, *Objektsperren*, *Objektserialisierung* und *Sicherheitsmanager*.

Java bietet inhärente Unterstützung von Thread–Programmierung an. Objekte können als neue Threads gestartet werden, indem sie entweder von der vorgegebenen `Thread`–Klasse erben oder einem neuen `Thread`–Objekt im Konstruktor übergeben werden. In beiden Fällen läuft nach dem Starten des Threads der Code ab, der in der `run`–Methode implementiert ist.

In Java hat jedes Objekt eine eingebaute Objektsperre, auch (Objekt–)Monitor genannt, die es erlaubt, Zugriffe zu synchronisieren. Es gibt zwei Arten der Synchronisation. Bei synchronisierten Methoden hält der Thread, der eine solche ausführt, die Objektsperre, bis er die synchronisierte Methode wieder verläßt. Während dieser Zeit kann kein anderer Thread diese oder eine andere synchronisierte Methode desselben Objektes ausführen. Die zweite Art der Synchronisation, die sogenannten kritischen Abschnitte, erlauben explizit ein Objekt anzugeben, dessen Sperre während der Ausführung des kritischen Abschnitts gehalten werden soll. Ein kritischer Abschnitt kann ein beliebiger Block von Anweisungen sein. Kritische Abschnitte erlauben feingranularere Sperren als synchronisierte Methoden und damit einen höheren Parallelitätsgrad.

Mit Hilfe der Objektserialisierung können Objekte in einen Byte-Strom konvertiert werden, so dass später mit Hilfe der Deserialisierung identische Kopien der Ursprungsobjekte erstellt werden können. Serialisierung und Deserialisierung werden zur persistenten Speicherung und zur Übertragung von Objekten verwendet. Objekte eine Klasse sind serialisierbar, wenn die Klasse die Schnittstelle `java.io.Serializable` implementiert. Attribute, die nicht serialisiert und deserialisiert werden sollen, können als `transient` gekennzeichnet werden. Das ist nützlich, wenn ein Attribut selbst nicht serialisierbar ist oder um das Serialisierungsprodukt möglichst klein zu halten.

Java–Sicherheitsmanager kontrollieren die Verwendung sicherheitskritischer Operationen in Applets und Applikationen. Während Applets immer unter der Kontrolle eines

Sicherheitsmanagers laufen, muss in einer Applikation der Sicherheitsmanager explizit gesetzt werden, wenn dies gewünscht ist. In diesem Fall wird die Ausführung der sicherheitsrelevanten Operationen durch Sicherheitsrichtlinien geregelt, die in Policydateien definiert sind.

3.6   Übungsaufgaben

Persönlichkeiten werden nicht durch schöne Reden geformt, sondern durch Arbeit und eigene Leistung. – Albert Einstein.

Aufgabe 3.1

Implementieren Sie ein Java–Programm, das solange ganzzahlige Werte von der Tastatur einliest bis der Benutzer den Wert 0 eingibt. Für jede Zahl soll ein eigener Thread gestartet werden, der das Quadrat der Zahl berechnet und auf dem Bildschirm ausgibt.

  (a) Implementieren Sie die Thread–Klasse als Subklasse von `Thread`.

  (b) Verwenden Sie die `Runnable`–Schnittstelle zum Implementieren Ihrer Thread–Klasse.

Aufgabe 3.2

Die folgende Klasse `EasyThread` enthält die Implementierung einer einfachen Erweiterung der Klasse `java.lang.Thread`. In der main-Methode werden 10 Threads vom Typ `EasyThread` erzeugt und gestartet. In einer Endlosschleife in der überschriebenen Methode `run` gibt jeder Thread seinen Namen aus. Dazu werden die Klassenmethode `Thread.currentThread` verwendet, die eine Referenz auf denjenigen aktuell laufenden Thread zurückliefert, sowie die Instanzmethode `getName()`, die den Namen des entsprechenden Threads zurückgibt.

```java
public class EasyThread extends Thread {
  private static final int NUMBER_OF_THREADS = 10;

  public void run() {
    while ( true ) {
      System.out.println(Thread.currentThread().getName());
    }
  }

  public static void main( String args[] ) {
    for ( int i = 0; i < NUMBER_OF_THREADS; i++ ) {
      new EasyThread().start();
    }
  }
```

```
    }
}
```

(a) Übersetzen Sie das Programm und lassen Sie es kurze Zeit laufen. Betrachten Sie die Ausgabe. Was fällt auf?

(b) Ändern Sie `EasyThread` so ab, dass es nicht von `Thread` erbt, sondern `Runnable` implementiert.

c) Legen Sie jeden Thread nach der Ausgabe seines Namens für 200ms schlafen. Lagern Sie außerdem den Rumpf der Endlosschleife in eine eigene synchronisierte Methode `private synchronized void criticalSection()` aus. Warum erfolgt die Ausgabe des Programms immer noch quasi-parallel?

d) Was müssen Sie ändern, damit die Threads im Abstand von 200ms ihren Namen ausgeben?

Aufgabe 3.3

Für diese Aufgabe sind die folgenden Klassen `SerFrame`, `ObjectReaderWriter`, `SerializableClass`, `NonserializableClass` teilweise komplett und teilweise unvollständig vorgegeben.

Die Klasse `SerFrame` enthält das Hauptprogramm. Diese Klasse muss nicht geändert werden. Das Programm stellt eine einfache Fensteranwendung dar, die ein Textfeld und zwei Schaltflächen bereitstellt. In dem Textfeld wird die String-Darstellung eines `SerializableClass`–Objektes angezeigt, und mit den beiden Schaltflächen wird die Serialisierung und Deserialisierung dieses Objektes gesteuert.

```java
import javax.swing.*;
import java.awt.BorderLayout;
import java.awt.event.*;

public class SerFrame extends JFrame {
    private static final long serialVersionUID = 1L;
    private JTextArea txtResult;

    SerFrame()    {
        SerializableClass obj = new SerializableClass();
        final ObjectReaderWriter objReaderWriter =
                        new ObjectReaderWriter(this, obj);

        this.setLayout(new BorderLayout());
        this.setTitle("Serialization Exercise");
        this.setDefaultCloseOperation(JFrame.EXIT_ON_CLOSE);

        txtResult = new JTextArea(obj.toString(), 5, 30);
```

```java
    txtResult.setEditable(false);
    this.add(txtResult, BorderLayout.NORTH);

    JButton btnSerialize = new JButton("serialize");
    btnSerialize.addActionListener(new ActionListener() {
      public void actionPerformed(ActionEvent e) {
        objReaderWriter.writeData();
        txtResult.setText("<Object stored in file>");
      }
    });

    JButton btnDeserialize = new JButton("deserialize");
    btnDeserialize.addActionListener(new ActionListener() {
      public void actionPerformed(ActionEvent e) {
        txtResult.setText(objReaderWriter.readData());
      }
    });

    JPanel buttonPanel = new JPanel();
    buttonPanel.add(btnSerialize);
    buttonPanel.add(btnDeserialize);
    this.add(buttonPanel, BorderLayout.SOUTH);
    this.pack();
  }

  public static void main(String args[]) {
    SerFrame sf = new SerFrame();
    sf.setVisible(true);
  }
}
```

Die Klasse **ObjectReaderWriter** führt die eigentliche Serialisierung und Deserialisierung durch. Dazu stellt sie die Methoden **writeData** (Serialisierung) und **readData** (Deserialiserung) zur Verfügung. Die Objekte werden bei der Serialisierung in eine Datei geschrieben und bei der Deserialisierung entsprechend gelesen. Dazu enthalten beide Methoden bereits entsprechende Dialoge.

```java
import java.io.*;
import javax.swing.*;

public class ObjectReaderWriter {
  private JFrame parent;
  private SerializableClass obj;

  public ObjectReaderWriter(JFrame parent,
                            SerializableClass obj) {
    this.parent = parent;
```

```java
      this.obj = obj;
}

public void writeData() {
   JFileChooser chooser = new JFileChooser();
   ObjectOutputStream oos = null;

   int returnVal = chooser.showSaveDialog(parent);
   if (returnVal == JFileChooser.APPROVE_OPTION) {
      File file = chooser.getSelectedFile();

      //**********************************************
      // insert serialization here
      // - create an ObjectOutputStream
      // - write the object into the specified file
      // - make sure the stream is flushed
      //**********************************************

   }
}

public String readData() {
   ObjectInputStream ois = null;

   JFileChooser chooser = new JFileChooser();
   int returnVal = chooser.showOpenDialog(parent);
   if(returnVal == JFileChooser.APPROVE_OPTION) {
      File file = chooser.getSelectedFile();

      //**********************************************
      // insert deserialization here
      // - create an ObjectInputStream.
      // - read the serializable object from the stream and
      //    store it in the instance variable 'obj'
      //**********************************************

   }
   return obj.toString();
}
}
```

Die Klasse `SerializableClass` ist eine einfache Klasse mit zwei Attributen, die das Interface `Serializable` implementiert.

```java
import java.io.Serializable;

public class SerializableClass implements Serializable {
```

```
private static final long serialVersionUID = 1L;
private int id;
private String str;

SerializableClass() {
  this.id = 64;
  this.str = "Instance of SerializableClass";
}

public String toString() {
  return "(id: " + id + ", str: " + str + ")";
}
}
```

Die Klasse `NonserializableClass` ist eine einfache nichtserialisierbare Klasse mit einem Attribut `id`.

```
public class NonserializableClass {
  private int id;

  public NonserializableClass() {
    id = 47;
  }

  public String toString() {
    return "(id: " + id + ")";
  }
}
```

a) Ergänzen Sie die beiden Methoden `readData` und `writeData` der Klasse `ObjectReaderWriter` an den kommentierten Stellen so, dass die Instanzvariable `obj` vom Typ `SerializableClass` in eine Datei serialisiert und wieder aus der Datei heraus deserialisiert werden kann.

b) Ergänzen Sie nun die Klasse `SerializableClass` um eine weitere Instanzvariable `obj` vom Typ `NonserializableClass`. Erzeugen Sie im Konstruktor der Klasse ein neues `NonserializableClass`–Objekt und weisen Sie es der Instanzvariabeln `obj` zu. Berücksichtigen Sie die neue Variable außerdem in der `toString`–Methode der Klasse `SerializableClass`.

Versuchen Sie nun mit dem geänderten Programm, das `SerializableClass`–Objekt zu serialisieren. Was passiert und warum?

c) Markieren Sie die Instanzvariable `obj` der Klasse `SerializableClass` als transient. Was beobachten Sie, wenn Sie nun das Objekt serialisieren und anschließend wieder deserialisieren?

3.7   Weiterführende Literatur

- Doug Lea. *Concurrent Programming in Java: Design Principles and Pattern.* Addison-Wesley Longman, Amsterdam, 2. Auflage, 1999, ISBN 0201310090.

- B. Goetz, T. Peierls, J. Bloch, J. Bowbeer, D. Holmes, D. Lea. *Java Concurrency in Practice.* Addison-Wesley Longman, Amsterdam, 2006. ISBN 0321349601.

- J. Bloch. *Effective Java Programming Language Guide.* Addison-Wesley Longman, Amsterdam, 2001. ISBN 0201310058.

- Jeff Magee, Jeff Kramer. *Concurrency: State Models & Java Programs.* Wiley & Sons; 2. Auflage, 2006. ISBN 0470093552.

4   Beispielanwendung

In diesem Kapitel führen wir eine verteilte Anwendung ein, anhand derer wir in den nachfolgenden Kapiteln die Kommunikationsparadigmen *Sockets*, *Java RMI*, *CORBA* und *Jini* am konkreten Beispiel erklären und miteinander vergleichen können. Dazu verwenden wir eine einfache, textbasierte Chat-Applikation. Die Applikation wird aus einem *Chat-Server* und beliebig vielen *Chat-Klienten* bestehen, die sich bei dem Server anmelden können, um mit den anderen Klienten Nachrichten auszutauschen. Die Kommunikation zwischen den Klienten geschieht dabei sternförmig; jede Nachricht geht von einem Klienten zum Chat-Server (1), der sie dann an alle Klienten verteilt (2), siehe Abbildung 4.1.

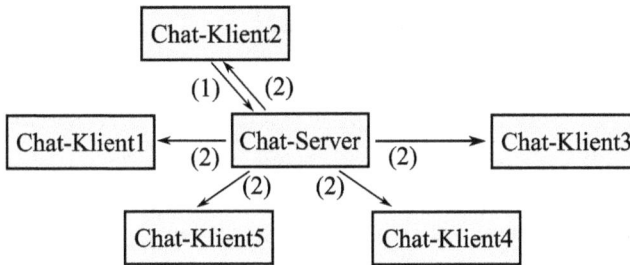

Abb. 4.1: *Sternförmige Kommunikation der Chat-Beispielanwendung, initiiert durch eine Nachricht von Chat-Klient2.*

Für dieses Verteilungs- und Kommunikationsmodell bietet sich eine verteilte Model-View-Controller-Architektur an, bei der der Chat-Server das Modell hält und die Chat-Klienten die Sicht auf das Modell darstellen. Wir erläutern deshalb als Grundlage die Funktionsweise des Model-View-Controller-Entwurfsmusters im folgenden Abschnitt.

4.1   Model-View-Controller-Entwurfsmuster

Das Model-View-Controller-Entwurfsmuster (kurz: MVC-Entwurfsmuster) basiert auf der Idee, die Applikationsdaten (Model) von der Darstellung (View) und der Steuerung (Controller) architektonisch zu trennen. Diese Trennung hat mehrere Vorteile:

1. Die Darstellung der Daten kann geändert werden, ohne dass das Datenmodell selbst angepasst werden muss. So können beispielsweise für verschiedene Endgeräte und für verschiedene Benutzergruppen unterschiedliche Darstellungen derselben

Daten angeboten werden. Ein Austauschen der Darstellung kann sogar dynamisch zur Laufzeit der Anwendung erfolgen.

2. Es können mehrere Sichten derselben Daten gleichzeitig existieren. Von dieser Möglichkeit werden wir in unserer Chat-Anwendung Gebrauch machen, in der viele Klienten (Sichten) gleichzeitig laufen können.

3. Die Trennung von Model, View und Controller entspricht dem generellen Prinzip der *Aufteilung von Zuständigkeiten*, das der Modularisierung von Programmen dient.

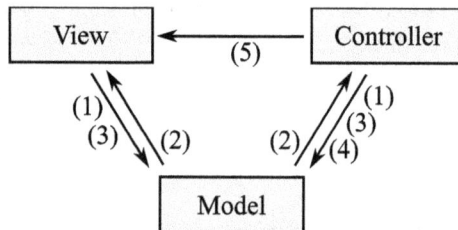

Abb. 4.2: *Die Komponenten des Model-View-Controller-Musters und deren Beziehungen untereinander.*

Abbildung 4.2 zeigt die Komponenten des MVC-Musters. Die nummerierten Beziehungen der Komponenten untereinander haben die folgenden Bedeutungen:

(1) Die Sicht und die Steuerung können sich als Beobachter am Modell registrieren. Dadurch werden sie über alle zukünftige Änderungen des Modells informiert, siehe unten. Für die Steuerung kann dieser Schritt entfallen; das hängt davon ab, ob die Funktionalität der Steuerung vom aktuellen Modellzustand abhängt oder nicht. Typische Beispiele für zustandsabhängige Steuerungen sind kontextsensitive Menüeinträge, die je nach Applikationskontext aktiviert oder deaktiviert sein können.

Die Steuerung unserer Chat-Anwendung ist unabhängig vom aktuellen Modellzustand, so dass diese Interaktion entfällt.

(2) Das Modell notifiziert alle registrierten Beobachter jedesmal, wenn es sich geändert hat. Die Notifikation beschreibt üblicherweise nur die Tatsache, dass eine Änderung durchgeführt wurde, nicht jedoch den Inhalt der Änderung.

Da sich die Chat-Steuerung nicht am Modell registriert, wird sie auch nicht über Änderungen notifiziert.

(3) Sobald die Beobachter – in unserem Fall sind das die Chat-Sichten – über eine Modelländerung notifiziert wurden, verwenden sie die vom Modell bereitgestellten Zugriffsmethoden, um diejenigen Daten abzurufen, an denen sie interessiert sind.

(4) Die Steuerung kann das Modell über Änderungsmethoden modifizieren. Das ist immer dann der Fall, wenn der Benutzer Änderungseingaben mit Hilfe der Steuerung vorgenommen hat, etwa durch Tastatureingabe oder das Selektieren eines Knopfes durch Mausklick.

Die Modelländerungen werden dann, wie oben beschrieben, durch den Notifikationsmechanismus an die Sicht und gegebenenfalls die Steuerung weitergeleitet, die sich entsprechend anpassen können.

(5) Wenn die Benutzereingaben nur einen Effekt auf die Darstellung, nicht aber auf die Daten haben, kann die Steuerung die Sicht entsprechend ändern.

Diese Möglichkeit der direkten Sichtenänderungen durch die Steuerung entfällt in unser Chat-Applikation.

Wie bereits oben angedeutet, werden wir für unsere Chat-Anwendung eine *verteilte* MVC-Architektur verwenden. Um die MVC-Komponenten von der Kommunikation zu entkoppeln, verwenden wir eigene Module für die entfernte Kommunikation, so dass Modell, Sicht und Steuerung nur lokal mit diesen Kommunikationsmodulen interagieren, ohne sich selbst um die entfernte Kommunikation kümmern zu müssen. Damit – und unter Weglassen derjenigen MVC-Beziehungen, die wir für die Chat-Anwendung nicht benötigen – erhalten wir die in Abbildung 4.3 dargestellte Architektur, wobei die einfachen Pfeile *benutzt*–Beziehungen und die breiten Pfeile Netzwerkkommunikation darstellen sollen. Man beachte außerdem, dass Chat-Controller und Chat-View gemeinsam auf dem Klientenrechner laufen.

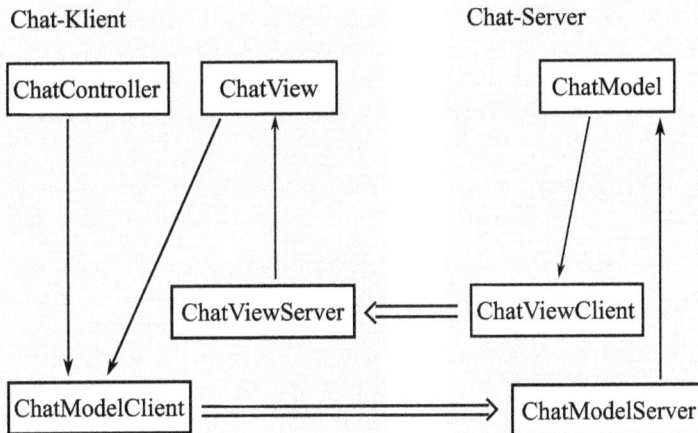

Abb. 4.3: *Verteilte MVC-Architektur der Chat-Anwendung mit separaten Modulen* ChatModelServer, ChatModelClient, ChatViewServer *und* ChatViewClient *für die entfernte Kommunikation.*

Wie man in Abbildung 4.3 sieht, verwendet die Chat-Anwendung zwei verschiedene Kommunikationskanäle, einen von ChatModel zu ChatView zum Zweck der Notifikation und einen von ChatView und ChatController zu ChatModel, um die Modelldaten abzufragen und zu modifizieren. Für jeden der beiden Kanäle benötigen wir zwei Kommunikationsendpunkte, einen serverseitigen und einen klientenseitigen, wobei Server- und Klientenrolle für die beiden Kanäle gerade vertauscht sind.

Da wir in den nachfolgenden Kapiteln verschiedene Realisierungen der Chat-Anwendung für die verschiedenen Kommunikationsmechanismen entwickeln wollen, wäre es hilfreich, wenn wir die kommunikationsrelevanten Module einfach austauschen könnten, ohne die anderen Module ändern zu müssen. Um dieses Ziel zu erreichen, verwenden wir das Muster der *abstrakten Fabrik*, das wir im nächsten Abschnitt kurz beschreiben, insbesondere im Hinblick auf unsere Beispielanwendung.

4.2   Abstrakte Fabriken

Unsere Chat-Anwendung benötigt sowohl auf der Modell- als auch auf der Sicht- und Steuerungsseite Module für die entfernte Kommunikation. Dabei spielt es aus Sicht der MVC-Komponenten keine Rolle, wie die Kommunikationsmodule funktionieren, solange sie bestimmte Schnittstellen anbieten, die die MVC-Komponenten verwenden können.

Wir ersetzen deshalb alle Kommunikationskomponenten aus Abbildung 4.3, die von den kommunikationsunabhängigen Klassen direkt verwendet werden, durch *Schnittstellen*, so dass die kommunikationsspezifischen Implementierungen leicht austauschbar werden. Konkret sind dies die Klassen `ChatModelClient` und `ChatViewClient`, die wir durch die beiden Schnittstellen `IChatModelClient` und `IChatViewClient` ersetzen. Man beachte, dass die serverseitigen Kommunikationsendpunkte `ChatModelServer` und `ChatViewServer` nicht von den logisch höher liegenden Klassen verwendet werden, sondern stattdessen die eingehenden Nachrichten in *Upcall*-Methodenaufrufen nach oben weiterleiten. Die Klassen `ChatModelServer` und `ChatViewServer` müssen deshalb nicht durch Schnittstellen ersetzt werden.

Für die Instantiierung konkreter Kommunikationsendpunkte verwenden wir sogenannte *Fabrikobjekte*, eines auf der Klientenseite und eines auf der Modellseite der Anwendung.

Wir zeigen die Funktionsweise des Abstrakte-Fabriken-Musters zuerst am Beispiel der Sicht- und Steuerungsseite unserer Chat-Anwendung, wie sie in Abbildung 4.4 dargestellt ist; die verwendeten Pfeile folgen dabei den UML–Konventionen: durchgezogene Pfeile stellen *benutzt*–Beziehungen (Assoziationen) dar, gestrichelte Pfeile *erzeugt*–Beziehungen, gestrichelte Pfeile mit einem leeren Dreieck als Spitze *implementiert*–Beziehungen und eine Linie mit einer leeren Raute am Anfang eine Aggregation mit dem Aggregat auf der Seite der Raute.

In Abbildung 4.4 sind alle Module, die unabhängig von einer speziellen Kommunikationstechnologie sind, grau hinterlegt. Die weißen Module zeigen exemplarisch, wie die Architektur für die Verwendung von UDP-Kommunikation spezialisiert wird.

Die Klasse `ChatClient` hält eine Referenz auf eine abstrakte Fabrik, die sie nur als Instanz der Schnittstelle `IViewCommFactory` kennt. Diese Schnittstelle bietet Methoden zum Erzeugen der benötigten Kommunikationsendpunkte an. Die Klasse `ChatClient` enthält die komplette Ablaufsteuerung des Chat-Klienten, ohne zu wissen, welche kon-

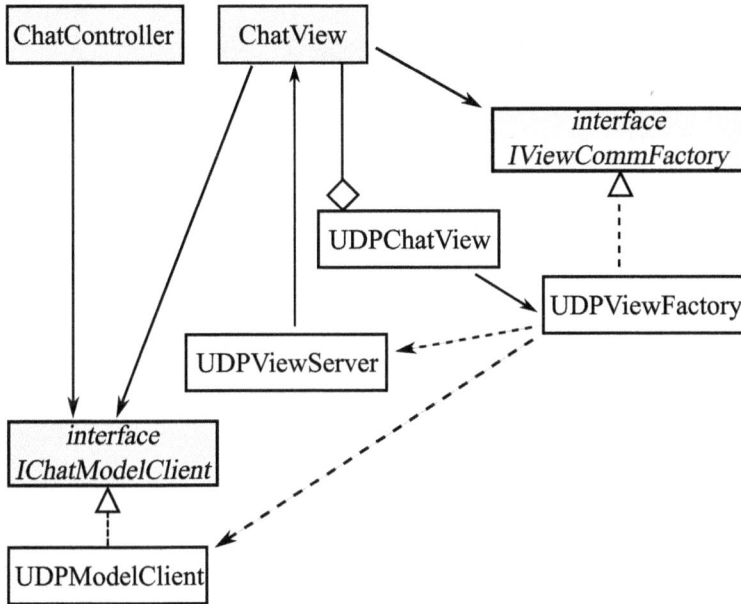

Abb. 4.4: *Verwendung des Abstrakte-Fabriken-Musters auf der Sicht- und Steuerungsseite der Chat-Beispielanwendung.*

krete Kommunikation verwendet wird. Um die Anwendung bespielsweise mit UDP-Kommunikation zu ergänzen, werden wir später die Klasse UDPChatClient definieren, die eine Instanz der Klasse ChatClient erzeugt und dieser bei der Erzeugung ein konkretes Fabrikobjekt vom Typ UDPViewFactory übergibt. Diese Fabrik implementiert die Schnittstelle IViewCommFactory und erzeugt Kommunikationsendpunkte, die UDP-Kommunikation realisieren. Durch die Verwendung des Abstrakte-Fabriken-Musters kann die konkrete Kommunikation einfach durch Austauschen der konkreten Fabrik ersetzt werden; die in Abbildung 4.4 grau dargestellten Module bleiben dabei unverändert.

Dasselbe Muster wird auch auf der Modellseite der Chat-Anwendung eingesetzt, siehe Abbildung 4.5. Im Gegensatz zur Sicht– und Steuerungsseite erzeugt auf der Modellseite das Fabrikobjekt nur einen Kommunikationsendpunkt, nämlich den serverseitigen Endpunkt des Kanals von Sicht und Steuerung zum Modell. Der klientenseitige Endpunkt des Kanals vom Modell zur Sicht hingegen wird vom erstgenannten Endpunkt erzeugt. Das hat den Grund, dass die dazu notwendige Informationen in der login–Nachricht des Klienten an das Modell gesendet wird und der ModelServer–Endpunkt diese Informationen entgegennimmt und deshalb in der Lage ist, den ViewClient–Endpunkt zu erzeugen.

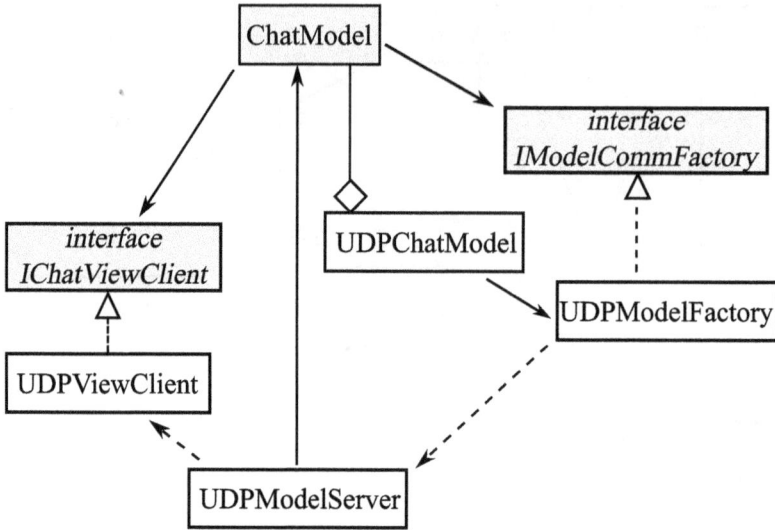

Abb. 4.5: *Verwendung des Abstrakte-Fabriken-Musters auf der Modellseite der Chat-Beispielanwendung.*

4.3   Architektur des Chat-Frameworks

Durch die Verwendung des Abstrakte-Fabriken-Musters und das Entkoppeln von Ablaufsteuerung und Netzwerkkommunikation erhalten wir für unsere Chat-Anwendung die Architektur eines *Frameworks*, wie es in Abbildung 4.6 dargestellt ist. Neben den bereits bekannten Modulen enthält die Abbildung zwei weitere Klassen:

ChatGraphicUtils: enthält Routinen für das graphische Layout der Sicht und der Steuerung, sowie einige Konstanten, die ebenfalls für die graphische Oberfläche benötigt werden.

Contribution: ist eine einfache Containerklasse, die ein Tupel darstellt, das aus Name und Kommentar besteht. Instanzen dieser Klasse werden verwendet, um die Äußerungen, die die einzelnen Chat-Teilnehmer machen, zu verpacken und zu versenden.

Wie wir bereits oben gesehen haben, wird das Framework zu einer konkreten Anwendung vervollständigt, indem die Klassen ChatView und ChatModel instantiiert werden und diesen Instanzen konkrete Fabriken zur Erzeugung der Kommunikationsendpunkte mitgegeben werden. Wie das im Einzelnen funktioniert, werden wir in den Kapiteln zu den verschiedenen Kommunikaitonsparadigmen sehen. In den restlichen Abschnitten dieses Kapitels stellen wir die Klassen und Schnittstellen aus Abbildung 4.6 im Detail vor.

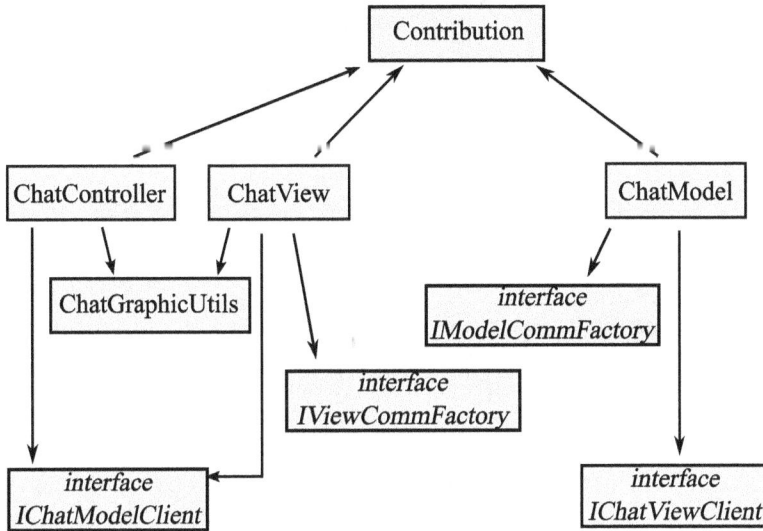

Abb. 4.6: *Architektur des Chat-Frameworks, d.h. aller kommunikationsunabhängigen Klassen.*

4.4 Implementierung der Framework-Klassen

In diesem Abschnitt stellen wir eine mögliche Implementierung für jede Schnittstelle und Klasse des Chat-Frameworks vor. Die Implementierungen sind bewusst einfach, funktionell und auf die für unsere Zwecke interessanten Prinzipien reduziert.

Wir beginnen diesen Abschnitt mit der grundlegenden Klasse `Contribution` und den Schnittstellen `IChatViewClient`, `IChatModelClient`, `IViewCommFactory` und `IModel-CommFactory`, und bauen dann darauf die Kernklasse `ChatModel` auf der Serverseite der Anwendung und `ChatView`, `ChatController` sowie die Hilfsklasse `ChatGraphicUtils` auf der Klientenseite der Chat-Anwendung auf.

4.4.1 Klasse `Contribution`

Wie bereits in Abschnitt 4.3 erwähnt, dient die Klasse `Contribution` dazu, die Äußerungen der Chat-Teilnehmer zu verpacken und über das Netzwerk zu schicken. Die Klasse implementiert deshalb die Schnittstelle `Serializable`. Wie außerdem dem folgenden Programmlisting entnommen werden kann, gehört die Klasse – ebenso wie alle anderen Klassen des Frameworks – dem Paket `chat` an. Für die kommunikationsspezifischen Klassen werden wir später eigene Unterpakete, z.b. `chat.tcp` für TCP-spezifische Klassen, verwenden.

```
package chat;

import java.io.Serializable;
```

```
public class Contribution implements Serializable {

    private static final long serialVersionUID
                                    = 6995262871782175802L;

    private String name;
    private String comment;

    public Contribution(String name, String comment) {
        this.name = name;
        this.comment = comment;
    }

    public String getName() { return name; }
    public String getComment() { return comment; }
}
```

4.4.2   Interface `IChatModelClient`

Die Schnittstelle `IChatModelClient` enthält alle Methoden, mit denen Daten des Modells abgefragt und verändert werden können. Alle Methoden können eine Ausnahme werfen, wenn die entfernte Kommunikation mit dem serverseitigen Endpunkt fehlschlagen sollte. Die Schnittstelle legt durch die Angabe `throws Exception` den Typ der Ausnahmen nicht fest, jede implementierende Klasse kann die für sie geeigneten Ausnahmeklassen verwenden.

```
package chat;

public interface IChatModelClient {
    public boolean login(String name, IChatViewClient client)
                            throws Exception;
    public void utterComment(Contribution contribution)
                            throws Exception;
    public String[] getNames() throws Exception;
    public void logout(String name) throws Exception;
}
```

Die modifizierenden Methoden `login`, `utterComment` und `logout` werden von der Steuerung verwendet, die abfragende Methode `getNames` von der Sicht.

Mit Hilfe der Methode `login` können sich Teilnehmer mit ihrem Benutzernamen `name` beim Chat-Server anmelden. Da wir für unsere einfache Beispielanwendung keine Authentisierung verwenden, muss beim Login kein Passwort übermittelt werden. Der zweite Parameter `client` gibt den Kommunikationsendpunkt an, den das Modell verwenden kann, um mit diesem Klienten zu kommunizieren. Die näheren Details hierzu werden wir in den nachfolgenden Kapiteln betrachten. Der Rückgabewert der Methode gibt an, ob der Chat-Teilnehmer erfolgreich eingeloggt wurde oder nicht. Wie alle anderen

Methoden der Schnittstelle `IChatModelClient` kann auch die Methode `login` eine Ausnahme werfen, wenn die entfernte Kommunikation mit dem Chat-Modell fehlgeschlagen ist.

Die Methode `utterComment` wird verwendet, um Äußerungen eines Chat-Teilnehmers an den Chat-Server zu übermitteln. Die Nachricht einschließlich des Teilnehmernamens wird als Instanz der Container-Klasse `Contribution` übermittelt.

Wenn ein Klient über Änderungen am Modell notifiziert wurde – dazu kommen wir in Abschnitt 4.4.3 – verwendet er die Methode `getNames`, um das Modell nach der aktuellen Liste aller Chat-Teilnehmer zu befragen und diese Liste anschließend dem Benutzer anzuzeigen.

Die Methode `logout` schließlich wird bei Beendigung eines Chat-Klienten aufgerufen, um den Benutzer mit dem Namen `name` aus dem Chat-Server auszuloggen.

4.4.3   Interface `IChatViewClient`

Die Schnittstelle `IChatViewClient` repräsentiert auf der Modellseite den Kommunikationsendpunkt, über den das Modell mit der Sicht kommunizieren kann. Das geschieht immer dann, wenn sich das Modell geändert hat; dann werden alle Klienten über die Änderung notifiziert. Für den Fall, dass die entfernte Kommunikation fehlschlägt, kann die Methode eine Ausnahme werfen. Wie schon die Schnittstelle `IChatModelClient` legt auch die Schnittstelle `IChatViewClient` den speziellen Typ der Ausnahme nicht fest, sondern überlässt die Wahl des geeigneten Ausnahmetyps den sie implementierenden Klassen.

```
package chat;

public interface IChatViewClient {
    public void notify(Contribution contribution)
                                    throws Exception;
}
```

In unserer Chat-Anwendung gibt es zwei Ursachen für eine Modelländerung und damit die Übermittlung einer Notifikation:

1. *Ein Teilnehmer hat eine Äußerung an das Modell übermittelt*: In diesem Fall leitet das Modell die Äußerung direkt als Parameter der Methode `notify` weiter an alle Teilnehmer.

2. *Aufgrund eines Logins oder Logouts hat sich die Teilnehmerliste geändert*: In diesem Fall übermittelt das Modell den Wert `null` im Parameter `contribution`. Dies zeigt den Klienten an, dass sie die neue Teilnehmerliste mit Hilfe der Methode `getNames` der Schnittstelle `IChatModelClient` abrufen können.

4.4.4   Interface `IViewCommFactory`

Diese Schnittstelle enthält die Methoden, die eine konkrete Fabrik bereitstellen muss, um auf der Sichtseite der Chat–Applikation die Kommunikationsendpunkte einer spezifischen Technologie zu erzeugen.

```
package chat;

public interface IViewCommFactory {
    public IChatModelClient getModelClient() throws Exception;
    public void createViewServer(IChatViewClient view)
                                            throws Exception;
}
```

Die Methode `getModelClient` dient dazu, einen Kommunikationsendpunkt vom Typ `IChatModelClient`, d.h. den klientenseitigen Endpunkt für den Kommunikationskanal von Steuerung und Sicht zum Modell, zu erzeugen und zurückzuliefern.

Die Methode `createViewServer` erzeugt den serverseitigen Kommunikationsendpunkt für den Kanal vom Modell zur Sicht. Dieser Endpunkt wird nicht durch lokale Methodenaufrufe, sondern nur über entfernte Kommunikation vom entsprechenden klientenseitigen Endpunkt angesprochen (siehe auch Abbildung 4.3) und wird deshalb auch nicht als Ergebnis der Methode `createModelServer` zurückgeliefert. Stattdessen benötigt der Endpunkt eine Referenz auf die Sicht, an die er eingehende Nachrichten weiterleiten kann. Dafür dient der Parameter `view`, in dem die Sicht als Instanz der Schnittstelle `IChatViewClient` – die ja genau die Methoden beschreibt, die die Sicht anbietet – übergeben wird.

4.4.5   Interface `IModelCommFactory`

Diese Schnittstelle enthält die Methode, die eine modellseitige konkrete Fabrik bereitstellen muss.

```
package chat;

public interface IModelCommFactory {
    public void createModelServer(IChatModelClient model)
                                            throws Exception;
}
```

Die Methode `createModelServer` erzeugt – analog zur Methode `IViewCommFactory.createViewServer` auf der Sichtseite der Chat-Anwendung – den serverseitigen Kommunikationsendpunkt für den Kommunikationskanal von Sicht und Steuerung zum Modell. Da auch dieser Endpunkt nicht durch lokale Methodenaufrufe, sondern nur über entfernte Kommunikation vom entsprechenden klientenseitigen Endpunkt angesprochen wird, liefert auch diese Methode keine Rückgabe. Stattdessen wird ihr eine Referenz auf das Modell im Parameter `model` übergeben, damit eingehende Nachrichten weitergeleitet werden können.

Man beachte, dass die Schnittstelle keine Methode zum Erzeugen des klientenseitigen Endpunkts des Kanals vom Modell zur Sicht enthält. Der Grund dafür liegt darin, dass dieser Endpunkt von der kommunikationsspezifischen Klasse erzeugt wird, die die Schnittstelle `IChatModelServer` implementiert, wie wir in den späteren Kapiteln sehen werden.

4.4.6   Klasse `ChatModel`

Wir sind nun soweit, dass wir die eigentlichen Kernklassen des Chat-Frameworks vorstellen können und beginnen mit dem Chat-Modell, das die Daten der Chat-Anwendung hält. Konkret ist das nichts anderes als die Liste aller aktuellen Chat-Teilnehmer: die Äußerungen, die die Teilnehmer beitragen, werden nicht im Modell abgespeichert, sondern sofort an alle Sichten (Chat–Klienten) weitergeleitet.

```java
package chat;

import java.util.HashMap;
import java.util.Map;

public class ChatModel implements IChatModelClient {
    private Map<String, IChatViewClient> clientsMap;
    private IModelCommFactory commFactory;

    public ChatModel(IModelCommFactory commFactory) {
        clientsMap = new HashMap<String, IChatViewClient>();
        this.commFactory = commFactory;
    }

    public boolean login(String name, IChatViewClient client) {
        if ( clientsMap.containsKey(name) )
            return false;

        clientsMap.put(name, client);
        for ( String aName : clientsMap.keySet() ) {
            try {
                clientsMap.get(aName).notify(null);
            } catch ( Exception e ) {
                System.out.println(e.getMessage());
                clientsMap.remove(aName);
            }
        }
        return true;
    }

    public void utterComment(Contribution contribution)
                                            throws Exception {
        for ( String aName : clientsMap.keySet() ) {
            try {
                clientsMap.get(aName).notify(contribution);
            } catch ( Exception e ) {
                System.out.println(e.getMessage());
                clientsMap.remove(aName);
            }
        }
    }
```

```
    }

    public String[] getNames() throws Exception {
        String[] array = new String[clientsMap.size()];
        return clientsMap.keySet().toArray(array);
    }

    public void logout(String name) throws Exception {
        clientsMap.remove(name);
        for ( String aName : clientsMap.keySet() ) {
            try {
                clientsMap.get(aName).notify(null);
            } catch ( Exception e) {
                System.out.println(e.getMessage());
                clientsMap.remove(aName);
            }
        }
    }

    public void run() {
        try {
            commFactory.createModelServer(this);
        }
        catch ( Exception e ) {
            System.out.println("Can't set up ChatModel: "
                                + e.getMessage());
            e.printStackTrace();
            System.exit(0);
        }
        System.out.println("chat model up and running");
    }
}
```

Die Klasse ChatModel bietet nach außen genau die Methoden an, die auch die entfernte Sicht und die entfernte Steuerung an ihrem lokalen Kommunikationsendpunkt vom Typ IChatModelClient verwenden können und implementiert deshalb die Schnittstelle IChatModelClient.

Die Instanzvariable clientsMap speichert alle aktuellen Klienten als ein Paar, das aus dem Namen und dem modellseitigen Kommunikationsendpunkt des Kanals von Modell zur Sicht besteht. Über diesen Endpunkt kann das Modell den entsprechenden Klienten für Änderungsnotifikationen erreichen.

Die Instanzvariable commFactory ist eine Referenz auf eine abstrakte Fabrik, die im Konstruktor der Klasse gesetzt wird. Beim Erzeugen eines ChatModel–Objekts muss diesem Konstruktor eine geeignete kommunikationsspezifische Fabrik übergeben werden.

Die vier Methoden `login`, `utterComment`, `getNames` und `logout` implementieren zusammen die Schnittstelle `IChatModelClient`, sie sind im Folgenden beschrieben:

`login:` Der Methode `login` wird der Name des neu anzumeldenden Klienten sowie der Endpunkt übergeben, unter dem er erreichbar ist. Wenn der Name bereits von einem anderen Klienten verwendet wird, wird die Methode mit dem Rückgabewert `false` beendet; ansonsten wird das Paar aus Name und Kommunikationsendpunkt in die Instanzvariable `clientsMap` eingetragen. Danach werden alle Klienten – auch der neue – über die Zustandsänderung des Modells notifiziert. Jeder Klient, der bei der Notifikation nicht erreicht werden kann, wird aus der Liste aktiver Chat-Teilnehmer gestrichen. Nach erfolgreichem Login wird der boolsche Wert `true` zurückgeliefert.

`utterComment:` Diese Methode bekommt als Eingabeparameter eine Äußerung `contribution` übergeben. Diese Äußerung wird direkt als Parameter eines Notifizierungsaufrufs an alle Klienten weitergereicht. Dabei werden wiederum alle Teilnehmer, die nicht erreicht werden können, aus der Liste der aktiven Klienten gelöscht.

`getNames:` Die Methode extrahiert die Namen aller Klienten aus der Instanzvariablen `clientsMap`, packt sie in ein Feld und liefert dieses Feld als Ergebnis zurück.

`logout:` Beim Logout wird der Eintrag mit dem Namen `name` aus der Instanzvariablen `clientsMap` gelöscht und danach alle Klienten über die Modelländerung notifiziert. Auch hier werden wieder alle nichterreichbaren Teilnehmer aus der Teilnehmerliste entfernt.

Die letzte Methode `run` schließlich enthält die Ablaufsteuerung der Klasse `ChatModel`. Diese Methode wird verwendet, um den Ablauf des Modells anzustoßen. Auf der Modellseite bedeutet das lediglich, den Kommunikationsendpunkt für Anfragen der Klienten zu erzeugen. Sobald Anfragen eingehen, verwendet der Kommunikationsendpunkt die Methoden `login`, `utterComment`, `getNames` und `logout` des Chat-Modells, um diese Anfragen zu beantworten.

4.4.7 Klasse `ChatGraphicUtils`

Die Klasse `ChatGraphicUtils` enthält einige graphikrelevanten Konstanten, sowie zwei Hilfsmethoden, eine zum Dekorieren einer graphischen Komponente mit Hintergrund, Rahmen und Titel, und eine weitere zum Erzeugen eines Trennstreifens, der graphische Komponenten in einem Panel optisch voneinander absetzt.

```
package chat;

import java.awt.*;
import javax.swing.*;
import javax.swing.border.TitledBorder;

public class ChatGraphicUtils {
```

```java
private final static int COLUMNS = 20;
private final static int CHAT_ROWS = 10;
private final static int BUDDIES_ROWS = 5;

public static int getColumns() { return COLUMNS; }
public static int getChatRows() { return CHAT_ROWS; }
public static int getBuddiesRows() { return BUDDIES_ROWS; }

private ChatGraphicUtils() {}

public static void decorate(JComponent comp, String title) {
    comp.setBackground(Color.WHITE);
    comp.setBorder(BorderFactory.createTitledBorder(
                    null,
                    title,
                    TitledBorder.LEFT,
                    TitledBorder.TOP,
                    comp.getFont().deriveFont(Font.ITALIC),
                    Color.BLUE));
}

public static void insertSeparator(JComponent container) {
    container.add(Box.createRigidArea(new Dimension(0, 10)));
}
}
```

Sowohl die Klasse `ChatView` als auch die Klasse `ChatController` tragen zur graphischen Benutzeroberfläche bei und sind deshalb die Nutzer der Klasse `ChatGraphicUtils`.

4.4.8   Klasse `ChatView`

Die Klasse `ChatView` stellt zusammen mit der Klasse `ChatController` die graphische Oberfläche eines Chat-Clienten dar. Dieser graphischen Anzeige des Modellzustandes vorgeschaltet ist das Einloggfenster, in dem der Benutzer sich unter Eingabe eines Namens (aber ohne Authentisierung) an der verteilten Chat-Anwendung anmeldet, siehe Abbildung 4.7.

Sobald der Einloggvorgang erfolgreich abgeschlossen ist, erzeugt die Klasse `ChatClient` das in Abbildung 4.8 abgebildete Hauptfenster und stellt es auf dem Bildschirm dar. Die oberen beiden Panels zeigen den eigenen Namen (*bad*) an, sowie die Liste aller Chat-Teilnehmer (*ugly*, *bad* und *good*). Das große zentrale Panel zeigt an, dass der Benutzer *good* die Frage „how are you guys?" verschickt hat. Das unterste Panel zeigt einen Kommentar („not too bad"), den *bad* eingetippt aber noch nicht abgeschickt hat. Die beiden Buttons im untersten Teil des Fensters gehören zur Steuerung und erlauben, einen vorher eingetippten Kommentar abzuschicken oder die Anwendung zu beenden.

Der folgende Programmcode der Klasse `ChatView` erzeugt die beiden Fenster in Abbildungen 4.7 und 4.8 und wird nach dem Listing erläutert.

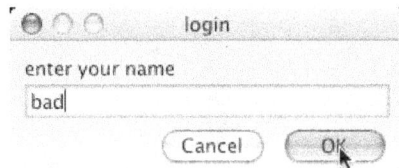

Abb. 4.7: *Einloggen des Benutzers mit dem Namen* bad *mit Hilfe des Login-Fenster der Chat-Anwendung*

```
package chat;

import java.awt.Color;
import java.awt.GridLayout;
import javax.swing.*;
import javax.swing.border.EmptyBorder;

public class ChatView extends JFrame
                                implements IChatViewClient {

    private static final long serialVersionUID
                        = 5068346515695551919L;
    private IViewCommFactory commFactory;
    private IChatModelClient model;
    private JTextArea chatArea;
    private JTextArea buddiesArea;

    public ChatView(IViewCommFactory commFactory) {
        this.commFactory = commFactory;
    }

    private void init(IChatModelClient model, String ownName) {
        this.model = model;

        this.setTitle("Simple Chat Demonstrator");
        this.setBackground(Color.GRAY);
        this.setResizable(false);
        this.setDefaultCloseOperation(JFrame.EXIT_ON_CLOSE);

        JRootPane rootPane = this.getRootPane();
        rootPane.setLayout(new BoxLayout(rootPane,
                                    BoxLayout.Y_AXIS));
        rootPane.setBorder(new EmptyBorder(10, 10, 10, 10));

        JPanel ownNamePanel = new JPanel(new GridLayout(1, 1));
```

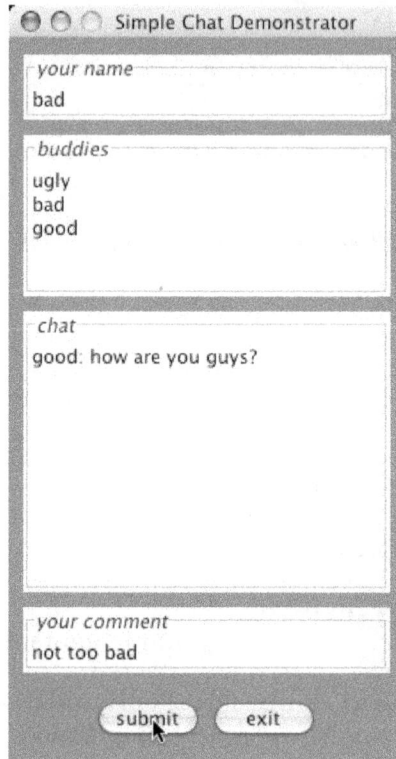

Abb. 4.8: *Hauptfenster der Chat-Anwendung für den Benutzer* bad. *Weitere Chat-Teilnehmer sind die Benutzer* good *und* ugly. *Das große zentrale Panel zeigt an, dass der Benutzer* good *die Frage „how are you guys?" verschickt hat, und dass der Benutzer* bad *gerade dabei ist, die Antwort „not too bad" abzuschicken.*

```
ChatGraphicUtils.decorate(ownNamePanel, "your name");
ownNamePanel.add(new JLabel(ownName));
rootPane.add(ownNamePanel);

// ******************************************************
ChatGraphicUtils.insertSeparator(rootPane);
// ******************************************************
buddiesArea = new JTextArea(
                ChatGraphicUtils.getBuddiesRows(),
                ChatGraphicUtils.getColumns());
buddiesArea.setEditable(false);
JScrollPane buddiesScrollPane =
                new JScrollPane(buddiesArea);
ChatGraphicUtils.decorate(buddiesScrollPane, "buddies");
```

```java
        rootPane.add(buddiesScrollPane);

        // *********************************************************
        ChatGraphicUtils.insertSeparator(rootPane);
        // *********************************************************
        chatArea = new JTextArea(ChatGraphicUtils.getChatRows(),
                ChatGraphicUtils.getColumns());
        chatArea.setEditable(false);
        JScrollPane chatScrollPane = new JScrollPane(chatArea);
        ChatGraphicUtils.decorate(chatScrollPane, "chat");
        rootPane.add(chatScrollPane);

        // *********************************************************
        ChatGraphicUtils.insertSeparator(rootPane);
        // *********************************************************
        rootPane.add(new ChatController(model, ownName));
        this.pack();
    }

    private void updateClients() {
        buddiesArea.setText(null);
        try {
            String[] names = model.getNames();
            for (String name : names) {
                buddiesArea.append(name + "\n");
            }
        } catch (Exception e) {
            JOptionPane.showMessageDialog(this, e.getMessage());
            System.exit(0);
        }
    }

    public void notify(Contribution contribution) {
        if (contribution == null) {
            updateClients();
        }
        else {
            chatArea.append(contribution.getName() + ": "
                            + contribution.getComment() + "\n");
        }
    }

    public void run() {
        String ownName = JOptionPane.showInputDialog(null,
                "enter your name",
                "login",
                JOptionPane.PLAIN_MESSAGE);
```

```
    if ( ownName == null ) {
        JOptionPane.showMessageDialog(null,
                        "Client needs a name, bye.");
        System.exit(0);
    }
    try {
        IChatModelClient modelClient =
                        commFactory.getModelClient();
        init(modelClient, ownName);
        commFactory.createViewServer(this);
        if ( !modelClient.login(ownName, this) ) {
            JOptionPane.showMessageDialog(this,
                    "login name already taken, bye.");
            System.exit(0);
        }
    }
    catch (Exception e) {
        JOptionPane.showMessageDialog(null,
                "Communication problem: " + e.getMessage());
        System.exit(0);
    }
    setVisible(true);
    }
}
```

Das Hauptfenster der Chat-Anwendung kann als Spezialisierung einer graphischen Komponente vom Typ `JFrame` angesehen werden – genau gesagt, stellt es ein `JFrame` mit speziellem Inhalt dar. Zu diesem Zwecke spezialisiert `ChatView` die Klasse `JFrame` und erbt damit alle Eigenschaften und Methoden von `JFrame`.

Da `ChatView` als öffentliche Methode die Methode `notify` anbietet, die in der Schnittstelle `IChatViewClient` definiert ist, implementiert `ChatView` diese Schnittstelle.

Die Instanzvariable `serialVersionID` dient der Versionierung von serialisierbaren Klassen, siehe Abschnitt 3.3. Die Instanzvariable `commFactory` dient dazu, das im Konstruktor der Klasse übergebene Fabrikobjekt abzuspeichern, damit es dann in der Methode `run` benutzt werden kann. Die Instanzvariable `model` stellt ein Kommunikationsendpunkt vom Typ `IChatModelClient` dar, der beim Aufruf der Methode `init` gesetzt wird. Die beiden Instanzvariablen `chatArea` und `buddiesArea` bezeichnen die Panels, in denen die Liste der Teilnehmer beziehungsweise ihre Äußerungen angezeigt werden. Da diese Panels im Verlauf der Anwendung geändert werden müssen, und zwar in den Methoden `updateClients` und `notify`, müssen sie als Instanzvariablen zur Verfügung stehen.

In der Methode `init` wird das Hauptfenster des Chat-Klienten erzeugt. Dazu werden zuerst einige graphische Eigenschaften des `JFrame` gesetzt, danach werden die graphischen Unterelemente eingefügt, jeweils durch einen Separator optisch voneinander getrennt: Zuerst das Panel, das den eigenen Namen anzeigt, dann das Panel mit der Liste aller Teilnehmer, danach das Panel, das die einzelnen Chat-Äußerungen anzeigt. Als letzte Komponente wird schließlich die Steuerung vom Typ `ChatController` – siehe Abschnitt 4.4.9 erzeugt und ebenfalls in das Hauptfenster eingefügt. Mit der Methode `pack` schließlich wird das Layout des Hauptfensters berechnet.

Die Methode `updateClients` wird aus der weiter unten besprochenen Methode `notify` heraus aufgerufen, um das Panel, das die Liste der aktuellen Teilnehmer anzeigt, zu aktualisieren. Dazu wird der Text des Panels `buddiesArea` gelöscht, die Liste der Teilnehmer vom Server geholt, und jeder Teilnehmer der Reihe nach in das Panel eingetragen.

Die folgende Methode `notify` ist die Callback-Methode, die der klientenseitige Endpunkt der Kommunikation von Modell zu Sicht verwendet, um den Klienten über Änderungen am Modell zu informieren. Wenn für den Parameter `contribution` der Wert `null` übergeben wurde, bedeutet das, dass sich die Änderung auf die Liste der aktuellen Teilnehmer bezieht, d.h. dass sich ein alter Teilnehmer ab– oder ein neuer angemeldet hat. In diesem Fall wird die Methode `updateClients` aufgerufen. Ansonsten enthält der Parameter `contribution` die neueste Äußerung, über die der Server alle Klienten informiert. Diese Äußerung wird dem Panel `chatArea` am Ende zugefügt.

Die Methode `run` schließlich enthält die Ablaufsteuerung des Chat-Klienten. Zuerst wird das in Abbildung 4.7 abgebildete Login-Fenster auf dem Bildschirm angezeigt. Wenn der Benutzer oder die Benutzerin in das Fenster einen Namen eingegeben hat, wird als nächstes die abstrakte Fabrik `commFactory` verwendet, um den Endpunkt für die Kommunikation von der Sicht zum Modell aufzubauen. Danach wird mit Hilfe der oben beschriebenen Methode `init` das Hauptfenster erzeugt. Nachdem das geschehen ist, wird wiederum mit Hilfe der abstrakten Fabrik `commFactory` der sichtseitige Endpunkt für die Rückwärtskommunikation vom Modell zur Sicht erzeugt. Der Methode `createViewServer` wird die eigene `ChatView`-Instanz übergeben, was notwendig ist, damit der besagte Kommunikationsendpunkt eingehende Notifikationen vom Modell durch Aufruf der Methode `notify` an die Sicht weitergeben kann. Sobald die beiden Kommunikationsendpunkte stehen, kann der neue Teilnehmer sich beim Modell anmelden. Die Anmeldung scheitert, falls der gewählte Benutzernamen schon vergeben war. Zum Schluss wird das Hauptfenster durch den Aufruf `setVisible(true)` auf dem Bildschirm dargestellt.

4.4.9 Klasse `ChatController`

Die Steuerung unserer Chat-Anwendung beinhaltet drei graphische Komponenten und ist in das Hauptfenster, das auch die Sicht auf das Modell darstellt, integriert. Diese drei Komponenten sind:

1. ein Textfeld, in das die Benutzerin ihre Äußerungen eingeben kann;

2. ein *Submit*-Button, mit dem eine vorher eingegebene Äußerung abgeschickt werden kann;

3. ein *Exit*-Button zum Ausloggen.

```java
public class ChatController extends JPanel {
  private static final long serialVersionUID
                                 = -7832881624707193024L;
  private JTextField comment;

  public ChatController(final IChatModelClient model,
                        final String ownName) {
    this.setLayout(new BoxLayout(this, BoxLayout.Y_AXIS));

    comment = new JTextField(ChatGraphicUtils.getColumns());
    ChatGraphicUtils.decorate(comment, "your comment");
    this.add(comment);

    // ****************************************************
    ChatGraphicUtils.insertSeparator(this);
    // ****************************************************
    JPanel buttonPanel = new JPanel(new FlowLayout());
    JButton submitButton = new JButton("submit");
    submitButton.addActionListener(new ActionListener() {
      public void actionPerformed(ActionEvent e) {
        try {
          model.utterComment(new Contribution(ownName,
                                 comment.getText()));
        }
        catch ( Exception re) {
          JOptionPane.showMessageDialog(null,
                                 re.getMessage());
        }
        comment.setText(null);
      }
    });
    buttonPanel.add(submitButton);

    JButton exitButton = new JButton("exit");
    exitButton.addActionListener(new ActionListener() {
      public void actionPerformed(ActionEvent e) {
        try {
          model.logout(ownName);
          System.exit(0);
        }
        catch ( Exception re) {
          JOptionPane.showMessageDialog(null,
                                 re.getMessage());

        }
      }
    });
```

```
        buttonPanel.add(exitButton);
        this.add(buttonPanel);
    }
}
```

Jeder der beiden Buttons wird mit einem `ActionListener` verknüpft, der gegebenfalls die entsprechende modellmodifizierende Methode aufruft (`utterComment` beziehungsweise `logout`). Für die Definition der `ActionListener` werden *anonyme Klassen* verwendet, die an der Stelle ihrer (einmaligen) Verwendung definiert sind und die keinen Namen haben.

4.5 Zusammenfassung

In diesem Kapitel haben wir ein Framework für eine verteilte Chat–Applikation kennengelernt, anhand derer in den nachfolgenden Kapiteln die unterschiedlichen Kommunikationsmechanismen am praktischen Beispiel erklärt werden können. Das Framework enthält die kommunikationsunabhängigen Klassen der Applikation und basiert auf dem *Model-View-Controller*–Prinzip und dem *abstrakte-Fabriken*-Muster.

Der zentrale Chat–Server wird als gemeinsames Modell angesehen, die Chat–Klienten stellen die Sichten und die Steuerung für das Modell dar.

Die Anwendung des *abstrakte-Fabriken*-Musters erlaubt es, das Framework mit konkreten Kommunikationsklassen zu einer lauffähigen Anwendung zu ergänzen, ohne dass die vorgegebenen Klassen angepasst werden müssen.

4.6 Übungsaufgaben

> *Patience, persistence and perspiration make an unbeatable combination for success.* – Napolean Hill.

Aufgabe 4.1

Machen Sie sich mit dem Chat–Framework vertraut, indem Sie es zu einer *lokalen* Applikation erweitern, in der ein Chat-Server und mehrere Chat–Klienten ablaufen. Die Anzahl der Chat–Klienten soll dem Programm als Kommandozeilenparameter übergeben werden können.

In dieser Version der Chat-Applikation sollen also nicht Chat–Server und –Klienten verteilt laufen, sondern alle zusammen in einer einzigen virtuellen Java-Maschine. Dadurch ist auch keine entfernte Kommunikation notwendig, sondern es kann lokal über reguläre Methodenaufrufe miteinander kommuniziert werden. Implementieren Sie für diese Lösung eine modellseitige Fabrik `LocalModelFactory`, eine sichtseitige Fabrik `LocalViewFactory`, sowie eine Hauptklasse `LocalChat`, in der ein `ChatModel` und die gewünschte Anzahl von `ChatView`–Objekten erzeugt werden. Beachten Sie dabei, dass das `ChatModel` *direkt* als sichtseitiger Endpunkt des Kanals von Sicht- und Steuerung zum Modell fungieren kann. Analog kann das `ChatView`–Objekt *direkt* als modellseitiger Endpunkt des Kanals vom Modell zur Sicht fungieren.

4.7   Weiterführende Literatur

Am Ende dieses Kapitels geben wir eine kleine Auswahl an Literatur zum Thema *objektorientierter Entwurfsmuster* an, zum tieferen Verständnis der für das Chat–Framework verwendeten Entwurfmuster *Model-View-Controle* und *abstrakte Fabriken*.

- E. Gamma, R. Helm, R. Johnson, J. Vlissides. *Entwurfsmuster – Elemente wiederverwendbarer objektorientierter Software*, Addison-Wesley, 2004, ISBN 3827321999.

- K. Eilebrecht, G. Starke. *Patterns kompakt. Entwurfsmuster für effektive Software-Entwicklung*, 2. Auflage, Spektrum, Akademischer Verlag, 2006, ISBN 3827415918.

- F. Buschmann. *Pattern-orientierte Software-Architektur – Ein Pattern-System*, 2. Auflage, Addison-Wesley, 1998, ISBN 3827312825.

5 Sockets

Wie bereits in Abschnitt 2.5.1 beschrieben, sind Sockets der De-facto-Standard einer Programmierschnittstelle für Kommunikation über das Internetprotokoll IP. Es gibt sowohl verbindungs*lose* UDP/IP-Sockets, als auch verbindungs*orientierte* TCP/IP-Sockets.

Das Socket-Paket von Java erlaubt es Java-Applikationen untereinander, aber auch mit Applikationen, die in anderen Sprachen geschrieben sind, zu kommunizieren, solange diese ebenfalls auf Sockets basieren. Bei einer Kommunikation mit Nicht-Java-Applikationen gibt es allerdings immer das Problem, dass die Datenformate auf dem entfernten Rechner potentiell anders interpretiert werden als in Java. Eine Integervariable, die in Java immer 4 Byte groß ist, kann z.B. in der Sprache C 2, 4 oder 8 Byte groß sein, je nach verwendetem C-Compiler. Um solche Probleme zu vermeiden, sind viele Internet-Protokolle textbasiert.

Einer der großen Vorteile von Java für das Entwickeln verteilter Anwendungen ist gerade, dass alle Datenformate für jeden Rechner eindeutig festgelegt sind. In unserer Beispiel-Chat-Applikation verschicken wir als Nachrichten *serialisierte Objekte*. Damit sind wir endgültig auf eine homogene Kommunikation zwischen Java-Applikationen festgelegt, da diese Objekte beispielsweise von einer C-Applikation nicht sinnvoll interpretiert werden können. Andererseits wollen wir den Eindruck vermeiden, dass Objektserialisierung nur von Java RMI verwendet werden kann; stattdessen ist ihr Einsatz auch für die Socketprogrammierung möglich und (in einer homogenen Java-Umgebung) sinnvoll.

Ein Socket ist ein *Kommunikationsendpunkt*, der mit Hilfe einer IP-Adresse und einer Portnummer bezeichnet wird:

- Die *IP-Adresse* des entsprechenden Rechners (*genauer*: der entsprechenden Netzwerkkarte) ist eine weltweit eindeutige, 32 Bit lange Zahl. Jeweils 8 Bits werden als Dezimalzahl zwischen 0 und 255 dargestellt und durch Punkte voneinander getrennt, zum Beispiel 192.41.6.20. Die 32 Bit einer IP–Adresse teilen sich auf in eine *Netzwerkadresse* und eine *Rechner–ID*. Die Netzwerkadresse bezeichnet das lokale Netz, in dem sich ein Rechner befindet, die Rechner-ID den Rechner selbst.

    Anstelle von IP-Adressen können auch *logische Rechnernamen* verwendet werden, etwa `www.acm.org`. Für die Abbildung von logischen Namen auf IP-Adressen ist das sogenannte *Domain Name System DNS* zuständig, das aus einer global verteilten Hierarchie miteinander kommunizierender DNS-Server besteht.

- Die Portnummer ist eine 16-Bit-Zahl zwischen 0 und 65635 und im Gegensatz zur IP-Adresse nur *lokal* eindeutig. Portnummern sind in drei Bereiche eingeteilt:

1. *Priviligierte Ports* (*well-known Ports*): Der Bereich von 0 bis 1023 ist reserviert für bestimmte Systemanwendungen, d.h. Anwendungen, die unter Administratorrechten laufen. Beispiele dafür sind die Ports 20 und 21 für das File Transfer Protocol FTP, Port 23 für Telnet, Port 25 für das Simple Mail Transfer Protocol SMTP oder Port 80 für das Hypertext Transfer Protocol HTTP.

2. *registrierte Ports*: Der Bereich von 1024 bis 49151 ist reserviert für Ports, die für Benutzeranwendungen beziehungsweise -protokolle registriert werden können. Die zuständige Behörde, um einen Port registrieren zu lassen, ist die ICANN, die *Internet Corporation for Assigned Names and Numbers*. Beispiele für registrierte Ports sind Port 1099 für die RMI Registry, siehe Abschnitt 6.3, oder der alternative HTTP-Port 8080.

3. *dynamische* oder *private Ports*: Der Bereich von 49152 bis 65535 schließlich steht für alle Benutzer– und natürlich auch Systemanwendungen zur freien Verfügung.

5.1 UDP-Sockets

UDP ist, im Gegensatz zu TCP, ein *verbindungsloses, nicht zuverlässiges* Protokoll. *Verbindungslos* bedeutet, dass einzelne Datenpakete, sogenannte *Datagramme*, unabhängig voneinander ihren Weg zum Empfänger nehmen, ohne dass zuvor eine Verbindung zwischen den Kommunikationspartnern geschaltet wird. Dabei können durchaus zwei aufeinanderfolgende Datagramme zum selben Empfänger verschiedene Routen nehmen. Da UDP keine *Reihenfolgetreue* garantiert, kann das zweite Datagramm sogar *vor* dem ersten beim Empfänger ankommen. Fehlende *Zuverlässigkeit* bedeutet, dass ein gesendetes Datagramm nicht unbedingt beim Empfänger ankommen muss; im negativen Fall werden weder Sender noch Empfänger über den Datenverlust informiert.

Ein UDP-Datagramm kann eine maximale Länge von 64 kByte haben, inklusive UDP–Header von 8 Bytes und IP–Header von 20 Bytes. Wenn eine Anwendung größere Datenmengen verschicken will, muss sie diese Daten vor dem Senden selbst *fragmentieren*, um sie auf mehrere Datagramme zu verteilen, und beim Empfangen wieder *defragmentieren*, das heißt zusammensetzen. Da einzelne Pakete bei der Übertragung verloren gehen oder in der falschen Reihenfolge ankommen können, ist das keine triviale Aufgabe.

Aufgrund aller seiner Eigenschaften ist das UDP-Transportprotokoll am besten geeignet für die Übertragung von Echtzeit– oder Streamingdaten; häufig sind das Audio– und Video–Mediendaten, zum Beispiel bei Telefonaten oder Konferenzsystemen. Bei dieser Klasse von Anwendungen ist im allgemeinen eine schnelle Auslieferung wichtiger als die Zuverlässigkeit. In einem Strom von Mediendaten ist oftmals ein zu spät ausgeliefertes Datenpaket wertlos und wird vom Empfänger verworfen.

Da bei UDP der Verbindungsaufbau entfällt, gibt es keinen Unterschied zwischen Server- und Klientensockets. Stattdessen kann jeder UDP-Socket Datagramme an jeden beliebigen anderen UDP-Socket senden beziehungsweise von jedem beliebigen UDP-Socket empfangen. Der Kommunikationsablauf über einen UDP–Socket geschieht damit in drei Phasen:

1. Erzeugen eines Datagramm–Sockets (UDP–Sockets) unter Angabe der zu verwendenden Portnummer, zum Beispiel.

   DatagramSocket socket = **new** DatagramSocket(8205);

   Bei Angabe der Portnummer 0 wählt das System selbst eine freie Portnummer aus.

2. Senden und Empfangen von Datenpaketen.

3. Schließen des Datagramm–Sockets:

   socket.close();

In den nächsten beiden Abschnitten schauen wir uns das Vorgehen zum Senden und zum Empfangen von Datagrammpaketen genauer an.

5.1.1   Senden von Datenpaketen

Um ein Datagramm zu versenden, müssen in einem ersten Schritt die Nutzdaten in ein Byte-Array kopiert werden. Um beispielsweise ein Java-Objekt `payload` in ein Byte-Array zu serialisieren, wird ein Strom vom Typ `ByteArrayOutputStream` verwendet, der von einem `ObjectOutputStream` umhüllt wird. Nach erfolgtem Schreiben in den Strom vom Typ `ByteArrayOutputStream` liefert dieser Strom das dabei erzeugte Byte-Array mit Hilfe der Methode `toByteArray` zurück:

ByteArrayOutputStream baos = **new** ByteArrayOutputStream();
ObjectOutputStream oos = **new** ObjectOutputStream(baos);
oos.writeObject(payload);
byte[] buffer = baos.toByteArray();

Im nächsten Schritt kann nun ein Objekt vom Typs `DatagramPacket` erzeugt werden. Bei der Erzeugung wird dem `DatagramPacket` das zuvor erzeugte Byte-Array mit den Nutzdaten, dessen Länge sowie die Empfängeradresse mitgegeben:

DatagramPacket datagram =
      new DatagramPacket(buffer,
                         buffer.length,
                         new InetSocketAddress("host", 8205));

Die Empfängeradresse vom Typ `InetSocketAddress` besteht aus der IP-Adresse oder dem DNS-Namen (`host`) des Empfängersockets und dessen Portnummer (8205).

Nachdem das Datagramm erzeugt ist, kann es über den UDP-Socket verschickt werden:

socket.send(datagram);

5.1.2   Empfangen von Datenpaketen

Um ein Datagramm zu empfangen, muss ein Objekt vom Typ `DatagramPacket` bereit-gestellt werden, in das das Betriebssystem die empfangenen Daten hineinkopieren kann. Dazu wird zuerst ein Byte-Array erzeugt, das groß genug ist für die Nutzdaten eines zu empfangenden Datenpakets. Die Anwendung muss also entweder die maximale Län-ge der verschickten Pakete kennen oder im Zweifelsfall die maximale UDP-Paketlänge von 64kByte annehmen. Falls das bereitgestellte Byte-Array für die empfangenen Nutz-daten nicht ausreicht, werden diese stillschweigend beim Kopieren in das Byte-Array abgeschnitten. Mit dem neu erzeugten Byte-Array wird dann ein Objekt vom Typ `DatagramPacket` erzeugt:

```
byte[] buffer = new byte[MAX_SIZE];
DatagramPacket datagram = new DatagramPacket(buffer,
                                             buffer.length);
```

Naheliegenderweise muss bei einem Datagram, das für den Empfang bereitgestellt wird, keine Adresse angegeben werden.

Das eigentliche Empfangen über den Socket geschieht mit Hilfe der Methode `receive`, die solange blockiert, bis tatsächlich ein Paket empfangen wurde.

```
socket.receive(datagram);
```

Nach dem Empfang kann die Senderadresse gelesen lesen:

```
InetAddress sender = datagram.getAddress();
```

Um beispielsweise ein serialisiertes Objekt nach dem Empfang wieder zu deserialisieren, dient der folgende Beispielcode, in dem zu dem Byte-Array, das die Nutzdaten enthält, ein `ByteArrayInputStream` erzeugt und anschließend mit einem `ObjectInputStream` umhüllt wird:

```
ObjectInputStream in =
  new ObjectInputStream(
    new ByteArrayInputStream(datagram.getData()));
payload = (Payload) in.readObject();
```

Nach erfolgter Kommunikation wird der UDP–Socket wieder freigegeben:

```
socket.close();
```

5.1.3   UDP–Kommunikation für die Chat–Anwendung

Wegen der Eigenschaften, unzuverlässig und nicht reihenfolgetreu zu sein, ist UDP nicht gut geeignet als Transportprotokoll für unsere Chat–Anwendung. Eine vollständige Lö-sung müsste deshalb die Zuverlässigkeit und die Reihenfolgetreu oberhalb von UDP realisieren. Wir tun das für unsere Chat–Anwendung nicht, sondern gehen stattdes-sen vereinfachend davon aus, dass keine Nachrichten verloren gehen und dass sie in der Originalreihenfolge ausgeliefert werden. Dies wären für eine kommerzielle Anwendung unzulässige Annahmen, die uns aber erlauben, den Umgang mit UDP an einem einfachen Beispiel zu zeigen. Desweiteren gehen wir davon aus, dass alle unsere Nachrichten in 64kByte große UDP-Pakete passen, so dass wir sie nicht auf mehrere Pakete fragmentieren müssen.

Die UDP–Kommunikation für unsere Chat–Beispielanwendung besteht aus den Klassen `UDPMessage`, `UDPModelServer`, `UDPViewClient`, `UDPViewServer`, `UDPModelClient`, `UDPModelFactory`, `UDPChatModel`, `UDPViewFactory` und `UDPChatView`, die wir im Folgenden erläutern wollen.

Die Klasse `UDPMessage` ist im wesentlichen eine Containerklasse, die alle Bestandteile einer einzelnen Anfrage– oder Antwortnachricht zusammenfasst und mit einem Typnamen (`command`) versieht, so dass sie in jeweils einem UDP–Paket verschickt werden kann. Darüber hinaus enthält die Klasse zwei Utility–Methoden zum Senden und Empfangen einer Nachricht, sowie eine zum Konvertieren eines UDP–Datagramms in ein Objekt der Klasse `UDPMessage`.

```java
package chat.udp;

import java.io.*;
import java.net.*;
import java.util.List;
import java.util.Vector;

public class UDPMessage implements Serializable {
    private static final long serialVersionUID = 1L;
    public final static int MODEL_SERVER_PORT = 8205;
    public final static String MODEL_SERVER_HOSTNAME =
                                              "localhost";
    private final static int MAX_LENGTH = 64000;

    private List<Object> args;
    private String command;

    public UDPMessage(String command) {
        this.command = command;
        args = new Vector<Object>();
    }

    public List<Object> getArgs() { return args; }
    public void addArgument(Object arg) { args.add(arg); }
    public String getCommand() { return command; }

    public void send(InetAddress address, int port,
                    DatagramSocket socket) throws IOException {
        ByteArrayOutputStream baos = new ByteArrayOutputStream();
        ObjectOutputStream oos = new ObjectOutputStream(baos);
```

```
    oos.writeObject(this);

    byte[] outBytes = baos.toByteArray();
    DatagramPacket outPacket =
            new DatagramPacket(outBytes, outBytes.length);
    outPacket.setAddress(address);
    outPacket.setPort(port);
    socket.send(outPacket);
}

public static DatagramPacket receive(DatagramSocket socket)
                                        throws IOException {
    byte[] bytes = new byte[MAX_LENGTH];
    DatagramPacket packet =
            new DatagramPacket(bytes, bytes.length);
    socket.receive(packet);
    return packet;
}

public static UDPMessage toUDPMessage(DatagramPacket packet)
                                        throws IOException {
    return (UDPMessage) new ObjectInputStream(
            new ByteArrayInputStream(
                packet.getData())).readObject();
    }
}
```

Die folgende Klasse `UDPModelServer` realisiert den UDP–spezifischen modellseitigen Endpunkt des Kommunikationskanals von Sicht und Steuerung zum Modell. Bei der Erzeugung eines `UDPModelServer`–Objektes wird diesem eine Referenz auf das Modell mitgegeben, so dass der Kommunikationsendpunkt eingehende Nachrichten nach oben weiterleiten kann. Außerdem wird bei der Objektinstantiierung ein UDP–Socket erzeugt, der auf dem Port horcht, der in der Klasse `UDPMessage` als Konstante definiert ist. In der `run`–Methode der Klasse wird in einer Endlosschleife auf einkommende Nachrichten gewartet. Je nach Typ (`command`–Wert) der Nachricht werden die einzelnen Argumente aus der Nachricht extrahiert, die Nachricht wird durch einen Upcall an das Modell weitergeleitet, und eine entsprechende Antwort wird zurückgeschickt. Im Falle einer `login`–Nachricht wird ein Objekt vom Typ `UDPViewClient` erzeugt, wobei dem Konstruktor die Socketaddresse mitgegeben wird, die in der eingehenden `login`–Nachricht enthalten war. Diese Adresse bezeichnet den Socket, auf dem der Absender – eine Chat–Sicht – auf Notifikationsnachrichten wartet. Eine Referenz auf dieses neu erzeugte `UDPViewClient`–Objekt wird weitergegeben an das Modell und später verwendet, um ausgehende Notifikationsnachrichten zu versenden.

```
package chat.udp;

import java.net.DatagramPacket;
```

```java
import java.net.DatagramSocket;
import java.net.SocketException;
import chat.Contribution;
import chat.IChatModelClient;

public class UDPModelServer extends Thread {
  private DatagramSocket socket;
  private IChatModelClient model;

  public UDPModelServer(IChatModelClient model) {
    this.model = model;
    try {
      socket = new DatagramSocket(
                              UDPMessage.MODEL_SERVER_PORT);
      System.out.println("ModelServer listening on port "
          + UDPMessage.MODEL_SERVER_PORT);
    } catch (SocketException e) {
      e.printStackTrace();
    }
  }

  public void run() {
    while (true) {
      try {
        DatagramPacket packet = UDPMessage.receive(socket);
        UDPMessage message = UDPMessage.toUDPMessage(packet);
        System.out.println("ModelServer: received "
                    + message.getCommand() + " message");

        if (message.getCommand().equals("login")) {
          String name = (String)message.getArgs().get(0);
          String hostname = (String)message.getArgs().get(1);
          Integer port = (Integer)message.getArgs().get(2);
          boolean login = model.login(
                  name, new UDPViewClient(hostname, port));
          UDPMessage response =
                          new UDPMessage("loginResponse");
          response.addArgument(login);
          response.send(packet.getAddress(),
                    packet.getPort(), socket);
        }
        if (message.getCommand().equals("logout")) {
          model.logout((String)message.getArgs().get(0));
        }
        if ("utterComment".equals(message.getCommand())) {
          model.utterComment(
                    (Contribution) message.getArgs().get(0));
```

```
            }
            if  ("getNames".equals(message.getCommand())) {
                UDPMessage response =
                            new UDPMessage("getNamesResponse");
                response.addArgument(model.getNames());
                response.send(packet.getAddress(),
                                packet.getPort(), socket);
            }
        } catch (Exception e) {
            e.printStackTrace();
        }
        }
    }
}
```

Die Klasse `UDPViewClient` stellt den modellseitigen Endpunkt des Kanals vom Modell zur Sicht dar. Ein Objekt dieser Klasse bekommt bei der Erzeugung die Socketadresse mitgegeben, an die es Notifikationsnachrichten verschicken kann. Zum Verschicken einer Notifikationsnachricht wird die entsprechende `Contribution` in eine `UDPMessage` verpackt und dann die `send`–Methode der Klasse `UDPMessage` verwendet.

```
package chat.udp;

import java.net.*;
import chat.Contribution;
import chat.IChatViewClient;

public class UDPViewClient implements IChatViewClient {
    private DatagramSocket socket;
    private String hostname;
    private Integer port;

    public UDPViewClient(String hostname, Integer port) {
        try {
            this.socket = new DatagramSocket();
            this.hostname = hostname;
            this.port = port;
        } catch (SocketException e) {
            e.printStackTrace();
        }
    }

    public void notify(Contribution contribution)
                                        throws Exception {
        UDPMessage message = new UDPMessage("notify");
        message.addArgument(contribution);
        message.send(InetAddress.getByName(this.hostname),
```

```
                      this.port, socket);
  }
}
```

Die Klasse `UDPViewServer`, die den serverseitigen Endpunkt des Kommunikationskanals vom Modell zur Sicht repräsentiert, ist analog zur Klasse `UDOModelServer` aufgebaut. Im Konstruktor bekommt das zu erzeugende `UDPViewServer`–Objekt eine Referenz auf die Sicht übergeben, so dass einkommende Notifikationsnachrichten weitergereicht werden können. Mit der Methode `getPort` kann ein `UDPViewServer`–Objekt nach der Portnummer befragt werden, auf dem sein UDP–Socket horcht. Wie wir weiter unten sehen werden, verwendet das sichtseitige Fabrikobjekt diese Methode, um die Portnummer weiterzugeben an das `UDPModelClient`–Objekt, das ebenfalls weiter unten erläutert wird. In der `run`–Methode wartet ein `UDPViewServer`–Objekt in einer Endlosschleife auf einkommende Notifikationsnachrichten, die es weiterreicht an die Sicht.

```
package chat.udp;

import java.net.*;
import chat.Contribution;
import chat.IChatViewClient;

public class UDPViewServer extends Thread {
  private IChatViewClient view;
  private DatagramSocket socket;

  public UDPViewServer(IChatViewClient view)
                                        throws SocketException {
    socket = new DatagramSocket();
    this.view = view;
  }

  public int getPort() { return socket.getLocalPort(); }

  public void run() {
    try {
      while (true) {
        DatagramPacket packet = UDPMessage.receive(socket);
        UDPMessage message = UDPMessage.toUDPMessage(packet);
        view.notify((Contribution)message.getArgs().get(0));
      }
    } catch (Exception e) {
      e.printStackTrace();
    }
  }
}
```

Die Klasse `UDPModelClient` realisiert den sicht– und steuerungsseitigen Endpunkt des Kanals von Sicht und Steuerung zum Modell, sie ist ähnlich aufgebaut wie die Klasse `UDPViewClient`. Mit Hilfe der Methode `setViewServerPort` kann das Fabrikobjekt den zuvor vom `UDPViewServer` abgefragten Port setzten; diese Portnummer wird beim Login innerhalb der `login`–Nachricht an das Modell geschickt. Ansonsten enthält die Klasse eine Implementierung für jede der Methoden, die in der Schnittstelle `IChatModelClient` definiert sind. Die Sicht und die Steuerung können diese Methoden am `UDPModelClient`–Objekt aufrufen, das daraufhin das entsprechende `UDPMessage`–Paket erzeugt und zum Modell schickt. Die entsprechenden Antwortnachrichten werden jeweils ausgepackt und die Ergebniswerte zurückgegeben an die Sicht beziehungsweise die Steuerung. Alle Methoden aus der `IChatModelClient`–Schnittstelle sind als `synchronized` gekennzeichnet. Dadurch kann immer die nächste Nachricht erst verschickt werden, nachdem die Antwort zur vorigen erhalten wurde.

```java
package chat.udp;

import java.net.*;
import chat.Contribution;
import chat.IChatModelClient;
import chat.IChatViewClient;

public class UDPModelClient implements IChatModelClient {
  private int viewServerPort;
  private DatagramSocket socket;

  public UDPModelClient() throws SocketException {
    socket = new DatagramSocket();
  }

  public void setViewServerPort(int port) {
    this.viewServerPort = port;
  }

  public synchronized String[] getNames() throws Exception {
    UDPMessage message = new UDPMessage("getNames");
    message.send(InetAddress.getByName
            (UDPMessage.MODEL_SERVER_HOSTNAME),
          UDPMessage.MODEL_SERVER_PORT, socket);
    DatagramPacket packet = UDPMessage.receive(socket);
    UDPMessage inMessage = UDPMessage.toUDPMessage(packet);
    return (String[]) inMessage.getArgs().get(0);
  }

  public synchronized boolean login(String name,
                                    IChatViewClient client)
                                        throws Exception {
    UDPMessage message = new UDPMessage("login");
```

```
        message . addArgument ( name );
        message . addArgument (
                InetAddress . getLocalHost (). getHostAddress ());
        message . addArgument ( viewServerPort );
        message . send ( InetAddress . getByName
            ( UDPMessage .MODEL_SERVER_HOSTNAME ) ,
            UDPMessage .MODEL_SERVER_PORT, socket );

        DatagramPacket packet = UDPMessage . receive ( socket );
        UDPMessage inMessage = UDPMessage . toUDPMessage ( packet );
        boolean result = ( Boolean ) inMessage . getArgs (). get ( 0 );
        return result ;
    }

    public synchronized void logout ( String name )
                                                throws Exception {
        UDPMessage message = new UDPMessage ( "logout" );
        message . addArgument ( name );
        message . send ( InetAddress . getByName
            ( UDPMessage .MODEL_SERVER_HOSTNAME ) ,
            UDPMessage .MODEL_SERVER_PORT, socket );
    }

    public synchronized void utterComment (
                Contribution contribution ) throws Exception {
        UDPMessage message = new UDPMessage ( "utterComment" );
        message . addArgument ( contribution );
        message . send ( InetAddress . getByName
            ( UDPMessage .MODEL_SERVER_HOSTNAME ) ,
            UDPMessage .MODEL_SERVER_PORT, socket );
    }
}
```

Die Klasse `UDPModelFactory` für das modellseitige Fabrikobjekt ist sehr einfach, es wird lediglich in der Methode `createModelServer` ein Thread vom Typ `UDPModelServer` erzeugt und gestartet.

```
package chat . udp ;

import chat . IChatModelClient ;
import chat . IModelCommFactory ;

public class UDPModelFactory implements IModelCommFactory {
    public void createModelServer ( IChatModelClient model )
                                                throws Exception {
        new UDPModelServer ( model ). start ();
    }
}
```

Schließlich benötigen wir lediglich noch eine modellseitige Hauptklasse `UDPChatModel`, in der ein `ChatModel`–Objekt erzeugt und gestartet wird, das ein Fabrikobjekt vom Typ `UDPModelFactory` übergeben bekommt.

```java
package chat.udp;

import chat.ChatModel;

public class UDPChatModel {
  public static void main(String[] args) {
    new ChatModel(new UDPModelFactory()).run();
  }
}
```

In der Klasse `UDPViewFactory` verwenden wir die beiden Klassen `UDPViewServer` und `UDPModelClient`, um in den Methoden `createViewServer` und `getModelClient` die beiden entsprechenden Kommunikationsendpunkte auf Seite der Sicht und der Steuerung zu instantiieren. Bemerkenswert hierbei ist, dass sobald der Endpunkt vom Typ `UDPViewServer` erzeugt ist, die Portnummer dessen UDP–Sockets weitergereicht wird an den zuvor erzeugten Endpunkt vom Typ `UDPModelClient`. Das erlaubt es dem letzteren, die Portnummer für den Rückkanal vom Modell zur Sicht in der Login–Nachricht zum Modell zu schicken.

```java
package chat.udp;

import chat.IChatModelClient;
import chat.IChatViewClient;
import chat.IViewCommFactory;

public class UDPViewFactory implements IViewCommFactory {
  private UDPModelClient modelClient;

  public void createViewServer(IChatViewClient view)
                                            throws Exception {
    UDPViewServer viewServer = new UDPViewServer(view);
    modelClient.setViewServerPort(viewServer.getPort());
    viewServer.start();
  }

  public IChatModelClient getModelClient() throws Exception {
    modelClient = new UDPModelClient();
    return modelClient;
  }
}
```

Analog zur Modellseite benötigen wir nun noch eine Hauptklasse `UDPChatView`, in der ein `ChatView`–Objekt erzeugt und gestartet wird, das ein Fabrikobjekt vom Typ `UDPViewFactory` übergeben bekommt.

```
package chat.udp;

import chat.ChatView;

public class UDPChatView {
  public static void main(String[] args) {
    new ChatView(new UDPViewFactory()).run();
  }
}
```

5.2 TCP–Sockets

Anders als die UDP–Kommunikation, die symmetrisch verläuft in dem Sinne, dass jeder Datagramm-Socket sowohl Pakete senden als auch empfangen kann, gibt es in TCP unterschiedliche Sockets für die Server– und für die Klientenseite eines Kommunikationskanals. Da die Klientenseite die einfachere ist, betrachten wir diese Seite zuerst.

5.2.1 TCP aus Klientensicht

Aus Sicht eines Klienten besteht Kommunikation über einen TCP–Socket aus drei aufeinanderfolgenden Phasen:

1. *Erzeugen eines Klientensockets und Anbinden an einen schon existenten Server-Socket.* Zum Anbinden des Klientensockets gibt es die Instanzmethode **connect**, der die Adresse des Serversockets übergeben wird, an den sich der Klientensocket anbinden soll. Alternativ kann die Serversocket–Adresse dem neu zu erzeugenden Klientensocket auch direkt im Konstruktor übergeben werden; in diesem Fall entfällt der explizite Aufruf der **connect**–Methode.

   Da, wie bereits in Abschnitt 5.2 erwähnt, das eigentliche Lesen und Schreiben von einem bzw. auf einen Socket über Ströme abgewickelt wird, müssen nach dem Erzeugen des Klienten-Sockets ein Lese- und ein Schreibstrom mit diesem assoziiert werden. Dazu bietet die Klasse **Socket** die Instanzmethoden **getInputStream** und **getOutputStream** an.

2. Die eigentliche Kommunikation gestaltet sich wie folgt:

   - Sollen Daten an den Server-Socket gesendet werden, müssen diese auf den Schreibstrom geschrieben werden, der mit dem Klienten-Socket assoziiert ist.

   - Sobald Daten vom Server-Socket an den Klienten-Socket geschickt wurden, können diese von dem Lesestrom, der mit dem Klienten-Socket assoziiert ist, eingelesen werden. Dazu werden die üblichen Strommethoden verwendet. Wird versucht, vom Lesestrom einzulesen, *bevor* Daten bei dem Socket ankommen, blockiert der entsprechende Thread solange, bis welche vorliegen.

3. Nach Abschluss der Kommunikationsphase wird der Klienten-Socket mit der Methode `close()` geschlossen.

Abbildung 5.1 zeigt die ersten beiden der oben beschriebenen Phasen im Kommunikationsablauf zwischen einem TCP–Klienten und einem TCP–Server. Sobald sich ein Klientensocket mit Hilfe eines `connect`–Aufrufs an den Serversocket anbindet, erzeugt dieser einen neuen Klientensocket; die eigentliche Kommunikation findet zwischen den beiden Klientensockets statt. Die Notationen `<send>` und `<receive>` sollen andeuten, dass das Senden und Empfangen in Wirklichkeit über das Schreiben auf den mit dem Socket assoziierten Ausgabestrom beziehungsweise über Lesen vom Eingabestrom durchgeführt werden.

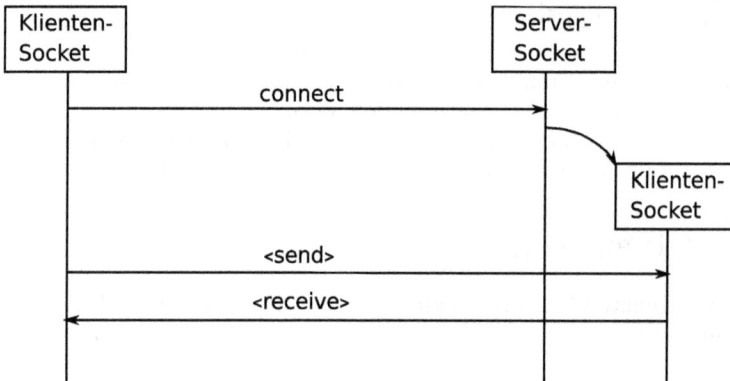

Abb. 5.1: *Sequenzdiagramm, das den asymmetrischen Kommunikationsablauf zwischen einem TCP–Klientensocket und einem TCP–Serversocket zeigt.*

In unserer Beispiel–Chatanwendung gibt es zwei klientenseitige Kommunikationsendpunkte, nämlich einen für den Kanal von Sicht und Steuerung zum Modell und einen für den Rückkanal vom Modell zur Sicht. Wir zeigen die Verwendung eines Klienten-Sockets deshalb am praktischen Beispiel der beiden TCP–spezifischen Klassen `TCPViewClient` und `TCPModelClient`.

Bevor wir das aber tun, müssen wir kurz die Klasse `TCPUtils` vorstellen, die als Konstanten die Adresse des Server–Sockets enthält, auf dem das Modell horcht, sowie die Hilfsmethode `communicate`, die eine Anfrage inklusive ihrer Parameter auf einen Ausgabestrom schreibt und anschließend eine Antwort von einem Eingabestrom liest. Wir werden weiter unten sehen, wie die Kommunikationsendpunkte diese Methode verwenden, um über ihre Sockets zu kommunizieren.

```
package chat.tcp;

import java.io.*;

public class TCPUtils {
```

```
public static final String MODEL_HOST = "localhost";
public static final int MODEL_PORT = 8205;

public static Object communicate(ObjectOutputStream out,
                                 ObjectInputStream in,
                                 String command,
                                 Object... args)
                       throws Exception {
    out.writeObject(command);
    for ( Object arg : args ) {
      out.writeObject(arg);
    }
    return in.readObject();
  }
}
```

Die Klasse `TCPViewClient` als klientenseitiger Endpunkt des Kanals vom Modell zur
Sicht wird vom Modell verwendet, um Notifikationsnachrichten an die Sicht zu verschicken. Dem Konstruktor werden der DNS-Name und die Portnummer des Server-Sockets
übergeben, an den sich der zu erzeugende Klienten-Socket anbinden soll. Außerdem werden im Konstruktor die mit dem Klienten-Socket assoziierten Ein- und Ausgabeströme
erzeugt. In der Methode `notify`, die das Modell aufruft, wird die Methode `communicate`
der Klasse `TCPUtils` verwendet, um das Kommando "notify" als String sowie die zu
übermittelnde `contribution` auf den Ausgabestrom zu schreiben und damit über den
Klienten-Socket zur Sicht zu übertragen.

```
package chat.tcp;

import java.io.*;
import java.net.*;
import chat.IChatViewClient;
import chat.Contribution;

public class TCPViewClient implements IChatViewClient {
  private Socket socket;
  private ObjectInputStream in;
  private ObjectOutputStream out;

  public TCPViewClient(String hostname, int port)
                  throws UnknownHostException, IOException {
    socket = new Socket();
    socket.connect(new InetSocketAddress(hostname, port));
    out = new ObjectOutputStream(socket.getOutputStream());
    in = new ObjectInputStream(socket.getInputStream());
  }

  public void notify(Contribution contribution)
```

```
                                                         throws Exception {
      TCPUtils.communicate(out, in, "notify", contribution);
    }
}
```

Die Klasse `TCPModelClient` funktioniert analog zur obigen Klasse `TCPViewClient`, sie
enthält allerdings mehr Methoden, was an der im Vergleich zu `IChatViewClient` um-
fangreicheren Schnittstelle `IChatModelClient` liegt.

Im Konstruktor wird ein Klienten–Socket erzeugt, der sich an den Server-Socket anbindet, der innerhalb der Klasse `TCPModelServer` auf der Modellseite läuft. Die Methode `setViewListenerPort` erlaubt es, von außen die Portnummer des Sockets zu
setzen, der auf der Serverseite des Rückkanals von Model zur Sicht horcht. Genauso wie
bei der UDP–Kommunikation wird diese Portnummer vom sichtseitigen Fabrikobjekt
gesetzt und vom `TCPModelClient`–Objekt in der `login`–Nachricht auf die Modellseite geschickt. Die Methoden der Schnittstelle `IChatModelClient` verwenden alle die
Hilfsmethode `TCPUtils.communicate`, um ihre Nachrichten inklusive Parameter an die
Serverseite zu schicken und die entsprechenden Antworten entgegenzunehmen. In der
Methode `logout` wird nach erfolgter Kommunikation der Klientensocket geschlossen.

```
package chat.tcp;

import java.io.*;
import java.net.*;
import chat.*;


public class TCPModelClient implements IChatModelClient {
    private Socket socket;
    private ObjectInputStream in;
    private ObjectOutputStream out;
    private int viewListenerPort;

    public TCPModelClient() throws UnknownHostException,
                                                       IOException {
        socket = new Socket();
        socket.connect(new InetSocketAddress(TCPUtils.MODEL_HOST,
                                            TCPUtils.MODEL_PORT));

        out = new ObjectOutputStream(socket.getOutputStream());
        in = new ObjectInputStream(socket.getInputStream());
    }

    public void setViewListenerPort(int port) {
        viewListenerPort = port;
    }

    public String[] getNames() throws Exception {
```

```
    return (String [])
               TCPUtils.communicate(out, in, "getNames");
}

public boolean login(String name, IChatViewClient dummy)
                                    throws Exception {
    return (Boolean) TCPUtils.communicate(out, in, "login",
                               name, viewListenerPort);
}

public void logout(String name) throws Exception {
    TCPUtils.communicate(out, in, "logout", name);
    try {
       socket.close();
    }
    catch ( IOException e) {
       e.printStackTrace();
    }
}

public void utterComment(Contribution contribution)
                                    throws Exception {
    TCPUtils.communicate(out, in, "utterComment",
                   contribution);
}
}
```

5.2.2 TCP aus Serversicht

Aus Sicht eines TCP–Servers besteht der Kommunikationsablauf aus den folgenden fünf Phasen:

1. Erzeugen einer Objektinstanz der Klasse `ServerSocket`. Dem Konstruktor wird als Parameter die gewünschte Portnummer übergeben. Eingabe von 0 veranlasst die Socketbibliothek, eine freie dynamische (private) Portnummer auszuwählen.

2. Aufrufen der Instanzmethode `accept()` an dem neu erzeugten Server-Socket. Diese Methode erlaubt es einem Klienten, sich mit dem Server-Socket zu verbinden; `accept` liefert als Ergebnis einer solchen neuen Verbindung einen weiteren Socket, über den dann die eigentliche Kommunikation stattfinden kann. Der Aufruf von `accept()` blockiert den Aufrufer so lange, bis ein Klienten-Socket versucht, Kontakt aufzunehmen.

   Der anfänglich erzeugte Socket der Klasse `ServerSocket` dient also nur der ersten Kontaktaufnahme, nicht der eigentlichen Kommunikation.

3. Analog zur Klientenseite muss an dem Socket, den `accept` geliefert hat, ein Lese- und ein Schreibstrom erzeugt werden. Über diese Ströme können nun Nachrichten empfangen und gesendet werden.

4. Nach der Kommunikation über eine bestimmte Verbindung muss der jeweilige Socket mit `close()` geschlossen werden.

5. Wenn der Server nicht mehr auf neue Klientenverbindungen warten soll, wird der Server–Socket ebenfalls mit einem Aufruf von `close` geschlossen.

Während ein Klient üblicherweise nur mit *einem* Server kommuniziert, soll umgekehrt ein Server normalerweise *viele verschiedene* Klienten gleichzeitig bedienen können. Deshalb wäre es ungünstig, alle fünf oben genannten Phasen in nur einem Thread ablaufen zu lassen. Dann nämlich könnte ein Server erst wieder eine Verbindung mit einem Klienten aufnehmen (über `accept()`), nachdem die gerade laufende beendet ist.

Damit ein Server mit mehreren Klienten *gleichzeitig* kommunizieren kann, verwendet man Multithreading. Dazu wird im Hauptthread der Server-Socket erzeugt und eine Schleife betreten, die mit `accept()` auf Verbindungswünsche wartet. Jedesmal, wenn ein Klient sich verbunden hat, wird ein neuer Thread gestartet, in dem die Kommunikation mit diesem Klienten durchgeführt wird. So kann zu jeder Zeit auf dem Server-Socket auf eingehende Verbindungswünsche gehorcht werden.

Schauen wir uns den oben beschriebenen Kommunikationsablauf anhand der serverseitigen Kommunikationsendpunkte unseres Chat–Frameworks an.

Die Klasse `TCPModelListener` enthält den Server-Socket, der auf dem Kanal von Sicht und Steuerung zum Modell auf eingehende Verbindungswünsche horcht. Die Klasse ist als Singleton–Klasse realisiert, da es nur eine Instanz von ihr gibt. In der `run`–Methode wird, wie oben beschrieben, in einer Endlosschleife auf einkommende Verbindungswünsche gewartet. Jedesmal wenn ein solcher Verbindungswunsch anliegt, wird ein neuer `TCPModelServer`–Thread erzeugt und gestartet, der für diese neue Verbindung zuständig ist.

```
package chat.tcp;

import java.io.IOException;
import java.net.ServerSocket;
import java.net.Socket;
import chat.IChatModelClient;

public class TCPModelListener extends Thread {
  private ServerSocket socket;
  private IChatModelClient model;
  private static TCPModelListener singleton;

  private TCPModelListener() throws IOException {
    socket = new ServerSocket(8205);
```

```
    }

    public static TCPModelListener getInstance ()
                                          throws IOException {
        if ( singleton == null ) {
            singleton = new TCPModelListener ();
        }
        return singleton ;
    }

    public void setModel(IChatModelClient model) {
        this . model = model;
    }

    public void run ()  {
        while ( true ) {
            try {
                Socket incoming = socket . accept ();
                new TCPModelServer (incoming ,  model). start ();
            }
            catch (Exception e) {
                e . printStackTrace ();
                System . exit (0);
            }
        }
    }
}
```

Die Klasse `TCPModelServer` ist für die modellseitige Kommunikation mit einem spezifischen Chat–Klienten zuständig; um genau zu sein, für die modellseitige Kommunikation *auf dem Hinkanal* von Steuerung und Sicht zum Modell. Instanzen der Klasse `TCPModelServer` können als eigenständige Threads gestartet werden. In der **run**–Methode begibt sich der Kontrollfluss in eine Schleife, die erst verlassen wird, wenn der Chat–Klient sich ausloggt. Solange werden die Anfragen des Klienten entgegengenommen und bearbeitet.

Bei einer `login`–Nachricht wird ein neues `TCPViewClient`–Objekt, das den klientenseitigen Endpunkt des Rückkanals vom Model zur Sicht repräsentiert, erzeugt und bei der Erzeugung mit der Socketadresse des serverseitigen Endpunktes des genannten Kanals versorgt. Dieses `TCPViewClient`–Objekt wird zusammen mit dem Namen des einzuloggenden Chat–Klienten im Aufruf der Methode `login` weitergereicht an das Modell, das den neuen Endpunkt später verwenden wird, um Notifikationsnachrichten zur Sicht zurückzuschicken.

Sowohl eingehende `getNames`– als auch `utterComment`–Nachrichten werden einfach an das Modell weitergeleitet. Nach der jeweiligen Abarbeitung wird das Ergebnis zurückgesendet an die Sicht beziehungsweise die Steuerung.

Bei Eintreffen einer `logout`–Nachricht wird am Modell die `logout`–Methode für den entsprechenden Chat–Klienten aufgerufen. Eine Rückmeldung wird zurückgeschickt, der Socket geschlossen, und die Variable `done` auf den Wert `true` gesetzt, so dass die Hauptschleife im nächsten Durchlauf verlassen wird und sich damit der Thread beendet.

```java
package chat.tcp;

import java.io.*;
import java.net.Socket;
import chat.*;

public class TCPModelServer extends Thread {
  private Socket socket;
  private ObjectInputStream in;
  private ObjectOutputStream out;
  private IChatModelClient model;

  public TCPModelServer(Socket socket, IChatModelClient model)
                                         throws IOException {
    this.socket = socket;
    out = new ObjectOutputStream(socket.getOutputStream());
    in = new ObjectInputStream(socket.getInputStream());
    this.model = model;
  }

  public void run() {
    boolean done = false;

    try {
      while ( !done ) {
        String command = (String) in.readObject();

        if ( command.equals("login")) {
          String name = (String) in.readObject();
          int port = (Integer) in.readObject();
          IChatViewClient view = new TCPViewClient(
              socket.getInetAddress().getHostName(), port);
          boolean ret = model.login(name, view);
          out.writeObject(ret);
        }

        if ( command.equals("getNames")) {
          out.writeObject(model.getNames());
        }

        if ( command.equals("utterComment")) {
          Contribution contribution =
```

```
                                    ( Contribution )  in . readObject ( );
            model . utterComment ( contribution );
            out . writeObject ( true );
        }

        if ( command equals ("logout")) {
            String  name  =  ( String )  in . readObject ( );
            out . writeObject ( true );
            socket . close ( );
            model . logout ( name );
            done  =  true;
        }
    }
}
catch ( Exception e) {
    e . printStackTrace ( );
    System . exit ( 0 );
}
}
}
```

Die Klasse TCPViewListener, die den serverseitigen Endpunkt des Rückkanals vom
Model zur Sicht darstellt, ist analog der Klasse TCPModelListener aufgebaut; auch
sie ist als Singleton–Klasse realisiert, deren (einzige) Instanz in einem eigenen Thread
abläuft.

Analog zur Klasse TCPModelListener begibt sich auch die Klasse TCPViewListener in
der run–Methode in eine Endlosschleife, in der auf einkommende Verbindungswünsche
gewartet wird. Sobald ein solcher Verbindungswunsch anliegt, wird ein TCPViewServer–
Thread erzeugt und gestartet, der dafür zuständig ist, die eigentliche Kommunikation
abzuwickeln.

Die Methode getPort erlaubt dem viewseitigen Fabrikobjekt, wie wir in Abschnitt
5.2.3 sehen werden, die Portnummer des TCPViewListener-Objektes abzufragen und
danach dem TCPModelClient-Objekt mitzugeben, das die Portnummer wiederum in
der login–Nachricht an die Modellseite schickt.

```
package chat.tcp;

import java.io.IOException;
import java.net.*;
import chat.IChatViewClient;

public class TCPViewListener extends Thread {
    private ServerSocket socket;
    private IChatViewClient view;
    private static TCPViewListener singleton;
```

```
private TCPViewListener() throws IOException {
  socket = new ServerSocket(0);
}

public int getPort() {
  return socket.getLocalPort();
}

public static TCPViewListener getInstance()
                                        throws IOException {
  if ( singleton == null ) {
    singleton = new TCPViewListener();
  }
  return singleton;
}

public void setView(IChatViewClient view) {
  this.view = view;
}

public void run() {
  while ( true ) {
    try {
      Socket incoming = socket.accept();
      new TCPViewServer(incoming, view).start();
    }
    catch (Exception e) {
      e.printStackTrace();
      System.exit(0);
    }
  }
}
}
```

Die Klasse `TCPViewServer` schließlich funktioniert analog zur Klasse `TCPModelServer`. In der `run`–Methode begibt sich der `TCPViewServer`–Thread in eine Endlosschleife, in der er auf einkommende Nachrichten wartet. Auf diesem Rückkanal vom Modell zur Sicht können das nur Notifikationsnachrichten sein; jede solche Nachricht wird über einen Up-Call weitergegeben an die Sicht, nach Abarbeitung wird eine Rückmeldung zum Modell zurückgesendet.

```
package chat.tcp;

import java.io.*;
import java.net.Socket;
import chat.IChatViewClient;
import chat.Contribution;
```

```java
public class TCPViewServer extends Thread {
  private Socket socket;
  private ObjectInputStream in;
  private ObjectOutputStream out;
  private IChatViewClient view;

  public TCPViewServer(Socket incoming, IChatViewClient view)
                                        throws IOException {
    this.socket = incoming;
    out = new ObjectOutputStream(socket.getOutputStream());
    in = new ObjectInputStream(socket.getInputStream());
    this.view = view;
  }

  public void run() {
    try {
      while ( true ) {
        String command = (String) in.readObject();
        if ( command.equals("notify")) {
          Contribution contribution =
                          (Contribution) in.readObject();
          view.notify(contribution);
          out.writeObject(true);
        }
      }
    }
    catch ( Exception e) {
      e.printStackTrace();
      System.exit(0);
    }
  }
}
```

5.2.3 Integration in die Chat–Applikation

Nachdem nun die eigentlichen Kommunikationsklassen vorgestellt sind, fehlen lediglich noch die Klasse TCPModelFactory für die modellseitige Fabrik und die Klasse TCPViewFactory für die sichtseitige Fabrik, sowie die Hauptklassen TCPChatModel und TCPChatView, um das Chat–Framework zu einer lauffähigen verteilten Anwendung zu ergänzen. Da diese vier verbleibenden Klassen analog zu den entsprechenden UDP–Klassen aufgebaut sind, können wir sie ohne viele Erläuterungen vorstellen.

Die folgende Klasse TCPModelFactory erzeugt in der Methode createModelServer ein TCPModelListener–Objekt und übergibt ihm eine Referenz auf das Modell, so dass eingehende Nachrichten weitergeleitet werden können.

```
package chat.tcp;

import chat.IChatModelClient;
import chat.IModelCommFactory;

public class TCPModelFactory implements IModelCommFactory {
  public void createModelServer(IChatModelClient model)
                                          throws Exception {
    TCPModelListener listener = TCPModelListener.getInstance();
    listener.setModel(model);
    listener.start();
  }
}
```

Die Hauptklasse auf der Modellseite, `TCPChatModel`, erzeugt ein neues `ChatModel`–Objekt und übergibt ihm ein TCP-spezifisches, modellseitiges Fabrikobjekt.

```
package chat.tcp;

import chat.ChatModel;

public class TCPChatModel  {
  public static void main(String[] args) {
    new ChatModel(new TCPModelFactory()).run();
  }
}
```

Die sichtseitige Fabrik für TCP arbeitet analog zur UDP–Version. Die Fabrik merkt sich das `TCPModelClient`–Objekt bei dessen Erzeugung, so dass sie ihm nach der Erzeugung des `TCPViewListener`–Objekts dessen Portnummer übergeben kann. Das `TCPModelClient`–Objekt kann dann in der `login`–Nachricht dem Modell diese Portnummer für den Rückkanal zur Sicht übermitteln.

```
package chat.tcp;

import chat.*;

public class TCPViewFactory implements IViewCommFactory {
  private TCPModelClient modelClient;

  public void createViewServer(IChatViewClient view)
                                          throws Exception {
    TCPViewListener viewListener =
                          TCPViewListener.getInstance();
    viewListener.setView(view);
    modelClient.setViewListenerPort(viewListener.getPort());
    viewListener.start();
  }
}
```

```
public IChatModelClient getModelClient() throws Exception {
  modelClient = new TCPModelClient();
  return modelClient;
}
}
```

Die sicht- und steuerungsseitige Hauptklasse `TCPChatView` schließlich erzeugt ein neues `ChatView`-Objekt und übergibt ihm ein geeignetes Fabrikobjekt.

```
package chat.tcp;

import chat.ChatView;

public class TCPChatView {
  public static void main(String[] args) {
    new ChatView(new TCPViewFactory()).run();
  }
}
```

5.3   Zusammenfassung

Sockets sind Kommunikationspunkte für die IP–Transportprotokolle UDP beziehungs-weise TCP. Ein Socket besteht aus einer IP–Adresse oder einem DNS-Rechnernamen und einer Portnummer.

UDP ist ein verbindungsloses Protokoll, das keine Reihenfolgetreue unterstützt und das nicht zuverlässig ist. Kommunikation über UDP–Sockets, sogenannte Datagramm-Sockets, ist symmetrisch, d.h. es gibt keine unterschiedlichen Klienten- und Server–Sockets. Beim Empfangen eines UDP–Datagramms muss der Empfänger einen genügend großen Puffer bereitstellen, in den das Betriebssystem die empfangenen Daten kopieren kann, andernfalls werden die empfangenen Daten abgeschnitten. UDP eignet sich gut zur Übertragung von Echtzeitdaten, beispielsweise Multimedia-Daten, bei denen der rechtzeitige Empfang der meisten Datenpakete wichtiger ist als die Auslieferungsgaran-tie jedes einzelnen Datagramms.

TCP ist ein verbindungs– und stromorientiertes Transportprotokoll, das die Ausliefe-rung der gesendeten Daten in der richtigen Reihenfolge garantiert. Es gibt Klienten- und Server–Sockets. Klientensockets werden für den eigentlichen Datenaustausch ver-wendet, Server–Sockets sind dazu da, auf einkommende Verbindungswünsche zu war-ten und dann gegebenenfalls einen neuen Klientensocket zu erzeugen, über den dann die Kommunikation abgewickelt wird. Zu jedem Klientensocket gibt es einen assoziierten Eingabe- und einen assoziierten Ausgabestrom, über den Daten empfangen beziehungs-weise gesendet werden können.

5.4   Übungsaufgaben

The way to get started is to quit talking and begin doing. – Walt Disney.

Aufgabe 5.1

In welche drei Bereiche sind Portnummern eingeteilt?

Aufgabe 5.2

Ist es für den Transport von Echtzeit-Sprachdaten günstiger, TCP- oder UDP-Kommunikation zu verwenden? Warum?

Aufgabe 5.3

Was ist die maximale Paketgröße für ein UDP–Datagramm?

Aufgabe 5.4

Implementieren Sie zwei Klassen `UDPSender` und `UDPReceiver` mit folgender Funktionalität:

- Eine Instanz der Klasse `UDPSender` liest in einer Schleife jeweils eine Textzeile von der Tastatur ein und sendet diese mit Hilfe eines UDP-Sockets an eine Instanz der Klasse `UDPReceiver`, die an einem festgelegten Port (z.B. 8205) horcht.

- Eine Instanz der Klasse `UDPReceiver` empfängt pro Datagramm eine Textzeile und stellt diese, zusammen mit der Internetadresse bzw. dem Rechnernamen und der Portnummer des Senders, auf dem Bildschirm dar.

Aufgabe 5.5

Die Klasse `UDPModelServer` nimmt in einer Endlosschleife einkommende Nachrichten entgegen, bearbeitet und beantwortet diese, bevor die nächste Nachricht empfangen werden kann.

Modifizieren Sie die Klasse so, dass für jede empfangene Nachricht ein eigener Thread gestartet wird, der die Nachricht bearbeitet. Dadurch können neue Nachrichten ohne Verzögerung empfangen werden, noch bevor die letzte Nachricht bearbeitet und beantwortet wurde.

Aufgabe 5.6

Wie erhält man zu einem TCP-Socket einen Lese- und einen Schreibstrom?

Aufgabe 5.7

Implementieren Sie zwei Klassen `TCPSender` und `TCPReceiver` mit folgender Funktionalität:

- Eine Instanz der Klasse `TCPSender` liest in einer Schleife jeweils eine Textzeile von der Tastatur ein und sendet diese mit Hilfe eines TCP-Sockets an eine Instanz der Klasse `TCPReceiver`, die an einem festgelegten Port (z.B. 8205) horcht.

- Eine Instanz der Klasse `TCPReceiver` empfängt jeweils eine Textzeile, bestätigt deren Empfang durch eine kurze Nachricht (etwa "ok") und stellt die Nachricht, zusammen mit der Internetadresse bzw. dem Rechnername und der Portnummer des Senders, auf dem Bildschirm dar.

5.5 Weiterführende Literatur

- J. Couch. *Java 2 Networking*. McGraw Hill, 1999, ISBN 0-07-134813-1.

- Prashant Sridharan. *Advanced Java Networking*. Prentice Hall, 1997, ISBN 0-13-749136-0.

- A.S. Tanenbaum. *Computer Networks*. Prentice Hall, 3. Auflage, 1996, ISBN 0-13-394248-1.

6 Java Remote Method Invocation

Wie bereits in Abschnitt 2.5.4 beschrieben, kann man Java RMI als konsequente Weiterentwicklung des entfernten Prozeduraufrufs RPC betrachten.

Die wesentliche Idee besteht darin, Kommunikation innerhalb einer verteilten Anwendung als Methodenaufrufe an *entfernten* Objekten zu modellieren. Idealerweise gestaltet sich ein Methodenfernaufruf dabei genauso wie ein lokaler Methodenaufruf. In diesem Kapitel sehen wir, wie man eine verteilte Anwendung entwickelt, wiederum am praktischen Beispiel des Chat–Frameworks, das diesmal um RMI–Kommunikation ergänzt wird. Zuerst wollen wir uns aber die RMI–Architektur anschauen, um ein Verständnis dafür zu bekommen, wie entfernte Methodenaufrufe intern realisiert sind.

6.1 Java RMI Architektur

Der Methodenfernaufruf ist ein *asymmetrischer* Mechanismus; ein Server stellt ein entferntes Objekt bereit, während ein Klient an diesem Objekt Methoden aufruft.

Wenn ein Klient eine Methode am entfernten Server aufruft, wendet er sich in Wirklichkeit an ein lokales Stellvertreterobjekt des Servers, den sogenannten *Serverproxy* oder auch *Serverstub*. Dieses Objekt befindet sich auf der Klientenmaschine und bietet dieselbe Schnittstelle an wie das entfernte Serverobjekt. Der Serverproxy konvertiert die Methodenparameter in ein geeignetes Transportformat – der Java–RMI–Mechanismus verwendet dafür Objektserialisierung – und schickt sie zusammen mit dem Methodennamen zur Servermaschine. Das Konvertieren der Parameter nennt man auch *Marshalling*.

Auf der Serverseite wird der Aufruf von einem sogenannten *Serverskeleton* empfangen. Das Skeleton konvertiert die Parameter zurück in ihr Ausgangsformat, indem es sie deserialisiert. Dieser Vorgang wird als *Demarshalling* bezeichnet. Das Serverskeleton reicht den Aufruf dann weiter an das eigentliche Serverobjekt, das ihn entgegennimmt und das nach erfolgter Bearbeitung das Ergebnis zurückliefert an das Skeleton. Nun übernimmt das Serverskeleton das Marshalling des Ergebnisses und verschickt das so serialisierte Ergebnis zurück an den Serverproxy auf der Klientenseite.

Der Proxy führt das Demarshalling des Ergebnisses durch und reicht es weiter an den Klienten. Sowohl Server als auch Klient haben beide nur mit lokalen Objekten kommuniziert; Der Serverproxy simuliert dabei das Serverobjekt auf der Klientenseite, während das Serverskeleton den Klienten auf der Serverseite simuliert.

Die in Abbildung 6.1 gezeigte RMI–Schichtenarchitektur zeigt den Aufbau, der dieses Vorgehen ermöglicht:

- Die *Transportschicht* – Java RMI verwendet dafür TCP/IP – übernimmt die Über-

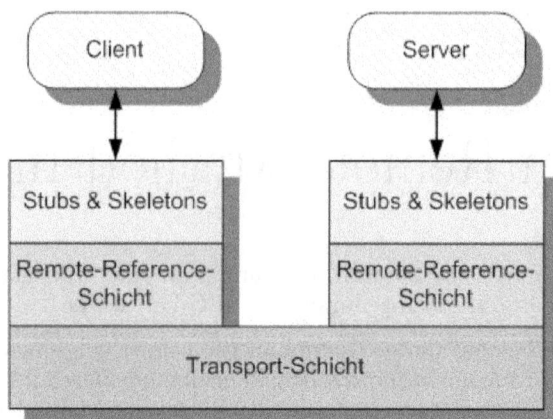

Abb. 6.1: *Java RMI-Schichtenarchitektur*

tragung des serialisierten Methodenaufrufs beziehungsweise des Methodenergebnisses zwischen den entfernten Server– und Klientenmaschinen.

- Die *Remote-Reference-Schicht* kontrolliert die Aufrufsemantik. Sie kann beispielsweise entscheiden, ob das entfernte Serverobjekt aktiviert werden muss, oder sie kann entscheiden, an welches von mehreren replizierten Serverobjekten sie einen gegebenen Methodenaufruf weiterleitet.

- Die *Stubs & Skeletons-Schicht* enthält die oben beschriebenen Serverstubs und –skeletons. Seit Java 5 werden diese vom System automatisch, ohne Zutun des Entwicklers, generiert.

Immer wenn ein Klient eine Referenz auf ein entferntes Objekt erhält, eine sogenannte *entfernte Objektreferenz*, bekommt er in Wirklichkeit einen Serverproxy geschickt. Jedesmal wenn nun der Klient eine Methode an dieser entfernten Objektreferenz aufruft, wendet er sich an das lokale Proxyobjekt, das dann intern die Kommunikation mit dem entfernten Serverobjekt übernimmt.

6.2   Parameterübergabe und Ergebnisrückgabe

In Java RMI können für die Parameterübergabe und die Ergebnisrückgabe alle Grundtypen, also `byte`, `short`, `int`, `long`, `float`, `double`, `char` und `boolan`, sowie die Referenztypen, das heißt Klassen und Felder verwendet werden.

Interessant ist dabei der Übergabemechanismus, der von der Semantik lokaler Methodenaufrufe abweicht. Wir betrachten im Folgenden der Einfachheit halber nur die Parameterübergabe; für die Ergebnisrückgabe gilt Analoges:

- Skalare Werte werden ebenso wie bei einem lokalen Methodenaufruf mit *Call-by-Value*–Semantik übergeben, das heißt die übergebenen Parameter werden vom Klienten zum Server übertragen und dabei vom Aufrufer zum Aufgerufenen kopiert.

  Änderungen an einem skalaren Parameter in der aufgerufenen Methode (im RMI–Serverobjekt) haben keinen Effekt auf die Kopie des Parameters beim Aufrufer.

- Objekte als Parameter eines entfernten Methodenaufrufs werden entweder mit *Call-by-Value*– oder mit *Call-by-Reference*–Semantik übertragen, je nach dem, ob es sich um RMI–Serverobjekte handelt oder nicht. In der folgenden Betrachtung bezeichne o_1 das RMI–Serverobjekt, an dem die entfernte Methode m aufgerufen wird, o_2 den Aufrufer und o_3 das als Parameter übergebene Objekt. Der (abstrahierte) Methodenfernaufruf hat also die Form $o_1.m(o_3)$.

  - Ein RMI–Serverobjekt o_3 als Parameter eines entfernten Methodenaufrufs m wird als Referenz übergeben. Das Objekt o_3 selbst verbleibt beim Aufrufer o_2. Was zum aufgerufenen Objekt o_1 übertragen wird, ist lediglich *der Serverstub* von o_3, wie in Abschnitt 6.1 erläutert. Methodenaufrufe an einer auf solche Art vom Klienten o_2 zum Server o_1 übertragenen Objektreferenz haben die Bedeutung entfernter Methodenaufrufe und werden am Originalobjekt o_3 durchgeführt.

    Diese Art der objektwertigen Parameterübergabe stellt also eine Technik dar, wie ein Java–Objekt in den Besitz einer entfernten Objektreferenz gelangen kann, nämlich als Eingabeparameter oder als Rückgabewert eines Methodenaufrufs an einem anderen entfernten Objekt.

    Dieser Call-by-Reference–Übergabemechanismus entspricht der Übergabe von Objekten bei lokalen Methodenaufrufen, lediglich die *lokale Objektreferenz* wird ersetzt durch eine *entfernte Objektreferenz*.

  - Alle anderen Objekte werden mit Call-by-Value–Semantik übergeben, das heißt das gesamte Objekt o_3 wird serialisiert und vom Aufrufer o_2 zum Aufgerufenen o_1 übertragen. Danach besitzt die aufgerufene Methode m eine identische Kopie des Ursprungsobjekts; alle Methodenaufrufe an diesem Objekt haben keinen Effekt auf das Originalobjekt auf der Klientenseite.

    Diese Art der objektwertigen Parameterübergabe setzt natürlich voraus, dass das Objekt auch tatsächlich serialisierbar ist, ansonsten schlägt der entsprechende Methodenaufruf fehl.

    Für lokale Methodenaufrufe gibt es keinen vergleichbaren Parameterübergabemechanismus, da bei lokalen Methodenaufrufe Objekte immer nur als Referenz übergeben werden.

6.3   Namensdienst: RMI Registry

In Java RMI gibt es für einen Klienten zwei Arten, in den Besitz einer entfernten
Objektreferenz zu kommen:

1. *Als Ergebnis eines entfernten Methodenaufrufs.* Diese Möglichkeit haben wir im
   vorigen Abschnitt kennengelernt. Sie setzt allerdings voraus, dass der Klient bereits im Besitz einer *anderen* entfernten Objektreferenz ist, an der er die entsprechende entfernte Methode aufrufen kann.

2. *Durch Anfragen an den RMI–Namensdienst, die sogenannte RMI–Registry.* Diese
   Variante dient dem Erhalt der ersten entfernten Objektreferenz, die ein Klient benötigt, um sich dann in der Folge weitere entfernte Objektreferenzen zu besorgen.

Die RMI–Registry verzeichnet entfernte Objektreferenzen und gibt sie weiter an an-
fragende Klienten. Dazu können Serverobjekte sich unter einer sogenannten *RMI–URI*
registrieren. Eine RMI–URI hat im allgemeinen das Format

```
rmi://<host_name>:<port>/<object_name>
```

Da die RMI–Registry auf demselben Rechner laufen muss wie das Serverobjekt, gibt
der URI–Bestandteil <*host_name*> den Namen des Rechners an, auf dem sowohl RMI–
Registry als auch das Serverobjekt laufen. Statt eines DNS-Namens kann natürlich auch
eine IP–Adresse verwendet werden. Wenn die <*host_name*>–Angabe fehlt, bezieht die
RMI–URI sich auf den lokalen Rechner. Ebenso kann die Angabe des Ports fehlen, in
den Fall wird erwartet, dass die RMI–Registry auf dem reservierten Defaultport 1099
läuft. Der Bestandteil <*object_name*> schließlich ist ein frei wählbarer Name, der das
Serverobjekt auf seinem Rechner eindeutig bezeichnet.

Die RMI–Registry kann entweder aus der Kommandozeile oder programmatisch gestartet werden. In einer DOS–Shell lautet der Befehl zum Starten der RMI–Registry

```
start /B rmiregistry
```

In einer Unix-Shell lautet der Befehl, um die RMI–Registry im Hintergrund laufen zu
lassen

```
rmiregistry &
```

Wie man die RMI–Registry programmatisch startet, werden wir in Abschnitt 6.4.3
sehen.

Sobald die RMI–Registry läuft, können Serverobjekte sich dort unter Angabe eines
Objektnamens registrieren, und Klienten können sich unter Angabe desselben Namens
die entsprechende entfernte Objektreferenz besorgen. Beide Schritte werden wir in den
Abschnitten 6.4.3 und 6.5.1 im Detail betrachten.

Da wir nun die grundlegenden Java–RMI–Konzepte kennengelernt haben, wenden wir
uns nun der Frage zu, wie man eine auf Java RMI basierende verteilte Anwendung
entwickelt. Wir betrachten dazu zuerst die Serverseite.

6.4   Java RMI aus Serversicht

Das Entwickeln und Bereitstellen eines RMI–Serverobjekts besteht aus mindestens vier,
wenn das Objekt außerdem bei der RMI–Registry (siehe Abschnitt 6.3) angemeldet
werden soll, aus fünf Schritten:

1. Definition der Serverschnittstelle, die alle entfernt aufrufbaren Methoden enthält.

2. Implementierung einer Klasse, die die obige Schnittstelle bereitstellt.

3. Erzeugen eines Serverobjekts.

4. Exportieren des Serverobjekts.

5. Gegebenenfalls Registrieren des Serverobjekts bei der RMI–Registry.

Diese Schritte schauen wir uns in den folgenden Abschnitten im Detail an.

6.4.1   Definition der entfernten Schnittstelle

Das Verhalten eines entfernten RMI–Server–Objekts muss in einer Schnittstelle definiert sein, die die vorgebene Schnittstelle `java.rmi.Remote` erweitert. Die Schnittstelle
`java.rmi.Remote` enthält selbst keine eigenen Methoden, sondern dient lediglich als
Markiererschnittstelle. Ähnlich wie die Schnittstelle `java.io.Serializable` eine Klasse als serialisierbar markiert, markiert die Schnittstelle `java.rmi.Remote` eine Klasse
als RMI–Serverklasse.

Außerdem muss jede in der Schnittstelle deklarierte entfernte Methode eine Ausnahme
vom Typ `RemoteException` werfen, etwa wenn Netzwerk- oder sonstige Kommunikati-
onsfehler auftreten.

Die übersetzte Schnittstellendatei muss dem RMI–Klienten zu dessen Kompilierzeit
vorliegen, damit Javas Typsystem die korrekte Verwendung der entfernten Methoden
überprüfen kann. Die Schnittstelle stellt damit auf die übliche Art den gemeinsamen
Vertrag zwischen Server und Klient dar.

In unserer Chat-Applikation werden wir zwei RMI–Serverobjekte verwenden, und zwar
eines für jeden serverseitigen Kommunikationsendpunkt, das heißt eines für den Endpunkt vom Typ `RMIModelServer` und eines für den Endpunkt vom Typ `RMIViewServer`.
Zu diesem Zweck benötigen wir jeweils eine Schnittstelle zur Deklaration der entfernt
zugreifbaren Methoden.

Der Endpunkt vom Typ `RMIViewServer` stellt die Notifikationsmethode bereit, die
schon in der Schnittstelle `IChatViewClient` deklariert ist. Wir definieren die neue,
entfernte Schnittstelle `IRemoteChatView` deshalb als Subtyp der beiden Schnittstellen
`IChatViewClient` und `java.rmi.Remote`, ohne Angabe weiterer Methoden. Durch die
Verwendung von `java.rmi.Remote` als Supertyp ist sichergestellt, dass eine Instanz einer Klasse, die die Schnittstelle `IRemoteChatView` implementiert, als RMI–Serverobjekt

verwendet werden kann. Da alle Methoden der Schnittstelle `IChatViewClient` bereits eine Ausnahme des allgemeinsten Typs `Exception` werfen können, ist auch die Bedingung erfüllt, dass jede entfernte Methode (mindestens) eine Ausnahme vom Typ `RemoteException` werfen muss.

```java
package chat.rmi;

import java.rmi.*;
import chat.*;

public interface IRemoteChatView extends Remote,
                                          IChatViewClient {
}
```

Der Endpunkt vom Typ `RMIModelServer` stellt im wesentlichen die gleichen Methoden bereit, die in der Schnittstelle `IChatModelClient` deklariert sind, nämlich `login`, `utterComment`, `getNames` und `logout`. Wegen eines Unterschieds in der Parameterleiste der Methode `login` müssen für die Schnittstelle `IRemoteChatModel` die benötigten Methoden explizit angegeben werden.

```java
package chat.rmi;

import java.rmi.*;
import chat.*;

public interface IRemoteChatModel extends Remote {
    public boolean login(String name, IRemoteChatView view)
                                              throws Exception;
    public void utterComment(Contribution contribution)
                                              throws Exception;
    public String[] getNames() throws Exception;
    public void logout(String name) throws Exception;
}
```

Wie man sieht, besteht der Unterschied darin, dass die hier benötigte `login`–Methode als zweiten Parameter ein Objekt vom oben definierten Typ `IRemoteChatView` erwartet, das heißt ein RMI–Serverobjekt, das den `RMIViewServer`–Endpunkt darstellt. Auf diese Art kommt also der Endpunkt vom Typ `RMIModelServer` in den Besitz eines Serverstubs des Endpunkts vom Typ `RMIViewServer`. Dieser Stub stellt den klientenseitigen Endpunkt des Kommunikationskanals vom Modell zur Sicht dar und wird vom Modell verwendet, um Notifikationsnachrichten an die Sicht zu schicken.

6.4.2   Implementierung des Serverobjekts

Im nächsten Schritt muss eine Implementierung für die zuvor definierte RMI–Schnittstelle bereitgestellt werden. In unserem Fall sind das die Klasse `RMIViewServer` als Implementierung der Schnittstelle `IRemoteChatView` und die Klasse `RMIModelServer` als Implementierung der Schnittstelle `IRemoteChatModel`.

Die Klasse `RMIViewServer` realisiert die entfernte `notify`–Methode, indem sie sie weiterreicht an die eigentliche Sicht. Damit sie das tun kann, wird einem neu instantiierten
`RMIViewServer`–Objekt bei der Erzeugung eine Referenz auf die Sicht übergeben.

```
package chat.rmi;

import chat.*;

public class RMIViewServer implements IRemoteChatView {
  private IChatViewClient view;

  public RMIViewServer(IChatViewClient view) {
    this.view = view;
  }

  public void notify(Contribution contribution)
                                       throws Exception {
    view.notify(contribution);
  }
}
```

Analog realisiert die Klasse `RMIModelServer` die in der Schnittstelle `IRemoteChatModel`
deklarierten Methoden, indem sie die entsprechenden Methoden am Modell aufruft und
die Ergebnisse zurückreicht. Dazu bekommt ein `RMIModelServer`–Objekt bei der Erzeugung eine Referenz auf das Modell übergeben.

```
package chat.rmi;

import chat.*;

public class RMIModelServer implements IRemoteChatModel {
  private IChatModelClient model;

  public RMIModelServer(IChatModelClient model) {
    this.model = model;
  }

  public String[] getNames() throws Exception {
    return model.getNames();
  }

  public boolean login(String name, IRemoteChatView view)
                                       throws Exception {
    return model.login(name, view);
  }

  public void logout(String name) throws Exception {
    model.logout(name);
```

```
  }

  public void utterComment(Contribution contribution)
                                        throws Exception {
    model.utterComment(contribution);
  }
}
```

Man beachte, dass in der entfernten `login`–Methode die gleichnamige Methode des Modells aufgerufen wird, und dabei die im entfernten Methodenaufruf empfangene entfernte Objektreferenz vom Typ `IRemoteChatView` unverändert an das Modell durchgereicht wird. Das funktioniert aufgrund des Substitutionsprinzips, da die `login`–Methode des Modells eine Referenz vom Typ `IChatViewClient` erwartet und die Schnittstelle `IRemoteChatView` eine Spezialisierung der Schnittstelle `IChatViewClient` ist.

6.4.3   Erzeugen, Exportieren und Registrieren des Serverobjekts

Nachdem eine Klasse erstellt wurde, die die RMI–Schnittstelle implementiert, muss eine RMI–Serverobjekt erzeugt und exportiert werden. Das Exportieren eines RMI–Serverobjekts erzeugt den später auf der Klientenseite benötigten Serverstub und meldet gleichzeitig den Serverskeleton bei der Remote-Reference-Schicht an, so dass das Serverobjekt ab diesem Zeitpunkt für einkommende entfernte Methodenaufrufe bereitsteht. Es gibt zwei verschiedene Möglichkeiten, ein Serverobjekt zu exportierten:

1. Wenn das Serverobjekt von der vorgegebenen Klasse `UnicastRemoteObject` im Paket `java.rmi.server` erbt, wird es beim Erzeugen automatisch exportiert.

2. Falls das nicht der Fall ist, wird ein Serverobject durch Aufruf der statischen Methode `exportObject` der Klasse `java.rmi.server.UnicastRemoteObject` exportiert.

   Hierbei ist insofern Vorsicht geboten, als dass es verschiedene überladene Versionen der Methode `exportObject` gibt und genau eine davon – die Variante mit der Signatur

   ```
   static RemoteStub exportObject(Remote obj);
   ```

   – den Serverstub *nicht* automatisch generiert, sondern erwartet, dass er zuvor mit Hilfe des RMI–Compilers `rmic` erzeugt wurde. Diese Variante existiert aus Gründen der Rückwärtskompatibilität mit älteren Java–Versionen; wir raten dazu, eine andere Version der Methode `exportObject` zu verwenden, etwa die mit der Signatur

   ```
   static Remote exportObject(Remote obj, int port);
   ```

   bei der angegeben werden kann, auf welchem Port das Serverobject `obj` auf einkommende Methodenaufrufe horchen soll. Bei Angabe von 0 verwendet das System einen selbst gewählten Port.

Gegebenenfalls muss das neu erzeugte und exportierte Serverobjekt noch bei der RMI–
Registry registriert werden. Dazu muss zuerst (1) entweder eine Referenz auf die schon
laufende RMI–Registry besorgt werden oder (2) die RMI–Registry programmatisch gestartet werden:

1. Wenn die RMI–Registry bereits aus der Kommandozeile gestartet wurde, kann
   eine Referenz auf sie mit dem folgenden Methodenaufruf erhalten werden:

   ```
   Registry registry = LocateRegistry.getRegistry();
   ```

   Die Utility-Klasse `LocateRegistry` stellt eine Reihe überladener Varianten der
   statischen Methode `getRegistry` bereit, in denen man etwa den Port explizit
   angeben kann, auf dem die RMI–Registry laufen soll, oder den Rechnername. Die
   Angabe des Rechnernamens ist allerdings nur sinnvoll, wenn die Registry nicht
   zum Registrieren, sondern nur zum Finden eines Servers benötigt wird, da ja ein
   Server nur bei seiner lokalen Registry angemeldet werden kann.

2. Wenn die RMI–Registry noch nicht läuft, kann sie wie folgt programmatisch gestartet werden:

   ```
   Registry registry = LocateRegistry.createRegistry(
                         Registry.REGISTRY_PORT);
   ```

   Dabei bezeichnet die Konstante `Registry.REGISTRY_PORT` den Defaultport 1099.
   Natürlich kann die RMI–Registry auch auf einem anderen Port gestartet werden.

   Eine programmatisch erzeugte RMI–Registry hat dieselbe Lebensdauer wie die
   virtuelle Maschine, aus der heraus sie gestartet wurde. Nach Beendigung des Programms ist auch die RMI–Registry beendet.

Sobald also eine Referenz auf die RMI–Registry besorgt ist, kann das Serverobjekt registriert werden, und zwar mit einem Aufruf der Methode `rebind` an der RMI–Registry:

```
registry.rebind("ChatModel", stub);
```

unter der Annahme, dass `stub` das zuvor exportierte Serverobjekt bezeichnet. Die Methode `rebind` hat dieselbe Bedeutung wie die Methode `bind`, außer dass bei einem
`rebind`–Aufruf ein eventuell zuvor unter demselben Namen registriertes Serverobjekt
überschrieben wird.

Schauen wir uns nun den Ablauf der Schritte *Erzeugen*, *Exportieren* und *Registrieren*
am Beispiel der Chat–Anwendung an.

In der modellseitigen Fabrik vom Typ `RMIModelFactory` wird die `createModelServer`-
Methode dazu verwendet, ein Serverobjekt zu erzeugen, zu exportieren und zu registrieren, das den serverseitigen Kommunikationsendpunkt des Kanals von Sicht und Steuerung zum Modell darstellt. Diese Methode enthält alle der oben besprochenen Schritte.
Sie startet außerdem die RMI–Registry programmatisch.

```
package chat.rmi;

import java.rmi.registry.*;
import java.rmi.server.UnicastRemoteObject;

import chat.*;

public class RMIModelFactory implements IModelCommFactory {
  public void createModelServer(IChatModelClient model)
                                        throws Exception {
    IRemoteChatModel obj = new RMIModelServer(model);
    IRemoteChatModel stub = (IRemoteChatModel)
                  UnicastRemoteObject.exportObject(obj, 0);

    Registry registry = LocateRegistry.createRegistry(
                              Registry.REGISTRY_PORT);
    registry.rebind("ChatModel", stub);
  }
}
```

Die sichtseitige Fabrik vom Typ `RMIViewFactory` enthält mit der `createViewServer`-Methode ebenfalls eine Methode, die den Ablauf beim Erzeugen und Exportieren eines Serverobjekts demonstriert. Da dieses Fabrik aber gleichzeitig mit der `getModelClient`-Methode ein Beispiel für den klientenseitigen Umgang mit Java RMI zeigt, besprechen wir diese Fabrik erst im folgenden Abschnitt.

6.5   Java RMI aus Klientensicht

Aus Klientensicht besteht RMI–Kommunikation aus zwei Phasen:

1. *Beschaffen der entfernten Objektreferenz.* Wie wir bereits in den Abschnitten 6.2 und 6.3 gesehen haben, kann das entweder als Methodenergebnis oder aber durch Befragen der RMI–Registry geschehen.

2. *Methodenaufrufe am entfernten Serverobjekt.* Diese Methodenaufrufe sehen fast genauso aus wie lokale Methodenaufrufe. Der einzige Unterschied ist, dass jeder entfernte Methodenaufruf im Falle von Kommunikationsproblemen eine Ausnahme vom Typ `RemoteException` werfen kann.

In den folgenden Abschnitten schauen wir uns diese beiden Kommunikationsphasen im Detail an.

6.5.1   Beschaffen der entfernten Objektreferenz

In diesem Abschnitt beschränken wir uns auf das Befragen der RMI–Registry; wenn eine entfernte Objektreferenz als Ergebnis eines entfernten Methodenaufrufs zurückgeliefert wird, ist nichts weiter zu unternehmen.

In einem ersten Schritt muss der Klient sich eine Referenz auf die RMI–Registry besorgen, die auf der Servermaschine läuft. Dazu kann wiederum die statische Methode `getRegistry` der Utility–Klasse `LocateRegistry` verwendet werden. Im Gegensatz zur Serverseite ist es hier jedoch im allgemeinen notwendig, den Namen der Servermaschine anzugeben, es sei denn, dass Klient und Server auf derselben Maschine laufen. Sei `merkur.in.htwg-konstanz.de` der Name des Rechners, auf dem das RMI–Serverobjekt und damit auch die entfernte RMI–Registry läuft. Dann lautet der Aufruf zum Beschaffen einer Referenz auf die entfernte RMI–Registry wie folgt:

```
Registry registry = LocateRegistry.getRegistry(
                         "merkur.in.htwg-konstanz.de");
```

Nach diesem Schritt kann die RMI–Registry nach einer Referenz auf das gewünschte Serverobjekt gefragt werden:

```
IRemoteChatModel model = (IRemoteChatModel)
                         registry.lookup("ChatModel");
```

Man beachte, dass die `lookup`–Methode eine Referenz vom Typ `Remote` liefert. Da jedes RMI–Serverobjekt eine entfernte Schnittstelle implementieren muss, die `Remote` spezialisiert, kann es nach dem Substitutionsprinzip an Stelle eines `Remote`–Objekts eingesetzt werden. Da der Klient aber im allgemeinen die Methoden der speziellen Sub-Schnittstelle ausführen möchte, führt er am Ergebnis des `lookup`–Aufrufs eine Abwärts-konvertierung in den gewünschten Typ durch.

In unserer Chat–Anwendung werden die obigen Schritte zum Besorgen einer Referenz auf den modellseitigen Endpunkt des Kanals von Sicht und Steuerung zum Modell in der sichtseitigen Fabrik durchgeführt, genauer gesagt in der Methode `getModelClient`. Man beachte, dass die `getRegistry`–Methode ohne Parameter aufgerufen wird, was daran liegt, dass in unserer Beispielanwendung Server und Klient auf demselben Rechner laufen.

```
package chat.rmi;

import java.rmi.registry.*;
import java.rmi.server.UnicastRemoteObject;

import chat.*;


public class RMIViewFactory implements IViewCommFactory {
    private RMIModelClient modelClient;

    public void createViewServer(IChatViewClient view)
                                        throws Exception {
        IRemoteChatView obj = new RMIViewServer(view);
```

```
      IRemoteChatView  stub  =  (IRemoteChatView)
                      UnicastRemoteObject.exportObject(obj,  0);
      modelClient.setViewServer(stub);
   }

   public IChatModelClient getModelClient() throws Exception {
      Registry  registry  =  LocateRegistry.getRegistry();
      IRemoteChatModel remoteModel = (IRemoteChatModel)
                                 registry.lookup("ChatModel");
      modelClient = new RMIModelClient(remoteModel);
      return modelClient;
   }
}
```

Wie bereits in Abschnitt 6.4.3 erwähnt, enthält die Methode `createViewServer` der obigen Klasse `RMIViewFactory` die notwendigen Schritte zum Erzeugen und Exportieren eines weiteren RMI–Serverobjekts, und zwar eins vom Typ `RMIViewServer`, das den serverseitigen Endpunkt des Rückkanals vom Modell zur Sicht darstellt. Dieses Objekt wird allerdings nicht in der RMI–Registry angemeldet, da es als Übergabeparameter der Methode `login` von der Sicht an das Modell übertragen wird.

Wenden wir uns nun der Frage zu, wie ein entfernter Methodenaufruf aus Klientensicht durchgeführt wird.

6.5.2   Entfernte Methodenaufrufe

Sobald der Klient im Besitz einer entfernten Objektreferenz ist, kann er an dieser Referenz Methoden aufrufen, gerade so als ob es sich um eine lokale Objektreferenz handeln würde. Der einzige Unterschied besteht darin, dass ein entfernter Methodenaufruf eine Ausnahme vom Typ `RemoteException` werfen kann.

Wir schauen uns die entfernten Methodenaufrufe am RMI-Serverobjekt an, das den modellseitigen Endpunkt des Kanals von Sicht und Steuerung zum Modell repräsentiert. Diese entfernten Aufrufe werden in der nachfolgenden Klasse `RMIModelClient` durchgeführt. Ein `RMIModelClient`–Objekt bekommt eine entfernte Referenz auf ein `IRemoteChatModel`–Objekt bei der Erzeugung übergeben. Das `RMIModelClient`–Objekt bietet selbst die Methoden `login`, `getNames`, `utterComment` und `logout` an und delegiert ihre Aufrufe weiter an entfernte Methodenaufrufe an der `IRemoteChatModel`–Referenz.

```
package chat.rmi;

import chat.*;

public class RMIModelClient implements IChatModelClient {
   private IRemoteChatModel model;
   private IRemoteChatView stub;
```

```java
public RMIModelClient(IRemoteChatModel model) {
  this.model = model;
}

public void setViewServer(IRemoteChatView stub) {
  this.stub = stub;
}

public String[] getNames() throws Exception {
  return model.getNames();
}

public boolean login(String name, IChatViewClient client)
                                        throws Exception {
  return model.login(name, stub);
}

public void logout(String name) throws Exception {
  model.logout(name);
}

public void utterComment(Contribution contribution)
                                        throws Exception {
  model.utterComment(contribution);
}
}
```

Für den Rückkanal vom Modell zur Sicht repräsentiert ein RMI–Serverobjekt vom Typ `RMIViewServer` den serverseitigen Endpunkt, so wie wir das in Abschnitt 6.4.2 gesehen haben. Die entfernten Methodenaufrufe an diesem RMI–Serverobjekt werden direkt im Modell – einem Objekt der Klasse `ChatModel` – durchgeführt. Die Klasse `ChatModel` als Teil des Frameworks bekommt die entfernte Objektreferenz als Parameter der `login`-Methode übergeben; das Modell führt an dieser Referenz entfernte Methodenaufrufe durch, *ohne zu wissen, dass es sich um entfernte Aufrufe handelt*. Diese Tatsache zeigt eindringlich, dass entfernte Methodenaufrufe ein großes Maß an Verteilungstransparenz bieten.

Nun fehlen uns nur noch die beiden Hauptklassen `RMIChatModel` und `RMIChatView`, um die RMI–Variante der Chat-Anwendung zu vervollständigen. Wir stellen diese beiden Klassen im nächsten Abschnitt vor.

6.6   Integration in die Chat–Applikation

Zu guter Letzt benötigen wir nur noch die beiden RMI–spezifischen Hauptklassen, eine für das Modell, die andere für Sicht und Steuerung, um eine vollständige, auf RMI-basierte Lösung der Chat-Anwendung zu erhalten.

Analog zu den vorherigen UDP– und TCP–basierten Lösungen definieren wir dazu
zwei kurze Hauptklassen, in denen ein Chat–Modell beziehungsweise eine Chat–Sicht
erzeugt und dabei mit geeigneten, RMI–spezifischen Fabrikobjekten gefüttert werden.
Anschließend werden das Chat–Modell und die Chat–Sicht mit Hilfe ihrer **run**–Methode
ausgeführt. Die Klasse `RMIChatModel` sieht wie folgt aus:

```
package chat.rmi;

import chat.ChatModel;

public class RMIChatModel  {
  public static void main(String[] args) {
    new ChatModel(new RMIModelFactory()).run();
  }
}
```

Analog sieht die Hauptklasse auf der Sichtseite, die Klasse `RMIChatView`, wie folgt aus:

```
package chat.rmi;

import chat.ChatView;

public  class RMIChatView  {
  public static void main(String[] args) {
    new ChatView(new RMIViewFactory()).run();
  }
}
```

6.7   Objektmigration

Wie wir in Abschnitt 6.2 gesehen haben, gibt es in Java RMI zwei verschiedene Arten, Objekte als Parameter oder Methodenergebnisse zu übertragen: Java–RMI–Serverobjekte werden per Referenz übergeben, während alle anderen Objekte in serialisierter
Form komplett übertragen werden.

Es gibt jedoch auch die Möglichkeit, ein RMI–Serverobjekt serialisiert zu übertragen,
das heißt mit einer Call-by-Value–Semantik zu übergeben. Und zwar geschieht das immer, wenn das Serverobjekt noch nicht exportiert wurde oder wenn es nach dem Export
wieder explizit *deexportiert* wurde. Zum Zwecke des Deexportierens stellt die Klasse
`UnicastRemoteObject` die Methode `unexportObject` bereit, die zwei Parameter erwartet:

1. das zu deexportierende Serverobjekt;

2. eine boolscher Parameter `force`, der angibt, ob das Objekt auf jeden Fall deexportiert werden soll (falls `force` den Wert `true` hat), oder nur dann, wenn gerade
   keine entfernten Methodenaufrufe bearbeitet werden oder anhängig sind.

Ein zuvor exportiertes Serverobjekt `obj` wird damit wie folgt deexportiert, und zwar unabhängig davon, ob gerade ein entfernter Methodenaufruf bearbeitet wird oder anhängig ist:

```
boolean success =
        UnicastRemoteObject.unexportObject(obj, true);
```

Das boolsche Methodenergebnis gibt an, ob die Deexport–Methode erfolgreich durchgeführt wurde oder nicht.

Nach dem Deexport ist das Serverobjekt nicht mehr in der Lage, eingehende Methodenaufrufe anzunehmen. Wenn das Objekt nun als Parameter oder als Methodenergebnis übergeben wird, wird eine Kopie in serialisierter Form übertragen. Dazu ist es allerdings notwendig, dass das Objekt auch tatsächlich serialisierbar ist, anderenfalls liefert der Methodenaufruf einen Serialisierungsfehler.

Wenn das so von einem auf einen anderen Rechner übertragene Objekt auf dem Zielrechner verbleiben und dort als RMI–Serverobjekt fungieren soll, dann muss es dort mit einem `exportObject`–Aufruf der Klasse `UnicastRemoteObject` erneut exportiert werden. Es sitzt nun solange auf diesem Rechner fest, bis es erneut deexportiert und verschifft wird.

Das Versenden eines deexportierten RMI–Serverobjekt hat nicht automatisch zur Folge, dass das Objekt auf dem Ursprungsrechner gelöscht wird. Der Empfänger bekommt eine identische Kopie zugeschickt, der Sender kann nun selbst entscheiden, ob er das Objekt bei sich erneut exportieren und damit für neue entfernte Anfragen bereitstellen will, oder ob er es löschen möchte. Im ersten Fall wird die zuvor einfach vorhandene Serverfunktionalität dupliziert, im letzteren Fall wird sie von einem auf einen anderen Rechner migriert. Das kann sinnvoll sein, um beispielsweise eine dynamische Lastverteilung durchzuführen, oder um auf Basis von Java RMI recht einfach ein *Mobiles-Agenten-System* zu realisieren.

6.8   Dynamisches Aktivieren des Serverobjekts

Neben der Möglichkeit, ein RMI–Serverobjekt ständig laufen zu lassen, so dass es auf einkommende Methodenaufrufe hören kann, gibt es außerdem die Option, das Serverobjekt *erst bei Bedarf* dynamisch zu starten und nach Abarbeitung eines oder mehrerer Methodenaufrufe wieder zu beenden.

Diese Technik erfordert ein anderes Vorgehen auf der Serverseite. Für die Klientenseite ist es transparent, ob ein Serverobjekt ständig läuft oder ob es erst bei Bedarf gestartet wird. Auf der Klientenseite ändert sich also bei der Verwendung dynamisch aktivierter Serverobjekte nichts.

Das Vorgehen zum Erstellen eines aktivierbaren Serverobjekts unterscheidet sich in einigen Punkten vom Erstellen eines ständig laufenden Serverobjekts. Betrachten wir nun die einzelnen Schritte im Detail:

1. *Erstellen einer entfernten Schnittstelle*: Daran ändert sich nichts, die entfernte

Schnittstelle, beispielsweise `MyRemoteIF`, muss weiterhin die vorgegebene Schnittstelle `java.rmi.Remote` erweitern.

2. *Erstellen einer Serverimplementierung:* Da aktivierbare Serverobjekte bei Bedarf vom sogenannten *Activation Daemon* automatisch instantiiert werden, ist es notwendig, das Exportieren des Serverobjekts direkt in den Konstruktor der Serverimplementierung aufzunehmen. Hierzu gibt es, ähnlich wie beim Exportieren mit Hilfe der Klasse `UnicastRemoteObject` zwei Möglichkeiten:

   (a) Die Serverimplementierung, beispielsweise `MyImplementation`, erweitert die vorgegebene Klasse `Activatable` des Pakets `java.rmi.activation`. In diesem Fall benötigt die Klasse `MyImplementation` einen Konstruktor mit zwei Parametern, wie folgt:

```java
public MyImplementation(ActivationID id,
                        MarshalledObject data)
                            throws RemoteException {
    super(id, 0);
}
```

   (b) Die Serverimplementierung erbt *nicht* von `Activatable`, sondern verwendet in ihrem Konstruktor die statische Methode `exportObject` der Klasse `Activatable`:

```java
public MyImplementation(ActivationID id,
                        MarshalledObject data)
                            throws RemoteException {
    Activatable.exportObject(this, id, 0);
}
```

3. *Registrieren des aktivierbaren Serverobjekts:* Das folgende Code–Listing dient als Beispiel zum Registrieren eines aktivierbaren Serverobjekts. Es wird weiter unten erklärt.

```java
System.setSecurityManager(new RMISecurityManager());

ActivationGroupDesc.CommandEnvironment ace = null;
ActivationGroupDesc groupDesc =
        new ActivationGroupDesc(new Properties(), ace);
ActivationGroupID id =
    ActivationGroup.getSystem().registerGroup(groupDesc);

String location = "file:/home/workspace/bin/";
ActivationDesc desc = new ActivationDesc(id,
        "mypackage.MyImplementation", location, null);

MyRemoteIF server = (MyRemoteIF)
                        Activatable.register(desc);
```

```
Registry registry = LocateRegistry.getRegistry();
registry.rebind("MyServer", server);
```

Zuerst wird in der Setup–Klasse ein Sicherheitsmanager gesetzt, siehe Abschnitt 3.4.

Danach wird eine sogenannte Aktivierungsgruppe erzeugt. Das hat den Hintergrund, dass aktivierbare Serverobjekte immer in Gruppen organisiert sind, die gemeinsam gestartet und auch beendet werden können.

Anschließend wird eine Aktivierungsbeschreibung erzeugt und ihr mitgeteilt, welche Klasse dynamisch instantiiert werden soll – im Beispiel ist das die Klasse `mypackage.MyImplementation` – und wo die virtuelle Javamaschine die Klassendatei findet (`/home/workspace/bin`). Im Beispiel ist herfür eine file–URL verwendet, in einem kommerziellen System wird die Klassendatei auf einem HTTP–Server liegen.

Schließlich wird die Aktivierungsbeschreibung bei der RMI–Registry registriert, so dass nun das aktivierbare Serverobjekt bei Bedarf dynamisch gestartet werden kann.

4. *Starten der RMI–Registry und des Activation Daemons:* Im letzten Schritt müssen die RMI–Registry und der Activation Daemon gestartet werden. Bei einem aktivierbaren Serverobjekt ist es nicht sinnvoll, die RMI–Registry programmatisch zu starten, da das Serverprogramm sich nach dem Registrieren des aktivierbaren Objekts ja wieder beendet und damit auch die RMI–Registry beendet wäre. In diesem Fall muss die RMI–Registry also aus der Kommandozeile gestartet werden.

   Ebenfalls aus der Kommandozeile wird der Activation Daemon `rmid` gestartet. Dem Activation Daemon müssen geeignete Sicherheitsrichtlinien mitgegeben werden, etwa in Form der in Abschnitt 3.4 vorgestellten Datei `all.policy`:

   ```
   $ rmid -J-Djava.security.policy=all.policy
   ```

6.9   Zusammenfassung

Java Remote Method Invocation (RMI) ist die Übertragung der RPC–Idee auf die objektorientierte Programmierung mit Java. Dabei kommunizieren Klient und Server über sogenannte entfernte Methodenaufrufe miteinander.

Java RMI wird ermöglicht durch eine Schichtenarchitektur, in der der Klient seine Methodenaufrufe an einen lokalen Serverstub (Serverproxy) richtet, der dann für den Klienten transparent mit dem entfernten Serverskeleton kommuniziert, das wiederum den Aufruf weiterleitet an das eigentliche Serverobjekt. Die Methodenparameter und das Methodenergebnis werden in serialisierter Form vom Klienten zum Server und zurück übertragen. Der Übergabemechanismus für einen Objektparameter hängt davon ab, ob es sich um ein RMI–Serverobjekt handelt oder nicht. Im ersten Fall wird nur der Serverstub übertragen, im letzteren Fall wird das gesammte Objekt serialisiert und übertragen.

Neben der Möglichkeit, eine entfernte Objektreferenz als Methodenparameter oder als Methodenergebnis zu erhalten, gibt es die RMI–Registry, bei der Klienten nach Serverobjekten nachfragen können, die dort unter einem bestimmten Namen vorher registriert wurden. Die RMI–Registry muss dazu auf demselben Rechner laufen wie das RMI–Serverobjekt.

Das Bereitstellen eines entfernten Serverobjektes besteht aus den folgenden Schritten:

- Definition einer geeigneten entfernten Schnittstelle;

- Implementieren der Schnittstelle;

- Erzeugen und Exportieren eines Serverobjekts;

- Gegebenenfalls Registrieren des Serverobjekts bei der RMI-Registry.

Aus Klientensicht besteht RMI–Kommunikation aus zwei Schritten:

- Besorgen einer entfernten Objektreferenz;

- Aufruf der entfernten Methoden.

Auch RMI–Serverobjekte können als Methodenparameter oder –ergebnis serialisiert und verschickt werden. Dazu müssen sie entweder noch nicht exportiert sein oder aber explizit deexportiert werden. Nach dem Empfangen können sie dann erneut exportiert werden, so dass sie auf dem Zielrechner als RMI–Serverobjekt zur Verfügung stehen. Auf diese Art kann ein RMI–Serverobjekt von einem Rechner zu einem anderen migrieren.

Schließlich können Serverobjekte auch erst bei Bedarf aktiviert werden. Dazu registriert man statt des Serverobjekts eine Aktivierungsbeschreibung bei der RMI–Registry, die angibt, welche Klasse bei Bedarf instantiiert werden soll. Die dynamische Instantiierung führt dann der Activation Daemon `rmid` durch.

6.10   Übungsaufgaben

Aufgabe 6.1

Erfüllt Java RMI die Transparenzaspekte *Ortstransparenz*, *Migrationstransparenz*, *Relokationstransparenz*, *Nebenläufigkeitstransparenz* und *Fehlertransparenz*?

Aufgabe 6.2

Gegeben ist die folgende Java-RMI-Schnittstelle:

```
public interface RMIReceiver extends Remote {
  public void receiveMessage(String  message)
                               throws RemoteException;
}
```

- Implementieren Sie diese Schnittstelle mit Hilfe der Java-Klasse `RMIReceiver-Impl` so, dass die Methode `receiveMessage` die Nachricht `message` auf dem Bildschirm ausgibt. Melden Sie eine Instanz der Klasse `RMIReceiverImpl` bei der RMI-Registry an.

- Implementieren Sie weiterhin eine Klasse `RMISender`, die sich die entfernte Objektreferenz von der RMI-Registry holt und dann in einer Schleife jeweils eine Textzeile von der Tastatur einliest und mit dieser die entfernte Methode `receiveMessage` aufruft.

6.11 Weiterführende Literatur

- J.R. Jackson, A.L. McClellan. *Java by Example*. SunSoft Press, ISBN 0135657636, 1996.

- J. Couch. *Java 2 Networking*. McGraw Hill, 1999, ISBN 0071348131.

- P. Sridharan. *Advanced Java Networking*. Prentice Hall, 1997, ISBN 0137491360.

7   CORBA

Die *Common Object Request Broker Architecture CORBA* ist eine Spezifikation der *Object Management Group OMG*. Die OMG ist ein Industriekonsortium, das 1989 gegründet wurde und das das Ziel hat, durch die Definition von Industriestandards den Einsatz objektorientierter Software zu fördern. Neben CORBA hat die OMG beispielsweise die *Unified Modeling Language (UML)* und die *Model Driven Architecture (MDA)* standardisiert.

Mit CORBA hat sich damit quasi die gesamte Software-Industrie auf eine gemeinsame Definition eines *verteilten* Objektmodells geeinigt. CORBA unterstützt die Kooperation verteilter Anwendungen über sprachunabhängige Methodenfernaufrufe und ist für nahezu alle verfügbaren Plattformen erhältlich. Insbesondere enthält Java seit der Version *Java 2* bereits eine voll funktionstüchtige CORBA–Implementierung, die wir auch für die Beispiele in diesem Buch verwenden.

Die Sprachunabhängigkeit von CORBA bedeutet, dass die einzelnen Komponenten einer verteilten Anwendung, die sog. *CORBA-Objekte*, in beliebigen Sprachen implementiert sein können. Die Implementierungssprache eines Server-Objektes ist für den Klienten transparent. Um die Schnittstelle eines Servers *sprachunabhängig* definieren zu können, hat die OMG die *Interface Definition Language IDL* eingeführt. Diese stark an C++ angelehnte Sprache ist eine reine Spezifikationssprache; die eigentliche Implementierung eines Objektes geschieht immer in einer Programmiersprache wie etwa C, C++ oder Java.

CORBA ermöglicht durch die Verwendung von sogenannten *Interoperable Object References (IORs)* Kommunikation zwischen Objekten, die auf verschiedenen CORBA-Implementierungen laufen. Diesen global eindeutigen Bezeichnern kann man – im Gegensatz zu RMI-URLs – nicht ansehen, auf welchem Rechner das betreffende Objekt residiert.

7.1   Object Management Architecture

Grundlage für die CORBA-Spezifikation ist die sogenannte *Object Management Architecture (OMA)*, siehe Abbildung 7.1.

Die Object Management Architecture besteht aus fünf Komponenten:

- Der *Object Request Broker ORB* stellt den Mittelpunkt der OMA dar. Er ermöglicht es, dass Objekte in einer verteilten heterogenen Umgebung miteinander kommunizieren. Die Objekte können sich auf beliebigen Rechnern im Netzwerk befinden. Ein Klient muss nicht wissen, wo sich ein Server befindet, wie ein Methoden-

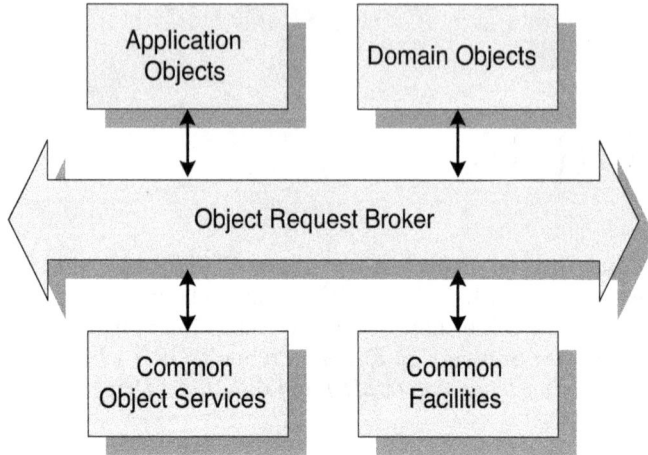

Abb. 7.1: *Object Management Architecture (OMA) der OMG, bestehend aus dem* Object Request Broker (ORB), *den* Common Object Services (COS), *den* Common Facilities, *den* Domain Objects *und den* Application Objects.

aufruf zu ihm transportiert wird oder in welcher Programmiersprache der Server implementiert ist.

- Die *Common Object Services COS* bieten Funktionalitäten an, die über den reinen Transport der Methodenaufrufe hinausgehen und die gleichzeitig generell genug sind, um von sehr vielen Applikationen verwendet werden zu können. Einige wichtige CO-Services sind etwa:

  – der *Naming Service* (siehe Abschnitt 7.4.1),

  – der *Trading Service* (siehe Abschnitt 7.4.2) und

  – der *Event Service.*

- Die *Common Facilities* bieten Dienste an, die auf den Common Object Services aufbauen und in ihrer Funktionalität über sie hinausgehen. Die Dienste der Common Facilities sind weniger allgemein als die Common Services, dafür erledigen sie komplexere Aufgaben. Die Common Facilities sind in die folgende Bereiche untergliedert:

  – Informationsmanagement

  – Benutzerschnittstellen

  – Systemmanagement

  – Taskmanagement

- Die *Domain Objects* stellen die nächste Abstraktionsstufe nach den Common Object Services und den Common Facilities dar. Sie sind auf einen bestimmten Anwendungsbereich zugeschnitten, etwa Telekommunikation, Bankwesen oder Medizin.

- Die *Application Objects* stellen die eigentlichen verteilten Applikationen dar. Sie kommunizieren miteinander und mit den anderen OMA-Komponenten über den ORB. Für ihre Realisierung verwenden sie die Common Object Services, die Common Facilities sowie die Domain Objects. Die Application Objects sind nicht selbst Teil der Standardisierung.

7.2 Interface Definition Language (IDL)

Die Corba Interface Definition Language stellt die Spezifikationssprache dar, in der die Schnittstelle eines CORBA–Serverobjekts beschrieben wird. Die Sprachmächtigkeit der IDL bestimmt dabei implizit das Objektmodell von CORBA.

Für jede von CORBA unterstützte Programmiersprache gibt es eigene Abbildungsregeln, die die IDL–Konstrukte in die jeweilige Sprache abbilden. Derzeit gibt es Abbildungsregeln, sogenannte *Mappings*, für die Sprachen ADA, C, C++, COBOL, Java, Lisp, PL/I, Python, Smalltalk und XML. Nach diesen Abbildungsregeln erzeugt ein IDL–Compiler Stubs und Skeletons in der benötigten Programmiersprache. Wir stellen hier die Abbildungsregeln von IDL nach Java vor. Diese Abbildung ist deshalb nicht trivial, weil CORBA IDL in zweierlei Hinsicht mächtiger ist als Java:

- CORBA IDL kennt mehr Typkonstruktoren als Java, z.B. Aufzählungstypen und Strukturen.

- Mit CORBA IDL kann man – im Gegensatz zu Java – explizit die Übergabemechanismen der Parameter spezifizieren, d.h. CORBA IDL unterscheidet Eingabe-, Ausgabe- und Ein/Ausgabe-Parameter.

Wir geben in den folgenden Abschnitten die wichtigsten Aspekte der Syntax und der Semantik der CORBA–IDL an; die Semantik beschreiben wir zum einen verbal, zum anderen anhand der Abbildungsregeln von IDL nach Java. Bezüglich der Reihenfolge der vorgestellten Konzepte haben wir uns für ein *Top-Down-Vorgehen* entschieden, beginnend mit dem komplexesten Konstrukt, dem Modul, bis hin zu den grundlegendsten Sprachkonstrukten. Dieses Vorgehen hat zwar den Nachteil, dass man viele Vorwärtsreferenzen benötigt – die Konstrukte, die beispielsweise ein Modul enthalten kann, sind bei der Einführung des Modulbegriffs noch nicht bekannt –, dafür gibt es aber von Anfang an einen roten Faden, und es ist viel einfacher zu verstehen, wofür die einzelnen Konzepte benötigt werden.

Um im folgenden CORBA–IDL von Java gut unterscheiden zu können, notieren wir Java-Konstrukte weiterhin in `Schreibmaschinenschrift`, während wir für IDL-Konstrukte eine Sans-Serifen-Schrift verwenden. Außerdem verwenden wir an vielen Stellen

Code–Kommentare, um zusätzlich anzugeben, ob es sich um eine IDL–Definition oder um Java handelt. Eine Kommentarzeile wird in IDL übrigens genauso eingeleitet wie in Java, nämlich mit einem doppelten Slash //:

```
// this is a comment line in CORBA-IDL
```

7.2.1   Module

Auf oberster Ebene besteht eine IDL-Spezifikation aus einem Modul (module). Module bilden Namensräume für die Elemente, die sie enthalten. Das sind

- *Schnittstellen* (Abschnitt 7.2.2),

- *Konstanten* (Abschnitt 7.2.5),

- *Typdeklarationen* (Abschnitt 7.2.6),

- *Value Types* (abschnitt 7.2.7),

- *Ausnahmen* (Abschnitt 7.2.8) und

- wiederum Module.

Module können also hierarchisch geschachtelt werden, wie beispielsweise in der folgenden bruchstückhaften IDL–Spezifikation:

```
// IDL

module outer {
  module inner {
    ...
    <Element>;
    ...
  };
};
```

CORBA verwendet die Notation outer::inner::Element für den absoluten Namen des Elements Element, das Teil des inneren Moduls inner ist, das wiederum im Modul outer enthalten ist.

Ein IDL–Modul outer::inner wird auf ein gleichnamiges Java-Paket outer.inner abgebildet:

```
// Java

package outer.inner;
...
<Element>;
...
```

7.2.2 Schnittstellen

Ebenso wie eine entfernte Schnittstelle in Java RMI bestimmt eine IDL–Schnittstelle das Verhalten eines CORBA–Serverobjekts beziehungsweise einer Klasse von CORBA–Serverobjekten. Schnittstellen sind damit das zentrale Konzept einer IDL Spezifikation.

Eine IDL–Schnittstelle (interface) entspricht einer Java-Schnittstelle (interface). Eine Schnittstelle kann enthalten:

- *Operationen* (Abschnitt 7.2.3)

- *Attribute* (Abschnitt 7.2.4)

- *Konstanten* (Abschnitt 7.2.5)

- *Typdeklarationen* (Abschnitt 7.2.6)

- *Ausnahmen* (Abschnitt 7.2.8)

Eine IDL-Schnittstelle kann von einer oder mehreren anderen Schnittstellen erben. Die Spezifikation

```
// IDL

interface C:A, B {
  ...
  <Element>;
  ...
};
```

beispielsweise bedeutet, dass die Schnittstelle C von den Schnittstellen A und B erbt; die Schnittstellen A und B sind die *direkten Basisschnittstellen* von C. Erbt A oder B selbst von einer anderen Schnittstelle D, so ist D eine *indirekte Basisschnittstelle* von C. Die Schnittstelle C erbt alle Eigenschaften ihrer Basisschnittstellen, kann diese verfeinern und neue Eigenschaften hinzufügen.

CORBA IDL unterstützt also *Mehrfachvererbung*. Da IDL-Schnittstellen nicht auf Java-*Klassen* abgebildet werden, sondern auf Java-*Schnittstellen*, stellt das kein Problem dar; Java-*Schnittstellen* unterstützen ebenfalls Mehrfachvererbung.

Aus technischen Gründen, die hier nicht relevant sind, wird jede IDL–Schnittstelle auf zwei Java–Schnittstellen abgebildet, eine sogenannte *Signaturschnittstelle*, die denselben Namen trägt wie die IDL–Schnittstelle, und eine *Operationenschnittstelle*, die den Namenszusatz Operations bekommt. Die Operationenschnittstelle enthält die nach Java abgebildeten Elemente, die in der IDL–Schnittstelle definiert sind; die Signaturschnittstelle erweitert die Operationenschnittstelle und die vorgegebene Schnittstelle org.omg.CORBA.Object (siehe unten), enthält aber selbst keine weiteren Elemente.

Die obige IDL–Spezifikation wird damit in Java abgebildet auf die beiden folgenden Schnittstellen:

```
// Java

public interface COperations extends A, B {
  ...
  <Element>;
  ...
}
```

```
// Java

public interface C extends COperations,
                    org.omg.CORBA.Object  {}
```

Ähnlich wie es in Java die Klasse Object als gemeinsame Superklasse aller Klassen gibt, gibt es in CORBA die allgemeinste, leere Schnittstelle Object im Modul CORBA. Aufgrund des Substitutionsprinzips, das besagt, dass an die Stelle eines allgemeineren Objekts immer ein spezielleres Objekt treten kann, kann die Schnittstelle CORBA::Object als Parameter– oder Rückgabetyp verwendet werden, wenn der Typ der übergebenen Objekte nicht weiter eingeschränkt werden soll, siehe auch Abschnitt 7.2.3.

Die IDL–Schnittstelle CORBA::Object wird in Java auf die Signaturschnittstelle org.omg .CORBA.Object abgebildet. Jede CORBA-Schnittstelle erbt direkt (wenn sie keine andere Schnittstelle erweitert) oder indirekt (wenn sie eine andere Schnittstelle erweitert) von CORBA::Object.

7.2.3   Operationen

CORBA–IDL verwendet den Begriff *Operation* anstelle von *Methode* (Java) oder *Funktion* (C/C++).

Operationen werden in IDL ähnlich notiert wie Methoden in Java und Funktionen in C++. Da es sich bei der IDL um eine reine Spezifikationssprache zur Schnittstellenbeschreibung handelt, werden nur die Signaturen beschrieben; IDL erlaubt nicht, Operationsrümpfe zu definieren. Eine IDL–Operation besteht aus

- der optionalen Angabe des Schlüsselworts oneway,

- einem *Rückgabetyp*,

- einem *Operationsnamen*,

- einer *Liste von Parametern* und

- optional einer Liste möglicher Ausnahmen.

Die Angabe des Schlüsselworts oneway bedeutet, dass der Operationsaufruf kein Ergebnis liefert und der Klient ihn deshalb asynchron abschicken kann, ohne auf eine Antwort zu warten. Dazu ist es erforderlich, dass die Operation den Rückgabetyp void hat, keine Ausgabeparameter verwendet (siehe unten) und keine Ausnahmen wirft. Fehlt das Schlüsselwort oneway, dann wird die Operation synchron aufgerufen und der Klient wartet auf das Ergebnis.

Bei der Angabe der Parameterliste muss in CORBA–IDL für jeden Parameter der zu verwendende Übergabemechanismus angegeben werden. Dabei kann unterschieden werden, ob es sich um

- einen Eingabeparameter (spezifiziert durch das Schlüsselwort in),

- einen Ausgabeparameter (out), oder

- einen Ein-/Ausgabeparameter (inout)

handelt. Das folgende Beispiel zeigt die IDL–Deklaration einer Operation, die das ganzzahlige Ergebnis der Division zweier ganzer Zahlen zurückliefern soll und deren Ausgabeparameter mod nach erfolgter Ausführung zusätzlich den Rest der Division enthalten soll. Dazu nehmen wir den IDL–Basistyp long (siehe Abschnitt 7.2.6) vorweg, den wir als Parameter- und als Rückgabetyp benötigen:

```
// IDL

long divide(in long dividend, in long divisor, out long mod);
```

Als Parameter– und Rückgabetypen sind alle IDL–Typen erlaubt. Das umfasst

- alle Basistypen und alle konstruierten Typen (siehe Abschnitt 7.2.6),

- alle Objekttypen in Form von IDL–Schnittstellen (siehe Abschnitt 7.2.2),

- alle ValueTypes (siehe Abschnitt 7.2.7).

Der Rückgabetyp einer Operation kann außerdem void sein, um anzuzeigen, dass die Operation kein Ergebnis liefert.

Objekte als Instanzen von Schnittstellen werden in CORBA *immer als Referenz* übergeben. Die Semantik des Übergabemechanismus bezieht sich bei solchen Objekten also nicht auf das eigentliche Objekt, sondern auf die Objektreferenz. Bei einem Eingabeparameter kann die übergebene Objektreferenz nicht verändert werden, bei einem Ausgabe- und einem Ein-/Ausgabeparameter kann sie verändert werden.

Wenn statt einer Referenz ein komplettes Objekt als Wert übergeben werden soll, muss stattdessen ein sogenannter *ValueType* verwendet werden, siehe Abschnitt 7.2.7. Anders als bei Java RMI kann jedoch nicht ein und dasselbe Objekt wahlweise als Referenz oder als Wert übergeben werden. In CORBA muss sich der Entwickler bei der Erstellung der IDL–Spezifikation entscheiden, ob ein Objekttyp als Schnittstelle oder als ValueType definert werden soll. Die Art der Parameterübergabe ist damit für alle Instanzen der

Schnittstelle beziehungsweise des ValueTypes festgelegt und kann nicht geändert werden. Eine weitere Einschränkung, die die Sprachunabhängigkeit von CORBA mit sich bringt, ist, dass der Empfänger eines ValueType–Objekts selbst im Besitz der Operationen sein muss, die das ValueType–Objekt anbietet, da es beispielsweise nicht sinnvoll ist, einem C++–Klienten eine Objektimplementierung in Java zu schicken.

Jede IDL-Operation wird vom IDL-Compiler in eine Java-Methode übersetzt und der zugehörigen Operationenschnittstelle hinzugefügt.

Dabei besteht aber das Problem, dass in Java Parameter immer als Werte übergeben werden, so dass die out– und inout–Parameterübergabemechanismen nicht direkt unterstützt werden können. Um dem abzuhelfen, verwendet CORBA sogenannte *Behälterklassen*.

Behälterklassen

Behälterklassen sind dazu da, Rückgabeparameter, das heißt solche mit dem Modifizierer out oder inout, in ein umhüllendes Objekt einzupacken, dessen Referenz beim Methodenaufruf übergeben wird. Durch die zusätzliche Indirektion wird so eine Call-by-Reference–Semantik oberhalb von Javas Call-by-Value–Mechanismus simuliert.

Für jeden vordefinierten IDL-Typ BaseType gibt es eine Java–Behälterklasse (*Holder Class*) BaseTypeHolder in der CORBA-Klassenbibliothek org.omg.CORBA. Für jeden benutzerdefinierten Typen UserDefinedType wird eine passende Behälterklasse UserDefinedTypeHolder vom IDL-Compiler erzeugt. Eine Behälterklasse enthält:

- eine öffentliche Instanzvariable value, die den eingehüllten Wert enthält;

- einen Konstruktor, der der Variablen value einen initialen Wert zuweist;

- einen leeren, parameterlosen Konstruktor.

Die Behälter-KlasseIntHolder für int-Rückgabeparameter etwa sieht wie folgt aus:

```Java
// Java

final public class IntHolder {
  public int value;
  public IntHolder() {}
  public IntHolder(int initial) {
    value = initial;
  }
}
```

Behälterklassen sind lediglich ein technisches Hilfsmittel, das für das IDL–Java–Mapping benötigt wird. Sie sind kein Konzept der IDL und tauchen nirgends in einer IDL–Spezifikation auf.

7.2.4 Attribute

IDL-Schnittstellen können Attributdeklarationen enthalten. Ein Attribut ohne weitere Angabe kann gelesen und geschrieben werden. Durch Angabe des Modifizierers **read-only** kann den Nutzern der Schnittstelle das Schreibrecht auf dem betreffenden Attribut entzogen werden. Für ein beschreibbares Attribut werden in Java eine Lese- und eine Schreibmethode erzeugt, für **readonly**-Attribute nur eine Lesemethode. Die IDL–Deklarationen

```
// IDL

attribute short write_me;
readonly attribute long read_me_only;
```

werden in Java abgebildet auf die folgenden Methoden-Deklarationen:

```
// Java

public short write_me ();
public void write_me (short write_me);

public int read_me_only ();
```

7.2.5 Konstanten

Konstanten werden in IDL in C++-Notation deklariert. Sie können innerhalb einer Schnittstelle oder außerhalb jeder Schnittstelle definiert sein. Wie eine Konstante nach Java abgebildet wird, hängt davon ab, wo sie definiert ist. Die folgende IDL–Spezifikation definiert eine Konstante namens **magic_number** vom Typ **short** (siehe Abschnitt 7.2.6) innerhalb der Schnittstelle **myModule::MyInterface**:

```
// IDL

module myModule {
  interface MyInterface {
    const short magic_number = 42;
  };
};
```

Die obige Definition erzeugt in Java die folgende Operationenschnittstelle:

```
// Java

package myModule;

public interface MyInterfaceOperations {
  final public static short magic_number = (short) 42;
}
```

Die folgende IDL–Spezifikation definiert die gleiche Konstante außerhalb jeder Schnittstelle:

```
// IDL

module myModule {
  const short magic_number = 42;
};
```

Diese Definition führt dazu, dass der IDL–Compiler für die Konstante eine eigene Schnittstelle erzeugt, die wie folgt aussieht:

```
// Java

package myModule;

public interface magic_number {
  final public static short value = (short) 42;
}
```

7.2.6   Typdeklarationen

CORBA IDL definiert eine Reihe von Basistypen, sowie Typkonstruktoren für Aufzähltypen (enum), Strukturen (struct), Unions (union), Arrays und Sequenzen (sequence).

Basistypen

Ebenso wie in Java sind auch in CORBA–IDL die Formate der IDL-Basistypen genau definiert, um das eindeutige Ver- und Entpacken auf verschiedenen Rechnern zu ermöglichen. Die Abbildung dieser Typen auf Java-Basistypen ist recht einfach, weil sich beide Definitionen sehr ähnlich sind. Sie ist in Tabelle 7.1 dargestellt.

Der IDL-Typ char ist ein 8-Bit-Zeichen nach ISO 8859.1, ein wchar ein 16-Bit-UNICODE-Zeichen. In allen Fällen, in denen ein Wert nach der Abbildung von IDL nach Java oder umgekehrt nicht mehr darstellbar ist – etwa weil ein 4-Byte unsigned long in IDL größere Zahlen darstellen kann als der entsprechende 4-Byte (vorzeichenbehaftete) int in Java –, wird eine CORBA::DATA_CONVERSION-Ausnahme (siehe Abschnitt 7.2.8) geworfen. Man beachte außerdem, dass CORBA–IDL Basistypen für string und fixed enthält, die in Java auf die Klassen String und BigDecimal abgebildet werden.

Aufzähltypen

In CORBA–IDL können Aufzähltypen definiert werden, und zwar wie im folgenden Beispiel angegeben:

```
// IDL

enum Ranking { first , second , third };
```

Tabelle 7.1: Abbildung der IDL-Basistypen auf Java-Basistypen

IDL-Basistyp	Java-Basistyp
boolean	boolean
char	char
wchar	char
octet	byte
string	java.lang.String
wstring	java.lang.String
(unsigned) short	short
(unsigned) long	int
(unsigned) long long	long
float	float
double	double
fixed	java.math.BigDecimal

Java unterstützt zwar seit Version 5 auch Aufzähltypen, aber da die CORBA–IDL und die Abbildung auf Java älter sind als Java Version 5, wird der obige IDL–Aufzähltyp Ranking abgebildet auf eine gleichnamige Java–Klasse **Ranking**, die folgende öffentliche Komponenten enthält:

- für jeden Wert Value der Aufzählung eine Integerkonstante _Value. Für den Aufzähltyp Ranking sind das die Integerkonstanten **_first**, **_second** und **_third**;

- für jeden Wert Value der Aufzählung Ranking eine Instanz der Klasse **Ranking** mit dem Namen **Value**. Für den Aufzähltyp Ranking sind das die Instanzen **first**, **second** und **third**;

- eine Klassenmethode

  public static Ranking from_int(**int** value),

  die zu einem Integerwert die passende **Ranking**-Instanz liefert;

- eine Instanzmethode

  public int value(),

  die zu einer **Ranking**-Instanz den passenden Integerwert liefert.

Diese Abbildung entspricht auch der Technik, wie man in älteren Java–Versionen Aufzähltypen durch Klassen simuliert hat.

Nach Übersetzen des obigen Aufzähltyps Ranking nach Java ergibt beispielsweise der Aufruf

Ranking.second.value()

den Wert der Integerkonstanten **Ranking._second**, und umgekehrt liefert der Aufruf

```
Ranking.from_int(_second)
```

die Ranking-Instanz Ranking.second.

Strukturen

Die Syntax einer IDL-Struktur entspricht der Syntax einer Struktur in C++, zum Beispiel:

```
// IDL

struct Person {
  string name;
  short age;
};
```

Da es in Java keine Strukturen gibt, wird eine IDL–Struktur in Java auf eine Klasse abgebildet, die öffentliche Instanzvariablen für die einzelnen Komponenten enthält, sowie zwei Konstruktoren, einen der alle Instanzvariablen initialisiert und einen parameterlosen Konstruktor:

```
// Java

final public class Person {
  public String name;
  public short age;

  public Person() {}
  public Person(String name, short age) {
    this.name = name;
    this.age = age;
  }
}
```

Unions

Eine Union in IDL entspricht einem sogenannten *varianten Record* in Pascal. Unions enthalten einen Diskriminator, der entscheidet, welche Variante (engl. *Branch*) der Union Gültigkeit haben soll, sowie eine (möglicherweise komplexe) Komponente für jede Variante, beispielsweise:

```
// IDL

union UnionType switch (Ranking) {
  case first: long win;
  case second: short place;
  case third: octet show;
  default: boolean other;
};
```

Die obige Union Union Type wird in Java abgebildet auf eine Klasse, die folgende Komponenten enthält:

- einen Default–Konstruktor

  public UnionType()

- eine Zugriffsmethode auf den Diskriminator

  public Ranking discriminator()

- Für jede Variante eine Zugriffsmethode, die ihren Wert liefert, zum Beispiel

  public long win()

- Für jede Variante eine Methode zum Modifizieren ihres Wertes, zum Beispiel:

  public void win(**long** value)

Nach Übersetzung der obigen Union kann in Java eine Instanz der Klasse `UnionType` wie folgt erzeugt und initialisiert werden:

```
// Java

UnionType union = new UnionType();
union.place((short) 42);
```

Der Aufruf des Modifizierers `place()` hat zur Folge, dass automatisch der Diskriminator den Wert `second` erhält. Wenn nun in der Folge eine Zugriffsmethode für eine andere Variante als die mit dem Diskriminator `second` an der Variablen `union` aufgerufen wird, führt dies dazu, dass eine Ausnahme geworfen wird.

Arrays

Arrays in IDL haben eine feste Länge und werden auf Arrays in Java abgebildet. Zu beachten ist lediglich, dass in IDL Arrays mit einer typedef-Anweisung an einen Namen gebunden werden müssen, damit der entsprechende Typ als Parametertyp einer Operation verwendet werden kann. Die folgende Spezifikation definiert eine Konstante `length`, die die Länge des Arrays angibt, sowie einen neuen Typ chararray als Array mit Komponententyp char und Länge length:

```
// IDL

const short length = 10;
typedef char chararray[length];
```

Dieser neue Typ kann als Parametertyp für Operationen verwendet werden, wo er bei der Abbildung auf Java durch den Java–Typ `char[]` ersetzt wird. Wenn das Java–Array beim Verschicken in einer IDL-Operation nicht der angegeben Länge entspricht, wird eine entsprechende Ausnahme geworfen.

Sequenzen

In CORBA–IDL gibt es *gebundene* und *ungebundene Sequenzen*. Eine gebundene Sequenz hat eine vorgegebene Länge und entspricht damit einem IDL–Array. Eine ungebundene Sequenz kann eine beliebige Länge annehmen.

Auch Sequenzen werden in Java auf Arrays abgebildet. Analog zu Arrays müssen auch Sequenzen in IDL mit Hilfe einer typedef-Anweisung benannt werden, um als Parametertyp einer Operation verwendet werden zu können, beispielsweise:

```
// IDL

const short length = 47;
typedef sequence<boolean, length> BoundedSeq;
typedef sequence<short> UnboundedSeq;
```

Wenn ein Java–Array, das einer gebundene Sequenz entspricht, beim Verschicken in einer IDL–Operation nicht die angegeben Länge besitzt, wird eine Ausnahme geworfen.

7.2.7   ValueTypes

ValueTypes erlauben es, Objekttypen zu deklarieren, deren Instanzen nicht als Referenz, sondern als Wert übergeben werden. In CORBA wird diese Art der Wertübergabe von Objekten auch *Object–By–Value (OBV)* genannt. Ein ValueType wird notiert wie eine IDL–Struktur, die neben Attributen auch Operationen enthalten kann:

```
// IDL

valuetype Circle {
  private double radius;
  double getCircumference();
};
```

Ein IDL–ValueType MyValueType wird abgebildet auf eine abstrakte Java-Klasse desselben Namens, die die benötigten Attribute und Methoden enthält, und eine Fabrikschnittstelle mit Namen MyValueTypeValueFactory, die als abstrakte Fabrik zur Erzeugung einer Instanz des Types MyValueType dient:

```
// Java

public abstract class Circle {
  protected double radius;
  public abstract double getCircumference();
}

public interface CircleValueFactory {
  Circle createCircle(double radius);
}
```

7.2.8   Ausnahmen

Ausnahmen werden in IDL genauso definiert wie Strukturen, außer dass das Schlüsselwort struct ersetzt wird durch exception, zum Beispiel:

```
// IDL

exception TooManyDesires {
  long  max_desires;
  long  num_desires_submitted;
}
```

Eine IDL-Ausnahme wird in eine Java-Klasse übersetzt, die für jede Komponente der IDL-Ausnahme eine entsprechende öffentliche Instanzvariable, sowie zwei Konstruktoren – einen Defaultkonstruktor und einen, der alle Variablen initialisiert – besitzt. Die Java-Ausnahme wird als Subtyp der Klasse org.omg.CORBA.UserException erzeugt, die wiederum ein Subtyp der Java-Exception-Klasse ist.

Eine IDL–Operation, die eine Ausnahme werfen kann, gibt die Typen möglicher Ausnahmen in einer sogenannten raises–Klausel an:

```
// IDL

module xmas {
  interface Santa {
    typedef sequence<string> wishes;
    void sendWishlist(wishes myWishes) raises TooManyDesires;
  };
};
```

7.2.9   Helferklassen

Helferklassen (*Helper Classes*) sind, ebenso wie Behälterklassen, nicht Teil der CORBA–IDL, sondern existieren nur auf der Java–Seite der Abbildung von IDL nach Java. Sie enthalten Funktionalität, die das server- und auch das klientenseitige Entwickeln von CORBA–Applikationen vereinfachen.

Zu jedem benutzerdefinierten IDL–Typ MyType erzeugt der IDL–Compiler eine Helferklasse mit dem Namen MyTypeHelper. Die für unsere Zwecke wichtigste Methode, die jede Helferklasse bereitstellt, ist die Methode **narrow**, die eine Objektreferenz vom Typ org.omg.CORBA.Object abwärtskonvertiert in eine Referenz vom Typ MyType. Das ist vor allem deshalb praktisch, weil – ähnlich wie die RMI–Registry – der CORBA *Naming Service* Objektreferenzen immer vom allgemeinsten Typ CORBA::Object zurückliefert, so dass diese erst in den tatsächlichen Typ abwärtskonvertiert werden müssen, siehe Abschnitt 7.4.1.

Das folgende Code-Fragment zeigt, wie eine Objektreferenz obj, die den statischen Typ org.omg.CORBA.Object und den Laufzeittyp MyType hat, mit Hilfe der **narrow**–Methode abwärtskonvertiert werden kann:

```
// Java

org.omg.CORBA.Object obj;
// assign MyType reference to obj
MyType narrowObj = MyTypeHelper.narrow(obj);
```

7.3 Object Request Broker

Nachdem wir nun gesehen haben, wie in CORBA mit Hilfe der Interface Definition Language IDL abstrakte Schnittstellen definiert werden können, schauen wir uns in diesem Abschnitt den Object Request Broker etwas genauer an. Der ORB ist zuständig für den transparenten Transport eines Methodenaufrufs vom Klienten zum Server und zurück. Die einzelnen Komponenten des ORB sind in Abbildung 7.2 dargestellt, ihr Zusammenspiel wird im Folgenden erklärt.

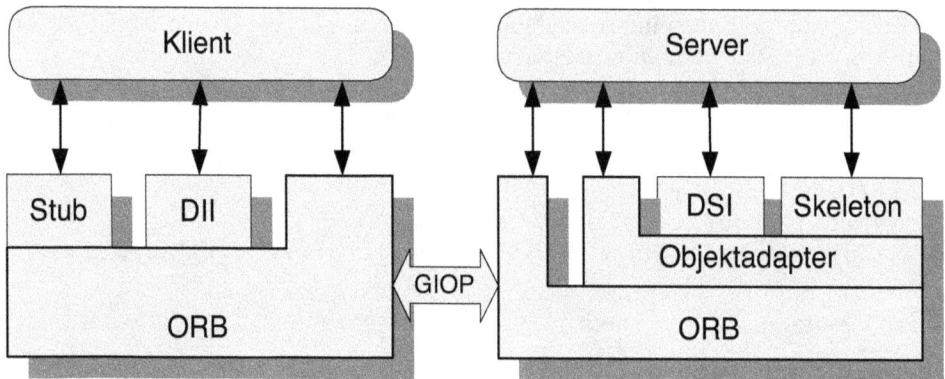

Abb. 7.2: *Architektur des CORBA Object Request Brokers ORB und Kommunikation zwischen zwei ORB–Instanzen.*

Wenn ein Klient eine entfernte Server-Methode aufruft, übernimmt der lokale Klientenstub das Verpacken (Marshalling) der Parameter und gibt den Aufruf an den lokalen ORB weiter, der auf der Klientenmaschine läuft.

Der Klientenstub muss dafür, ebenso wie das Serverskeleton, zuvor von einem IDL–Compiler erzeugt worden sein. Das übliche Vorgehen besteht darin, dass auf der Serverseite ein IDL-Compiler das Skeleton in der gewünschten Programmiersprache aus der IDL–Spezifikation generiert. Auf der Klientenseite liegt ebenfalls die IDL–Schnittstellenbeschreibung vor, so dass ein Klient den Stub in der von im gewünschten Programmiersprache ebenfalls mit Hilfe eines IDL–Compilers erzeugen kann.

Der ORB auf der Klientenseite ist dafür zuständig, das Serverobjekt zu lokalisieren. Wenn der Server auf derselben Maschine läuft wie der Klient, dann gibt der ORB den Aufruf weiter an den lokalen *Objektadapter*. Falls das nicht der Fall ist, das heißt wenn der Aufruf ORB-Grenzen überschreitet, wird der Aufruf an den serverseitigen ORB übergegeben, der ihn dann an seinen Objektadapter weiterleitet.

Für die Inter-ORB-Kommunikation wird ein Protokoll namens *General Inter-ORB Protocol (GIOP)* verwendet. Genauer gesagt bezeichnet GIOP eine ganze Familie von Protokollen, die sich dadurch unterscheiden, welches Transportprotokoll verwendet wird. GIOP über TCP/IP beispielsweise heißt *Internet Inter-ORB Protocol (IIOP)*; jeder CORBA-konforme ORB muss zumindest IIOP sprechen und verstehen.

Der Objektadapter ist unter anderem für die Aktivierung des Serverobjektes zuständig, falls dieses momentan nicht läuft; diese Möglichkeit ist vergleichbar mit der Technik der dynamischen Serveraktivierung in Java RMI, Abschnitt 6.8. Der Methodenaufruf wird vom Objektadapter an das Server-Skeleton weitergegeben, das die Parameter entpackt (Demarshalling) und die eigentliche Implementierung mit der Ausführung der Methode beauftragt. Die Rückgabe der Ergebnisse geschieht in umgekehrter Richtung analog.

Neben den bisher behandelten *statischen* Methodenaufrufen unterstützt CORBA auch *dynamische* Methodenaufrufe. Während bei einem statischen Aufruf der Klient zur Kompilierzeit die Schnittstellendefinition des Servers kennen muss, können mit Hilfe des *Dynamic Invocation Interface DII* Aufrufe zur Laufzeit konstruiert werden. Analog können auf der Serverseite über das *Dynamic Skeleton Interface DSI* beliebige Aufrufe ohne Kenntnis der Schnittstellenbeschreibung entgegengenommen werden. Die für den dynamischen Methodenaufruf benötigte Schnittstelleninformation können aus dem *Interface Repository* geholt werden. Eingetragen werden diese Informationen typischerweise von einem IDL-Compiler beim Übersetzen der Schnittstellen-Spezifikation. Der Umgang mit dynamischen Methodenaufrufen ist recht komplex und geht über den Inhalt dieses Buches hinaus; wir gehen deshalb nicht weiter auf diesen Mechanismus ein.

Wie man der Abbildung 7.2 außerdem entnehmen kann, haben sowohl Klient als auch Server die Möglichkeit, direkt auf den ORB zuzugreifen. Dahinter verbergen sich einige Basisoperationen, die der ORB den Applikationsobjekten zur Verfügung stellt, beispielsweise zum Auffinden der Common Object Services, die im nächsten Abschnitt beschrieben sind.

7.4   Common Object Services

Wie bereits in Abschnitt 7.1 erwähnt, bietet CORBA eine ganze Reihe von allgemein verfügbaren und immer wieder benötigten Diensten, die sogenannten *Common Object Services*, an. Sie sind als CORBA-Serverobjekte mit einer fest definierten Schnittstelle realisiert und Teil jeder CORBA–Installation. In diesem Abschnitt geben wir einen kurzen Überblick über zwei der wichtigsten COS–Dienste, den *Naming Service* und den *Trading Service*.

7.4.1   Naming Service

In der Frage, wie ein Klient in den Besitz einer entfernten Objektreferenz gelangt, verfolgt CORBA eine andere Philosophie als Java RMI. Wie wir in Abschnitt 6.3 gesehen haben, kann man einem Java-RMI-Objekt eine RMI-URL zuordnen, indem man es unter dem entsprechenden Namen bei der RMI-Registry anmeldet. Diese Technik hat den Vorteil, dass Klienten nur die RMI-URL des gewünschten Server-Objektes kennen müssen, um in den Besitz einer entfernten Objektreferenz zu gelangen. Nachteil dieses Ansatzes ist, dass die Lokationstransparenz verloren geht, da RMI-URLs als einen Bestandteil den Namen des Rechners, auf dem das Objekt läuft, enthalten. Konsequenterweise kann die Lokation eines RMI-Objektes nicht geändert werden, ohne gleichzeitig die RMI-URL zu ändern.

In CORBA gibt es ebenfalls einen Namensdienst, den sogenannten *Naming Service*. Ein wesentlicher Unterschied zur RMI–Registry ist aber, dass die Namen, an die man im Naming Service CORBA-Objekte binden kann, frei wählbar und damit lokationsunabhängig sind. Deshalb kann man auch die Lokation eines CORBA-Serverobjektes für den Klienten transparent ändern, ohne den logischen Namen mitändern zu müssen.

Der CORBA Naming Service ist selbst als CORBA-Serverobjekt realisiert. Applikationen, die ein Serverobjekt an den Naming Service anmelden möchten (Server-Applikationen) oder die ein Objekt beim Naming Service nachfragen möchten (Klienten-Applikationen), benötigen zuerst eine Referenz auf den Naming Service und können dann die entsprechenden Operationen aufrufen. Damit hat sich die Problematik, wie ein CORBA-Klient in den Besitz einer Server-Objektreferenz gelangt, auf die Frage reduziert, wie ein Klient eine Referenz auf den CORBA Naming Service bekommt.

Für dieses initiale *Bootstrapping* bietet CORBA – um genauer zu sein, der ORB selbst – zwei spezielle Operationen an, nämlich

- die Operation list_initial_references(), die die Namen aller initial verfügbaren Dienste, zu den auch der Naming Service gehört, zurückgibt;

- die Operation resolve_initial_references(), die zu einem gegebenen Dienstnamen eine IOR, d.h. eine ORB-unabhängige Referenz, auf das entsprechende Serverobjekt liefert.

Im Falle des Naming Service liefert der Aufruf von resolve_initial_references() einen sog. *globalen Namenskontext*. Dies ist die Referenz auf den Naming Service. Dieser Kontext kann dann um neue, speziellere Namenskontexte erweitert werden, womit beliebig hierarchische Namensräume gebildet werden können. Auf jeder Ebene des Namensraums können Serverobjekte an einen Namen gebunden werden. Auf der Klientenseite kann der Namenskontext dann nach einer Referenz auf den gesuchten Dienst abgefragt werden. Wir werden die Verwendung des Naming Services auf Server- sowie auf Klientenseite innerhalb unseres Chat-Beispiels sehen.

7.4.2   Trading Service

Der Trading Service vermittelt Dienste anhand ihrer Eigenschaften. Ein Dienst wird dazu über seine IDL-Schnittstelle, sowie optionale weitere Eigenschaften (*Properties*) beschrieben.

Ein Dienstanbieter registriert bei einem Trader sein Angebot, bestehend aus einer Beschreibung des Dienstes und der Objektreferenz. Dieser Vorgang wird *Export* genannt. Ein Klient kann bei einem Trader eine Anfrage nach einem Dienst mit bestimmten Eigenschaften stellen. Die gewünschten Eigenschaften werden dabei mit Hilfe der *OMG Constraint Language* spezifiziert. Diese Sprache ermöglicht es, die Werte von Properties zu vergleichen, wobei auch logische und arithmetische Ausdrücke ausgewertet werden. Der Trader durchsucht alle bei ihm registrierten Dienste nach den geforderten Eigenschaften und gibt dann die passenden Angebote an den Klienten zurück.

Mehrere Trader können zu einer Föderation zusammengeschlossen werden. In diesem Fall werden die Angebote eines Traders allen anderen Tradern der Föderation bekanntgegeben.

Der Zugriff auf einen Trader wird über *Policies* geregelt. Sie bestimmen beispielsweise, wieviele Angebote höchstens zurückgeliefert werden sollen oder wieviele Trader einer Föderation bei der Suche nach einem Angebot gefragt werden sollen. Eine Referenz auf den Trading Service kann ebenfalls durch einen Aufruf der Operation org::omg::CORBA::resolve_initial_references() besorgt werden.

7.5 Stringifizierte Objektreferenzen

Neben dem Naming und dem Trading Service stellt CORBA mit den sogenannten *stringifizierten Objektreferenzen (stringified object references)* eine Grundlage bereit, um Objektreferenzen außerhalb der CORBA–Funktionalität auszutauschen. Stringifizierte Objektreferenzen besteht nur aus druckbaren Zeichen, so dass sie ohne Darstellungsunterschiede auf verschiedenen Plattformen in und aus Dateien geschrieben beziehungsweise gelesen, per Email ausgetauscht, auch auf Webseiten publiziert oder auch in Nicht-CORBA-Namensdiensten verzeichnet werden können.

Die CORBA–Schnittstelle org::omg::CORBA::ORB – das ist diejenige Schnittstelle, die den Applikationsobjekten Zugriff auf die vom ORB bereitgestellte Funktionalität erlaubt – stellt zum Konvertieren einer Objektreferenz in eine stringifizierte Objektreferenz und zurück die beiden Operationen

```
// IDL

public String object_to_string(org.omg.CORBA.Object obj);
public org.omg.CORBA.Object string_to_object(String str);
```

bereit. Der folgende Beispielcode zeigt die Verwendung der beiden Operationen in Java, unter der Annahme, dass die Variable orb eine Referenz auf den lokalen ORB und die Variable server eine reguläre Objektreferenz enthalten:

```
// Java

String stringRef = orb.object_to_string(server);
org.omg.CORBA.object ref = orb.string_to_object(stringRef);
```

7.6 CORBA aus Serversicht

Das Erstellen und Starten eines CORBA-Serverobjektes besteht aus den Schritten

- *Erstellen der IDL–Spezifikation,*

- *Implementieren des Serverobjekts,*

- *Erzeugen einer CORBA–Referenz* und

- *Starten des Serverobjekts,*

die in den folgenden Abschnitten beschrieben und anhand unserer verteilten Chat-Anwendung illustriert werden.

7.6.1 Erstellen der IDL-Spezifikation

Der erste Schritt zur Erstellung eines CORBA-Servers besteht in der Spezifikation seiner Schnittstelle in IDL.

Unsere Chat–Anwendung wird zwei CORBA-Serverobjekte enthalten, eines für jeden serverseitigen Endpunkt der beiden verwendeten Kommunikationskanäle. Dazu spezifizieren wir ein IDL–Modul, das die beiden Schnittstellen ICorbaChatViewClient und ICorbaChatModelClient wie folgt definiert:

```
// IDL

module chat {
  module corba {
    module idl {
      struct CorbaContribution {
        string name;
        string comment;
      };

      typedef sequence<string> CorbaNames;

      interface ICorbaChatViewClient {
        void notify(in CorbaContribution contribution);
      };

      interface ICorbaChatModelClient {
        boolean login(in string name,
                      in ICorbaChatViewClient client);
        void utterComment(in CorbaContribution contribution);
        CorbaNames getNames();
        void logout(in string name);
      };
```

```
    };
  };
};
```

Wie man sieht, verwenden wir das geschachtelte Modul chat::corba::idl als Namens raum für die beiden Schnittstellen. Dadurch trennen wir die Java–Quelldateien, die der IDL–Compiler in das Java-Paket chat.corba.idl generieren wird, von den manuell erstellten Java–Dateien, die wir in das übergeordnete Paket chat.corba stellen werden. Diese Trennung erleichtert zum Beispiel das Löschen und Regenerieren aller automatisch erzeugten Java–Quelldateien.

Zur Repäsentation eines Chat–Beitrags definieren wir die Struktur CorbaContribution, die wir als Eingabeparameter sowohl der Operation ICorbaChatViewClient::notify als auch der Operation ICorbaChatModelClient::utterComment verwenden. Außerdem müssen wir für den Rückgabetyp der Operation ICorbaChatModelClient::getNames den Typ CorbaNames als Sequenz von Strings definieren, da man – wie wir in Abschnitt 7.2.6 gesehen haben – Sequenzen nicht ohne vorige typedef–Anweisung als Rückgabe- oder Parametertyp verwenden kann.

Die beiden Schnittstellen ICorbaChatViewClient und ICorbaChatViewClient schließlich enthalten die gleichen Operationen wie die Framework–Schnittstellen IChatViewClient und IChatModelClient, unter Verwendung der entsprechenden IDL–Parameter- und Rückgabetypen.

Die obige IDL-Spezifikation muss nun mit Hilfe des IDL-Compilers übersetzt werden. Dabei kann dem IDL–Compiler mitgeteilt werden, ob er die nur serverseitigen, nur die klientenseitigen oder alle Dateien erzeugen soll. Angenommen, die IDL–Spezifikation befindet sich in der Datei chat.idl, dann können mit dem Kommandozeilenaufruf

```
idlj −fserver chat.idl
```

die serverseitig benötigten Dateien erzeugt werden. Die Dateien enthalten im einzelnen:

- die beiden Signaturschnittstellen ICorbaChatViewClient und ICorbaChatModel-Client;

- die beiden Operationenschnittstellen ICorbaChatViewClientOperations und ICorbaChatModelClientOperations;

- die beiden sogenannten *Portablen Adapter (POA)* ICorbaChatViewClientPOA und ICorbaChatModelClientPOA, die Teil der Objektadapterschicht des ORBs sind, siehe Abschnitt 7.3;

- die Klasse CorbaContribution, auf die die gleichnamige IDL–Struktur abgebildet wird;

- die Helfer- und Behälterklassen für die selbstdefinierten Parametertypen, nämlich CorbaContributionHelper, CorbaContributionHolder, CorbaNamesHelper und CorbaNamesHolder.

Für den selbstdefinierten IDL–Typ `CorbaNames` wird keine eigene Java–Klasse erzeugt,
da IDL–Arrays und –Sequenzen bei der Abbildung auf Java durch Java-Arrays ersetzt
werden.

7.6.2   Implementierung des Serverobjekts

Im nächsten Schritt muss eine Implementierung für die beiden benötigten Serverobjekte
erstellt werden. Diese Implementierungen müssen die im vorigen Schritt automatisch
generierten *Portablen Adapterklassen* erweitern. Die beiden Implementierungen weisen
viele Ähnlichkeiten mit den entsprechenden RMI–Serverobjekt–Implementierungen in
Abschnitt 6.4.2 auf.

Die Implementierung des serverseitigen Endpunkts des Kanals vom Modell zur Sicht,
`CorbaViewServer`, leitet einkommende Notifikationsnachrichten weiter an die Sicht. Dazu bekommt das neu erzeugte `CorbaViewServer`–Objekt im Konstruktor eine Referenz
auf die Sicht übergeben.

Bevor eine Notifikationsnachricht jedoch weitergeleitet werden kann, muss die Chat–
Äußerung, die als Parameter der Methode `_notify` übergeben wurde, von einer Instanz
der Klasse `CorbaContribution` in ein Objekt der Framework–Klasse `Contribution`
konvertiert werden. Dabei ist zu beachten, dass CORBA nicht mit `null`–Referenzen
für Strings und Arrays umgehen kann, weil dies in CORBA keine Referenz- sondern
Basistypen sind. Deshalb kann auch keine `null`–Referenz für das Objekt vom Typ
`CorbaContribution` übermittelt werden.

Wir verwenden deshalb anstatt einer `null`–Referenz ein `CorbaContribution`–Objekt,
das leere Strings für die Komponenten `name` und `comment` enthält. Ein solches Objekt
muss bei der Konvertierung in ein `Contribution`–Objekt zurückkonvertiert werden in
eine `null`–Referenz.

```java
// Java

package chat.corba;

import chat.*;
import chat.corba.idl.*;

public class CorbaViewServer extends ICorbaChatViewClientPOA {
  private IChatViewClient view;

  public CorbaViewServer(IChatViewClient view) {
    this.view = view;
  }

  public void _notify(CorbaContribution contribution) {
    try {
      Contribution contrib = (contribution.name.equals("")) ?
          null :
          new Contribution(contribution.name,
```

```
                                    contribution.comment);
        view.notify(contrib);
    ]
    catch ( Exception e ) {
        e.printStackTrace();
    }
    }
}
```

Analog leitet ein Objekt der folgenden Klasse **CorbaModelServer**, das den serverseitigen Endpunkt des Kanals von Sicht und Steuerung zum Modell darstellt, eingehende
Methodenaufrufe weiter an das Modell, dessen Referenz im Konstruktor übergeben
wird:

```java
// Java

package chat.corba;

import chat.*;
import chat.corba.idl.*;

public class CorbaModelServer
                extends ICorbaChatModelClientPOA {
    private IChatModelClient model;

    public CorbaModelServer(IChatModelClient model) {
        this.model = model;
    }

    public String[] getNames() {
        String[] names = null;
        try {
            names = model.getNames();
        }
        catch ( Exception e) {
            e.printStackTrace();
        }
        return names;
    }

    public boolean login(String name,
                    ICorbaChatViewClient client) {
        boolean ret = false;
        CorbaViewClient view = new CorbaViewClient(client);
        try {
            ret = model.login(name, view);
        }
```

```
    catch ( Exception e ) {
      e . printStackTrace ();
    }
    return ret ;
  }

  public void logout ( String name) {
    try {
      model . logout ( name );
    } catch ( Exception e) {
      e . printStackTrace ();
    }
  }

  public void utterComment ( CorbaContribution contribution) {
    try {
      model . utterComment ( new Contribution ( contribution . name,
                                    contribution . comment ));
    } catch ( Exception e) {
      e . printStackTrace ();
    }
  }
}
```

In der login–Methode der Klasse CorbaModelServer wird ein neuer klientenseitiger Endpunkt des Rückkanals vom Modell zur Sicht, ein CorbaViewClient–Objekt, erzeugt und mit der als Parameter empfangenen CORBA-Referenz auf den serverseitigen Endpunkt desselben Kanals gefüttert. Das neue CorbaViewClient–Objekt wird dann weitergegeben an das Modell, das es später verwendet, um Notifikationsnachrichten an die Sicht zurückzuschicken.

In der obigen Methode utterComment muss das übergebene CorbaContribution–Objekt in ein Contribution–Objekt konvertiert werden, bevor der Methodenaufruf an das Modell weitergeleitet werden kann.

7.6.3 Erzeugen einer CORBA–Referenz

Im nächsten Schritt muss eine Instanz der zuvor erstellten Implementierung und eine zugehörige CORBA–Referenz erzeugt werden. Die folgende Auflistung zeigt die dazu durchzuführenden Schritte im einzelnen. Sie enthält außerdem das Anmelden beim Naming Service; dieser Schritt kann natürlich entfallen, wenn die Referenz als Methodenparameter oder –rückgabewert oder als stringifizierte Referenz außerhalb der CORBA–Mechanismen zum Klienten transportiert werden soll.

Die Auflistung geht davon aus, dass das Serverobjekt eine IDL–Schnittstelle namens MyServer bereitstellen soll und dass die Serverimplementierungsklasse MyServerImpl heißt.

1. **Erzeugen einer Serverobjekt–Instanz:**

   ```
   MyServerImpl serverImpl = new MyServerImpl();
   ```

2. **Erzeugen einer zugehörigen CORBA–Referenz.** Dazu gehören die folgenden Teilschritte:

   - Initialisieren des ORBs

     ```
     ORB orb = ORB.init(args, null);
     ```

   - Besorgen und Aktivieren des sogenannten RootPOA, der benötigt wird, um im nächsten Teilschritt eine CORBA–Referenz zu erzeugen:

     ```
     POA rootpoa = POAHelper.narrow(
         orb.resolve_initial_references("RootPOA"));
     rootpoa.the_POAManager().activate();
     ```

   - Erzeugen einer CORBA–Referenz:

     ```
     org.omg.CORBA.Object ref =
         rootpoa.servant_to_reference(serverImpl);
     ```

   - Abwärtskonvertierung der CORBA–Referenz mit Hilfe der **narrow**-Methode der Helferklasse `MyServerHelper`:

     ```
     MyServer server = MyServerHelper.narrow(ref);
     ```

3. **Anmelden beim Naming Service.** Dieser Schritt besteht aus den folgenden Teilschritten:

   - Besorgen einer Referenz auf den Naming Service:

     ```
     NamingContextExt nameService =
         NamingContextExtHelper.narrow(
             orb.resolve_initial_references("NameService"));
     ```

   - Binden der CORBA–Referenz an den Naming Service:

     ```
     nameService.rebind(nameService.to_name("MyServer"),
                 server);
     ```

Die folgende Klasse `CorbaModelFactory` wendet die obigen Schritte an, um in der Methode `createModelServer` ein CORBA-Serverobjekt vom Typ `CorbaModelServer` zu erzeugen und es als CORBA–Referenz beim Naming Service unter dem Namen `CorbaChatModelServer` anzumelden.

```java
// Java

package chat.corba;

import org.omg.CORBA.ORB;
import org.omg.CosNaming.*;
import org.omg.PortableServer.*;
import chat.*;
import chat.corba.idl.*;

public class CorbaModelFactory implements IModelCommFactory {
  private String[] args;

  public CorbaModelFactory(String[] args) {
    this.args = args;
  }

  public void createModelServer(IChatModelClient model)
                                          throws Exception {
    try {
      ORB orb = ORB.init(args, null);

      POA rootpoa = POAHelper.narrow(
              orb.resolve_initial_references("RootPOA"));
      rootpoa.the_POAManager().activate();

      NamingContextExt nameService =
          NamingContextExtHelper.narrow(
          orb.resolve_initial_references("NameService"));

      org.omg.CORBA.Object ref = rootpoa.servant_to_reference(
              new CorbaModelServer(model));
      ICorbaChatModelClient server =
                  ICorbaChatModelClientHelper.narrow(ref);

      nameService.rebind(
          nameService.to_name("CorbaChatModelServer"), server);
      orb.run();
    }
    catch (Exception e) {
      e.printStackTrace(System.out);
    }
  }
}
```

Die sichtseitige Fabrik, `CorbaViewFactory`, enthält zwar auch eine Methode zum Erzeugen eines CORBA–Serverobjekts, wir stellen sie aber dennoch erst im Abschnitt 7.7

vor, wenn wir das Vorgehen eines CORBA–Klienten vorstellen.

7.6.4 Starten des Serverobjekts

Bevor das Serverobjekt gestartet werden kann, muss der Naming Service laufen. Da wir den in der Java–Laufzeitumgebung enthaltenen ORB verwenden, verwenden wir auch den mitgelieferten Naming Service **tnameserv**. Der Naming Service horcht defaultmäßig auf dem priviligierten Port 900. Weil aber auf einer Unixmaschine nur Systemapplikationen priviligierte Ports verwenden dürfen (siehe Kapitel 5), kann der Naming Service unter Unix nur unter Angabe einer Portnummer aus dem Benutzerbereich gestartet werden, etwa:

```
$ tnameserv −ORBInitialPort 1050 &
$
```

Nachdem der Naming Service läuft, kann das Serverobjekt gestartet werden. Der virtuellen Javamaschine muss dazu als Parameter der Port übergeben werden, an dem der Naming Service horcht, etwa:

```
$ java MyServerImpl −ORBInitialPort 1050
$
```

7.7 CORBA aus Klientensicht

Aus Klienten-Sicht sieht der Umgang mit dem CORBA-Chat-Server sehr ähnlich aus wie der mit dem Java-RMI-Server. Auch hier besteht die Kommunikation aus zwei Phasen:

1. *Beschaffen der entfernten Objektreferenz:* In CORBA kann das als Operationsparameter, durch Befragen des Naming Service oder durch Mechanismen außerhalb von CORBA unter Verwendung stringifizierter Objektreferenzen geschehen.

2. *Methodenaufrufe am entfernten Serverobjekt:* Ebenso wie in Java RMI sehen die entfernten Methodenaufrufe aus wie lokale Aufrufe, außer das zusätzliche Ausnahmen geworfen werden können. In CORBA sind das Ausnahmen, die sich aus Kommunikationsproblemen ergeben, aber auch solche, die daraus resultieren, dass Parameter oder Ergebnisse nicht fehlerfrei vom sprachunabhängigen Transportformat *CDR (Common Data Representation)* nach Java oder umgekehrt konvertiert werden können, zum Beispiel weil der Zahlenwert 65 000 zwar in den IDL–Basistyp unsigned short, nicht aber in den entsprechenden Java-Basistyp short passt.

Damit ist auch in CORBA das Ziel, einen entfernten Methodenaufruf genauso aussehen zu lassen wie einen lokalen, weitgehend erreicht. Genauer gesagt, gilt das, ebenso wie in Java RMI, ab dem Zeitpunkt, an dem die entfernte Objektreferenz beschafft ist.

Bevor jedoch mit der Programmierung des Klienten begonnen werden kann, muss gegebenenfalls die IDL–Spezifikation so übersetzt werden, dass die klientenseitig benötigten

Dateien erzeugt werden. Für unser Chat–Beispiel erfolgt das mit dem Kommandozeilenaufruf

```
idlj -fclient chat.idl
```

Die dabei erzeugten Dateien sind im Folgenden aufgelistet:

- die beiden Signaturschnittstellen `ICorbaChatViewClient` und `ICorbaChatModelClient`;

- die beiden Operationenschnittstellen `ICorbaChatViewClientOperations` und `ICorbaChatModelClientOperations`;

- die Helfer- und Behälterklassen für die IDL–Schnittstellen, also die Klassen `ICorbaChatViewClientHelper` und `ICorbaChatViewClientHolder`, sowie `ICorbaChatModelClientHelper` und `ICorbaChatModelClientHolder`;

- die Stubs `_ICorbaChatViewClientStub` und `_ICorbaChatModelClientStub`;

- die Klasse `CorbaContribution`, auf die die gleichnamige IDL–Struktur abgebildet wird;

- die Helfer- und Behälterklassen für die selbstdefinierten Parametertypen, nämlich `CorbaContributionHelper`, `CorbaContributionHolder`, `CorbaNamesHelper` und `CorbaNamesHolder`.

7.7.1 Beschaffen der entfernten Objektreferenz

Das Beschaffen einer Objektreferenz mit Hilfe des Naming Service zeigen wir anhand der Methode `getModelClient` der folgenden Klasse `CorbaViewFactory`. In einem ersten Schritt wird dazu – analog zum Vorgehen des Serverobjekts – eine Referenz auf den Naming Service besorgt und abwärtskonvertiert, um dann anschließend den Naming Service nach einer Referenz auf das CORBA–Serverobjekt mit dem logischen Namen `CorbaChatModelServer` zu befragen. Auch diese Referenz wird anschließend mit Hilfe der Helferklasse `ICorbaChatModelClientHelper` abwärtskonvertiert in eine Referenz vom Schnittstellentyp `ICorbaChatModelClient`. Die entfernte Objektreferenz wird dann an einen neu erzeugten klientenseitigen Endpunkt des Kanals von Steuerung und Sicht zum Modell übergeben, und dieser Endpunkt wird als Ergebnis der Methode `getModelClient` zurückgegeben.

Die Methode `createViewServer` erzeugt das auf der Sichtseite benötigte Serverobjekt, das die Schnittstelle `ICorbaChatViewClient` realisiert, siehe Abschnitt 7.6.3. Dieses Serverobjekt wird nicht beim Naming Service angemeldet, da es an das Modell als Eingabeparameter der Methode `login` übermittelt wird.

Sobald das `ICorbaChatViewClient`-Serverobjekt erzeugt ist, wird seine Referenz an den zuvor erzeugten, oben beschriebenen Endpunkt vom Typ `CorbaModelClient` übergeben, so dass dieser ihn in seiner `login`-Methode an das Modell übermitteln kann.

```java
// Java

package chat.corba;

import org.omg.CORBA.ORB;
import org.omg.CosNaming.*;
import org.omg.PortableServer.*;
import chat.*;
import chat.corba.idl.*;

public class CorbaViewFactory implements IViewCommFactory {
  private CorbaModelClient modelClient;
  private ORB orb;

  public CorbaViewFactory(String[] args) {
    orb = ORB.init(args, null);
  }

  public void createViewServer(IChatViewClient view)
                                        throws Exception {
    try {
      POA rootpoa = POAHelper.narrow(
                  orb.resolve_initial_references("RootPOA"));
      rootpoa.the_POAManager().activate();

      CorbaViewServer viewServer = new CorbaViewServer(view);
      org.omg.CORBA.Object ref =
                  rootpoa.servant_to_reference(viewServer);
      ICorbaChatViewClient href =
                  ICorbaChatViewClientHelper.narrow(ref);

      modelClient.setViewServer(href);
    }
    catch ( Exception e ) {
      e.printStackTrace();
    }
  }

  public IChatModelClient getModelClient() throws Exception {
    try {
      NamingContextExt nameService =
          NamingContextExtHelper.narrow(
              orb.resolve_initial_references("NameService"));

      ICorbaChatModelClient href =
          ICorbaChatModelClientHelper.narrow(
              nameService.resolve_str("CorbaChatModelServer"));
```

```
        modelClient = new CorbaModelClient(href);
      }
    catch (Exception e) {
        e.printStackTrace(System.out);
      }
    return modelClient;
  }
}
```

7.7.2   Entfernte Methodenaufrufe

Wenn der CORBA–Klient im Besitz einer Serverobjektreferenz ist, kann er daran Methoden aufrufen wie an einer lokalen Referenz. Wir zeigen das anhand der klientenseitigen Endpunkte der beiden Kommunikationskanäle, den Klassen `CorbaModelClient` und `CorbaChatViewClient`.

Eine Instanz der Klasse `CorbaModelClient` bekommt im Konstruktor eine Referenz auf ein CORBA–Serverobjekt übergeben, das die Schnittstelle `ICorbaChatModelClient` anbietet. Wie wir oben gesehen haben, besorgt das klientenseitige Fabrikobjekt die Referenz aus dem Naming Service und erzeugt anschließend ein `CorbaModelClient`–Objekt. Dieses Objekt verwendet die entfernte Referenz, um Aufrufe der Methoden `login`, `getNames`, `utterComment` und `logout` an die Modellseite der Chat–Applikation weiterzuleiten. Wie ebenfalls oben beschrieben, übergibt das `CorbaModelClient`–Objekt dem Modell in der `login`–Methode eine entfernte Referenz auf den serverseitigen Endpunkt des Rückkanals vom Modell zur Sicht, über den das Modell Notifikationsnachrichten zurücksenden kann.

```
// Java

package chat.corba;

import chat.*;
import chat.corba.idl.*;

public class CorbaModelClient implements IChatModelClient {
  ICorbaChatModelClient client;
  ICorbaChatViewClient viewServer;

  public CorbaModelClient(ICorbaChatModelClient client) {
    this.client = client;
  }

  public void setViewServer(ICorbaChatViewClient viewServer) {
    this.viewServer = viewServer;
  }

  public String[] getNames() throws Exception {
```

```
      return client.getNames();
  }

  public boolean login(String name, IChatViewClient client)
                                            throws Exception {
    return this.client.login(name, viewServer);
  }

  public void logout(String name) throws Exception {
    client.logout(name);
  }

  public void utterComment(Contribution contribution)
                                            throws Exception {
    client.utterComment(
        new CorbaContribution(contribution.getName(),
            contribution.getComment()));
  }
}
```

Analog bekommt ein `CorbaViewClient`–Objekt bei der Erzeugung eine entfernte Referenz auf ein `ICorbaChatViewClient`–Serverobjekt, d.h. den serverseitigen Endpunkt des Rückkanals vom Modell zur Sicht, übergeben. Das `CorbaViewClient`–Objekt benutzt diese Referenz, um Aufrufe der Methode `notify` an die Sicht weiterzuleiten. Bei der Konvertierung der Chat–Äußerung von einem Objekt der Framework–Klasse `Contribution` im ein Objekt der Klasse `CorbaContribution` wird eine `null`–Referenz auf ein Objekt mit leerem `name`– und leerem `comment`–String abgebildet, siehe Abschnitt 7.6.2.

```
// Java

package chat.corba;

import chat.*;
import chat.corba.idl.*;

public class CorbaViewClient implements IChatViewClient {
  ICorbaChatViewClient client;

  public CorbaViewClient(ICorbaChatViewClient client) {
    this.client = client;
  }

  public void notify(Contribution contribution)
                                            throws Exception {
    CorbaContribution contrib = (contribution == null) ?
        new CorbaContribution("", "") :
```

```
        new CorbaContribution(contribution.getName(),
                        contribution.getComment());
    client._notify(contrib);
    }
}
```

7.8   Integration in die Chat–Applikation

Schließlich benötigen wir noch die beiden Hauptklassen, nämlich `CorbaChatModel` und
`CorbaChatView`, um die CORBA-Kommunikationsklassen in das Chat–Framework zu
integrieren. Analog zu den vorigen Kapiteln erzeugt die Klasse `CorbaChatModel` ein
`ChatModel`–Objekt, füttert es mit einem modellseitigen Fabrikobjekt und ruft die Methode `run` an ihm auf:

```java
// Java

package chat.corba;

import chat.ChatModel;

public class CorbaChatModel {
    public static void main(String[] args) {
        new ChatModel(new CorbaModelFactory(args)).run();
    }
}
```

Auf der Sichtseite erzeugt die Klasse `CorbaChatView` ein `ChatView`–Objekt, füttert es
mit einem sichtseitigen Fabrikobjekt und ruft ebenfalls die Methode `run` an ihm auf:

```java
// Java

package chat.corba;

import chat.ChatView;

public class CorbaChatView {
    public static void main(String[] args) {
        new ChatView(new CorbaViewFactory(args)).run();
    }
}
```

Sowohl beim Starten des Modells als auch der Sicht ist darauf zu achten, dass der
virtuellen Java-Maschine der Port übergeben wird, auf dem der zuvor gestartete Naming Service horcht. Wenn das z.B. der Port 1050 ist, dann lautet der Aufruf auf der
Modellseite

```
$ java chat.CORBA.CorbaChatModel −ORBInitialPort 1050
$
```

und auf der Sichtseite

```
$ java chat.CORBA.CorbaChatView −ORBInitialPort 1050
$
```

7.9   Zusammenfassung

CORBA, ein Industriestandard der Object Management Group (OMG), erlaubt den weitgehend verteilungstransparenten Methodenfernaufruf über Sprachgrenzen hinweg.

Grundlage für CORBA ist die sogenannte Object Management Architecture OMA, die aus den fünf Komponenten

- Object Request Broker,

- Common Object Services,

- Common Facilities,

- Domain Objects und

- Application Objects

besteht. Der Object Request Broker ist für den transparenten Versand eines Methodenaufrufes vom Klienten zum Server – und zurück – zuständig. Er verwendet dazu Serverstubs auf der Klientenseite, die als lokale Serverproxies fungieren, sowie Objektadapter und Skeletons auf der Serverseite, die die entfernten Aufrufe entgegennehmen und an die eigentliche Serverimplementierung weiterleiten. Zwei ORB–Instanzen tauschen entfernte Aufrufe, die über ORB–Grenzen hinausgehen, über das General Inter–ORB–Protokoll (GIOP) aus; GIOP kann auf verschiedenen Transportprotokollen aufsetzen, die Implementierung über TCP/IP, die jede CORBA–Implementierung enthalten muss, heißt Internet Inter-ORB Protocol (IIOP).

CORBA-Schnittstellen werden mit Hilfe der Interface Definition Language IDL beschrieben. Aus einer solchen Beschreibung kann ein IDL-Compiler Server-Skeletons und Klienten-Stubs in verschiedenen Programmiersprachen erzeugen. Die IDL enthält eine Reihe von Basistypen, die denen in Java ähnlich sind, sowie Konstrukte zur Definition benutzerdefinierter, komplexer Typen. Diese Typkonstruktoren lehnen sich stark an C++ an und sind damit mächtiger als Java.

Zwei sehr wichtige Common Object Services sind der Naming und der Trading Service. Während der Naming Service es erlaubt, Objektreferenzen an logische Namen zu binden, enthält der Trading Service semantisches Wissen über Services in Form von benutzerdefinierten Attributen. Damit kann er zwischen einem Klienten, der eine bestimmte Art von Service benötigt, und einem Service, der diese Funktionalität anbietet, vermitteln.

Objektreferenzen können stringifiziert werden, so dass sie nur druckbare Zeichen enthalten. Das ermöglicht, Referenzen auch durch Mechanismen außerhalb CORBAs auszutauschen, etwa per Email, Publikation auf einer Webseite oder CORBA–unabhängige Namensdienste.

Die Sprachunabhängigkeit von CORBA muss man sich durch einen etwas größeren Implementierungsaufwand im Vergleich zu Java RMI erkaufen. Auch setzt die Erstellung eines CORBA-Objektes in einer bestimmten Programmiersprache beim Entwickler Wissen über die Abbildung von IDL in die betreffende Programmiersprache voraus. Diese Abbildungen sind aber für objektorientierte Programmiersprachen wie C++ und Java recht naheliegend.

7.10   Übungsaufgaben

Aufgabe 7.1

Aus welchen Komponenten besteht die Object Management Architecture? Wie kommunizieren diese miteinander?

Aufgabe 7.2

Geben Sie eine IDL-Spezifikation einer Schnittstelle zur Verwaltung von Mitarbeiterdaten in einem Betrieb an. Dabei soll es 3 verschiedene Gruppen von Mitarbeitern geben, nämlich *Angestellte*, *Manager* und *Vorstände*. Alle Mitarbeiter haben eine *PersonenId*. *Angestellte* haben einen *Stundenlohn*, *Manager* ein *Jahreseinkommen* und *Vorstände* eine Gewinnbeteiligung in Promille.

Die Schnittstelle soll eine Methode zum Eintragen einer Person bereitstellen, sowie eine Methode zum Auslesen der Daten zu einer Person, deren *PersonenId* übergeben wird.

Aufgabe 7.3

Bietet CORBA die Transparenzaspekte *Ortstransparenz*, *Migrationstransparenz*, *Relokationstransparenz* und *Nebenläufigkeitstransparenz*?

Aufgabe 7.4

Nennen Sie einige Vor-und Nachteile, die der CORBA Naming Service im Vergleich zu Java-RMI-URLs besitzt.

Aufgabe 7.5

Gegeben ist die folgende CORBA-Spezifikation:

```
// IDL

module exercises {
  interface CorbaReceiver {
    void receiveMessage(in string message);
  };
};
```

- Implementieren Sie diese Schnittstelle mit Hilfe der Java-Klasse `CorbaReceiverImpl` so, dass die Operation `receiveMessage` die Nachricht `message` auf dem Bildschirm ausgibt. Melden Sie das Serverobjekt unter dem logischen Namen `CorbaReceiver` beim Naming Service an.

- Implementieren Sie weiterhin eine Klasse `CorbaSender`, die sich die entfernte Objekreferenz auf das Serverobjekt aus dem Naming Service holt und dann in einer Schleife jeweils eine Textzeile von der Tastatur einliest und mit dieser die entfernte Methode `receiveMessage` aufruft.

Aufgabe 7.6

Ändern Sie die Lösung zu Aufgabe 7.5 so ab, dass das Serverobjekt sich nicht beim Naming Service anmeldet, sondern seine stringifizierte Objektreferenz in einer temporären Datei abspeichert.

Die Klasse `CORBASender` soll entsprechend so geändert werden, dass sie die stringifizierte Objektreferenz des Serverobjekts aus der zuvor erstellten Datei einliest.

7.11   Weiterführende Literatur

- A. Vogel, K. Duddy. *Java Programming with CORBA*. Wiley, 1998, ISBN 0-471-24765-0.

- Prashant Sridharan. *Advanced Java Networking*. Prentice Hall, 1997, ISBN 0-13-749136-0.

- Orfali, Harkey, Edwards. *Instant CORBA*. Wiley, 1999, ISBN 0-471-18333-4.

- G. Brose, A. Vogel, K. Duddy. *Java Programming with CORBA: Advanced Techniques for Building Distributd Applications*. Wiley, 3. Auflage, 2001, ISBN 0471376817.

8   Jini

Wie bereits in Abschnitt 2.5.6 kurz umrissen, beruht Jini auf zwei wesentlichen Kernideen, nämlich dem Jini-eigenen *Dienstkonzept* und dem sogenannten *Spontaneous Networking*, d.h. der automatischen Vermittlung zwischen Diensten und Klienten, selbst in fremden Netzwerken. Diese Aspekte werden in den folgenden beiden Abschnitten etwas detaillierter besprochen.

8.1   Dienstkonzept

In Jini werden Dienste durch ihre *Proxies* repräsentiert. Dienstproxies *müssen* in Java implementiert sein. Das hat einerseits den Nachteil, dass für bestehende Dienste, die nicht in Java geschrieben sind, zuerst Proxies erstellt werden müssen, um sie Jini-fähig zu machen. Andererseits hat diese Homogeneität den Vorteil, dass

1. so sichergestellt ist, dass der Dienstproxy dynamisch zum Dienstnutzer, dem Klienten, heruntergeladen werden kann, und

2. das Java-Typsystem verwendet werden kann, um den Typ eines Dienstes festzulegen und später bei der Suche nach passenden Diensten einzusetzen.

Der oben genannte Nachteil bei der Integration von bestehendem Code wird dadurch vermindert, dass nicht der gesamte Dienst in Java geschrieben sein muss, sondern tatsächlich nur der Proxy. Dieser kann zur Dienstausführung mit einem in einer beliebigen Sprache implementierten, stationären Dienstteil kommunizieren. Die Kommunikation zwischen transportablem Proxy und stationärem Dienstteil kann über beliebige Kommunikationsparadigmen geschehen, da diese Kommunikation für die Jini-Infrastruktur transparent bleibt und nicht Teil der Jini-Spezifikation ist.

Dienstproxy und stationärer Teil können also beispielsweise über Sockets, über Java-RMI (falls der stationäre Teil ebenfalls in Java implementiert ist) oder über CORBA miteinander kommunizieren. Dadurch kann relativ leicht ein bestehender Dienst zu einem Jini-Dienst erweitert werden, indem er durch einen (schlanken) Java-Proxy umhüllt wird, der den eigentlichen Dienst über ein geeignetes Protokoll ansteuert. Das Jini-Dienstkonzept ist in Abbildung 8.1 graphisch dargestellt.

Es liegt in der Entscheidung des Dienstanbieters, wieviel Funktionalität des Dienstes im Proxy und wieviel im stationären Teil implementiert ist. Generell nennt man einen Proxy, der viel Funktionalität enthält, einen *dicken Proxy (thick proxy)* oder *fetten Proxy (fat proxy)* und einen Proxy, der wenig Funktionalität enthält, einen *schlanken Proxy (thin proxy)*. Der Übergang von einem schlanken zu einem dicken Proxy ist fließend. Denkbar sind folgende Ausprägungen:

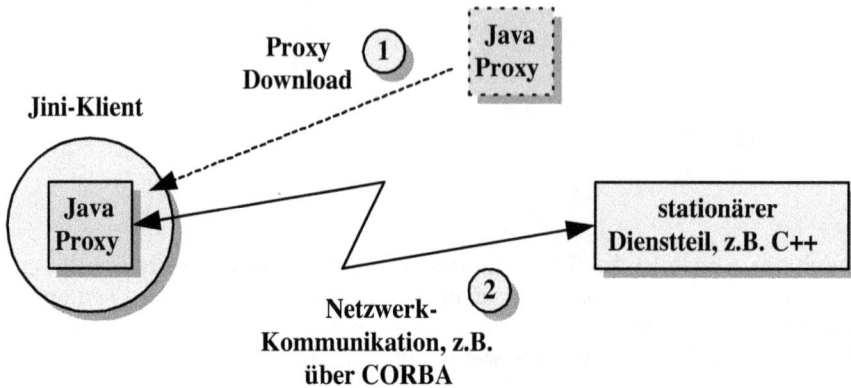

Abb. 8.1: *Jini-Dienstkonzept, bei dem ein Dienst aus einem herunterladbaren Java–Proxy und einem stationären Dienstteil besteht. Der letztere kann in einer beliebigen Sprache implementiert sein und mit dem Proxy über einen beliebigen Mechanismus kommunizieren.*

- Am einen Ende des Spektrums befinden sich solche Proxies, die lediglich der Ansteuerung des stationären Teils dienen und die keine eigene Funktionalität enthalten.
  Falls der stationäre Teil ebenfalls in Java implementiert ist, könnte der Proxy gerade der automatisch generierte RMI-Stub sein – das wäre der denkbar schlankste Proxy, der alle Anfragen direkt an den stationären Dienstteil, in diesem Fall das Java RMI–Serverobjekt, weiterleitet. Schlanke Proxies sind gut geeignet, die Download-Zeiten über schmalbandige, z.B. drahtlose, Netze kurz zu halten.

- Am anderen Ende des Spektrums befinden sich Proxies, die so dick sind, dass sie die gesamte Dienstfunktionalität implementieren, ohne einen entfernten stationären Teil zu benötigen. Auch eine solche Implementierung ist Jini-konform (da Jini ja von der Kommunikation zwischen Proxy und Klient gar nichts sieht). Ein solcher Entwurf macht beispielsweise Sinn für kompakte, aber berechnungsintensive Algorithmen, z.B. kryptographische Berechnungen.

- In der Mitte zwischen den beiden vorgenannten Extremen liegen Proxies, die einen Teil der Dienstfunktionalität implementieren und andere Teile an den stationären Dienstteil delegieren. Ein Beispiel dafür sind solche Proxies, die nicht nur die Ansteuerung des stationären Teils beinhalten, sondern zusätzlich die graphische Benutzeroberfläche, mit der der Endbenutzer die Kontrolle über den Dienst durchführt. Dies ist wohl das typischste Entwurfsmuster für einen Jini-Dienst, bei dem der stationäre Teil nicht in Java implementiert ist.

Wenn der Dienstproxy und der stationäre Teil dieselbe Schnittstelle anbieten, und der Proxy manche Methodenaufrufe weiterleitet und andere selbst bearbeitet, spricht man auch von einem *Smart Proxy*.

Ebenso wie ein Jini-Dienst *keinen* stationären Teil beinhalten muss, kann der stationäre Teil verteilt sein und damit aus mehreren Teilen bestehen, die möglicherweise nicht nur mit dem Proxy, sondern auch untereinander kommunizieren.

8.2 Dienstevermittlung

Die zweite Grundidee hinter Jini besteht in der automatischen Vermittlung zwischen Klienten und Diensten. Sun Microsystems, die Jini entwickelt hat, nennt diese Eigenschaft *Spontaneous Networking*; in der Literatur wird dafür auch der Begriff *Ad-hoc Networking* verwendet. Gemeint ist damit, dass selbst in einem dynamisch zusammengefügten Netz Klienten automatisch passende Dienste finden. Solche dynamisch statt statisch konfigurierten Netze werden durch die derzeitigen Fortschritte im Bereich drahtloser Kommunikation möglich und in Zukunft sehr wahrscheinlich. Ein anschauliches Bespiel ist das von der reisenden Geschäftsfrau, deren Laptop in einem fremden (drahtlosen) Netz – etwa im Konferenzraum eines Geschäftspartners – automatisch den nächstgelegenen Drucker oder die nächstgelegene Faxmaschine findet. Bevor wir den entsprechenden Jini-Mechanismus im Detail vorstellen, besprechen wir kurz, warum weder Java RMI noch CORBA ausreichende Unterstützung für solche Szenarien anbieten.

Wie wir bereits in Abschnitt 7.4.1 diskutiert haben, sind Java-RMI-URLs nicht lokationstransparent, da eine RMI-URL den Namen des Rechners, auf dem die RMI-Registry läuft, enthält. Wenn wir nun an das oben beschriebene Beispiel der Geschäftsreisenden denken, wird klar, dass die RMI-URL des fremden Druckerdienstes nicht bekannt sein kann, wenn noch nicht einmal die Rechnernamen des fremden Netzes bekannt sind. Mehr noch: aus Gründen der Vertraulichkeit sollen diese Namen der fremden Benutzerin vielleicht gar nicht bekannt sein.

CORBA geht zwar mit den Common Object Services *Naming Service* und *Trading Service* schon weiter in die gewünschte Richtung, aber auch das reicht nicht aus: Naming Service und Trading Service erlauben zwar CORBA-Klienten, nach passenden Diensten zu suchen (siehe Abschnitt 7.4.1 und 7.4.2). Das Problem besteht für den Klienten aber darin, eine Referenz auf den Naming bzw. Trading Service zu bekommen. Dafür stellt CORBA zwar die Methode resolve_initial_references bereit; diese ist aber nur innerhalb ein und desselben Object Request Brokers definiert, d.h. jeder ORB verwaltet seinen eigenen Naming und Trading Service und liefert an Klienten, die auf diesem ORB laufen, die entsprechenden Referenzen. Üblicherweise läuft in einer verteilten CORBA-Anwendung auf jedem Rechner ein eigener ORB – die einzelnen ORBs kommunizieren über GIOP, in den meisten Fällen über IIOP, miteinander. Da es in CORBA keine standardisierte Methode gibt, die Referenz des Naming oder Trading Services, der auf einem entfernten Rechner läuft, abzufragen, ist dieses initiale Bootstrapping in dynamisch konfigurierten Netzen ungelöst.

Jinis Lösung dieses Problems besteht im Prinzip darin, Lookup-Services – die eine ähnliche Rolle spielen wie RMI-Registries oder CORBA Naming bzw. Trading Services – an eine standardisierte, allgemein bekannte Adresse zu binden. Auf diese Art können Jini-Dienste und -Klienten auch in dynamisch konfigurierten Netzen den Lookup-Service finden.

Eine übliche Realisierung standardisierter Adressen besteht darin, bestimmte Dienste auf einem allgemein bekannten, also einem priviligierten oder einem reservierten TCP- oder UDP-Ports horchen zu lassen. Wie wir bereits in Kapitel 5 besprochen haben, hören beispielsweise SMTP–Server standardmäßig auf Port 25 und HTTP-Server auf Port 80. Ein Klient muss dann aber immer noch die IP-Adresse oder den logischen Rechnernamen des Server-Rechners kennen, um den Dienst zu adressieren.

Eine Technik, nicht einen bestimmten Rechner, sondern eine ganze *Gruppe von Rechnern* anzusprechen, besteht in der Benutzung von *IP-Broadcast*. IP-Broadcast-Pakete werden an alle Rechner des lokalen Netzes geschickt; interessierte Rechner greifen das Paket ab, andere ignorieren es einfach. Unter anderem, um eine Überflutung des Internets durch Broadcast-Pakete zu verhindern, werden diese nicht vom LAN in das öffentliche Internet weitergeleitet. Diese Beschränkung auf lokale Netze ist für Jini auch genau der Nachteil dieses Ansatzes. Das würde nämlich bedeuten, dass eine Jini-Föderation immer genau die Ausdehnung eines lokalen Netzes haben müsste; eine Einschränkung, die in Jini vermieden wird.

Statt IP-Broadcast verwendet Jini deshalb *IP-Multicast*. IP-Multicast basiert auf sogenannten *Multicast-Gruppen*, denen eine interessierte Anwendung beitreten und die sie wieder verlassen können. Eine Multicast-Gruppe wird durch eine spezielle IP-Adresse – im Bereich zwischen 224.0.0.0 und 239.255.255.255 – adressiert. Es gibt spezielle Protokolle, die die Internet-Router so konfigurieren, dass sie ein Multicast-Paket an alle Nachbar-Router weiterleiten, die zu mindestens einem Rechner führen, der sich in die entsprechende Multicast-Gruppe eingetragen hat. Dadurch existiert für jede derzeit aktive Multicast-Gruppe ein *Spannbaum*, der sich potenziell über das gesamte Internet erstreckt und der alle Rechner enthält, die in die entsprechende Gruppe eingetragen sind. Immer wenn ein Rechner (bzw. eine auf dem Rechner laufende Anwendung) sich in eine neue Gruppe einträgt oder von einer Gruppe abmeldet, wird der Spannbaum der betreffenden Gruppe aktualisiert.

Wenn nun ein Jini-Lookup-Service neu gestartet wird, passieren zwei Dinge:

1. Der Lookup-Service macht seine Anwesenheit durch ein Announcement bekannt. Dieses Announcement wird auf die Multicast-Adresse 224.0.1.84 gesendet. Jini-Dienste und -Klienten, die sich in diese Gruppe eingetragen haben, erfahren somit von der Existenz eines neuen Lookup-Service.

2. Der Lookup-Service trägt sich in die Multicast-Gruppe 224.0.1.85 ein.

Wenn ein Jini-Dienst oder -Klient neu startet oder er sich in ein neues Netz begibt, dann sendet er eine Multicast-Nachricht auf die Adresse 224.0.1.85, um einen oder mehrere Lookup-Dienste zu finden. Diesen Vorgang nennt man *Lookup-Discovery*. Die angesprochenen Lookup-Services antworten, indem sie einen Java-Proxy von sich selbst zurückschicken. Der Jini-Dienst bzw. -Klient kann den Proxy verwenden, um Anfragen an den Lookup-Service zu stellen.

Damit nicht weltweit jeder Lookup-Service auf die Discovery-Nachrichten jedes Jini-Klienten antwortet, verwendet Jini ein Gruppenkonzept: Beim Start wird ein Lookup-Service einer oder mehreren benutzerdefinierten Gruppen zugeordnet. Analog muss ein

Jini-Klient angeben, welcher Gruppe oder welchen Gruppen die Lookup-Services angehören sollen, an die er sich mit seiner Discovery-Nachricht wendet. Nur Lookup-Services, die Mitglied mindestens einer der genannten Gruppen sind, antworten auf die Discovery-Nachricht.

Es gibt außerdem die Möglichkeit, einen einzelnen Lookup-Service gezielt über eine URL anzusprechen. Das kann hilfreich sein, wenn ein Klient sich zwar in einem fremden Netz befindet, dort aber Dienste aus seinem Heimatnetz in Anspruch nehmen möchte. Da dieser Mechanismus aber sehr ähnlich zu Java-RMI ist und außerdem von dem Prinzip des automatischen Lookup-Discovery eher ablenkt, gehen wir nicht weiter darauf ein.

Hat ein Jini-Dienst einen oder mehrere passende Lookup-Services gefunden, kann er sich bei ihnen anmelden. Dazu hinterlegt er seinen eigenen Proxy und gegebenfalls benutzerdefinierte beschreibende Attribute. Dank des Java-Typsystems ist dem Lookup-Server auch der Typ des Dienstes bekannt. Im Gegenzug erhält der Dienst einen sogenannten *Lease*, das ist eine temporär befristete Registrierung. Die Dauer des Leases wird wie folgt bestimmt:

Jeder Lookup-Service hat eine eigene maximale Lease-Dauer $L_{\max}$. Wenn die vom Dienst beantragte Lease-Dauer L_{req} kürzer ist als $L_{\max}$, dann ist die bewilligte Dauer L_{req}; anderenfalls wird ein Lease der Dauer $L_{\max}$ gewährt.

Wenn der Dienst diesen Lease nicht periodisch innerhalb dessen Laufzeit erneuert, wird er wieder aus dem Lookup-Service gelöscht. Die grundsätzliche Idee hinter diesem Ansatz – die nicht Jini-spezifisch ist – nennt man auch *Soft State Computing*. Sie sorgt dafür, dass sich in einer fehleranfälligen, verteilten Umgebung über längere Sicht automatisch immer wieder ein konsistenter Zustand einstellt – diese Eigenschaft wird auch *selbstheilend* genannt. Die Prozedur, mit der sich ein Jini-Klient bei einem Lookup-Service anmeldet, nennt sich *Join*.

Ein Jini-Klient nutzt den Lookup-Service, um nach passenden Diensten zu suchen. Dazu spezifiziert er den Typ des gesuchten Dienstes, sowie die Werte der oben erwähnten benutzerdefinierten Attribute. Falls der Lookup-Service einen passenden Dienst registriert hat, schickt er dessen Proxy zum Klienten. Der Klient kann dann lokal auf diesem Proxy arbeiten. Der Proxy schickt – für den Klienten transparent – die Anfragen gegebenenfalls weiter an den stationären Dienstteil.

Das Zusammenspiel aus Join, Dienst-Anfrage und Dienstverwendung in einer Jini-Föderation ist nochmal in Abbildung 8.2 dargestellt, die bereits in Abschnitt 2.5.6 kurz erläutert wurde.

8.3 Jini-Pakete

Jini ist in erster Linie die Spezifikation einer Infrastruktur; jede Implementierung dieser Spezifikation darf sich Jini nennen. Die Firma Sun Microsystems bietet außerdem eine Referenzimplementierung zum freien Download an. Diese Implementierung ist – entsprechend der Spezifikation – auf drei Pakete aufgeteilt (die viele Unterpakete enthalten), nämlich `net.jini.core`, `net.jini` und `com.sun.jini`.

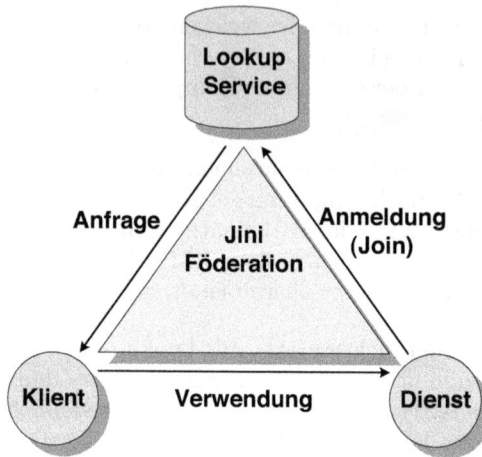

Abb. 8.2: *Dienstanmeldung (Join), -anfrage und -verwendung in einer Jini-Föderation*

8.3.1   Das Paket `net.jini.core`

Dieses Paket enthält alle Kernklassen der Spezifikation. Das sind all diejenigen Klassen, die *jede* Jini-Implementierung bereitstellen *muss*, so dass ein Jini-Klient sicher sein kann, diese Klassen in jedem Jini-fähigen Netz vorzufinden.

8.3.2   Das Paket `net.jini`

Dieses Paket (mit Ausnahme des enthaltenen Unterpakets `net.jini.core`) enthält Klassen, die zwar spezifiziert sind, aber von einer Jini-Implementierung *nicht* angeboten werden *müssen*. Wenn eine Implementierung Klassen dieses Pakets enthält, dann müssen diese auch der Spezifikation genügen. Wenn eine Implementierung diese Klassen nicht enthält, kann sie dennoch Jini-konform sein. Dieses Paket enthält Klassen, die die Arbeit mit Jini erleichtern, aber die für die Grundfunktionalität nicht unbedingt erforderlich sind.

8.3.3   Das Paket `com.sun.jini`

Dieses Paket enthält Klassen, die *nicht* Teil der Jini-Spezifikation sind. Da diese Klassen aber den Umgang mit Jini weiter vereinfachen, hat Sun Microsystems die Referenzimplementierung mit diesem Paket ergänzt. Dass es nicht zur eigentlichen Spezifikation gehört, sondern das proprietäre Produkt eines Anbieters ist, sieht man an dem anbieterspezifischen Paketnamen, der mit `com.sun` statt mit `net` beginnt.

In diesem Paket finden sich beispielsweise Klassen, die Parameter, die in den spezifizierten Versionen frei einstellbar sind – wie etwa die Gültigkeitsdauer eines Leases – mit typischen bzw. als sinnvoll erachteten Werten belegen, um dem Benutzer möglichst viel Arbeit abzunehmen. Dass die Verwendung dieses Pakets zum einem mit dem Verzicht auf eigene Parametrisierung einhergeht und zum anderen die Portabilität des entsprechenden Dienstes bzw. Klienten einschränkt, ist klar und liegt in der Entscheidung des Benutzers.

8.4 Aufsetzen einer Jini-Föderation

Bevor wir in den Abschnitten 8.5 und 8.6 die Jini-Implementierung unser begleitenden Chat-Anwendung erst aus Server- und dann aus Klientensicht vorstellen, beschreiben wir in diesem Abschnitt, wie eine Föderation, die die Jini–Referenzimplementierung von Sun Microsystems verwendet, aufgesetzt wird. Dazu müssen zwei Server – ein Klassen-Server und ein Lookup–Server – gestartet werden, deren korrekte Konfiguration nicht ganz trivial ist. Die Jini–Version 2_1 enthält deshalb ein `HelloWorld`–Beispiel sowie dazugehörige Shell-Skripte zum Aufsetzen der Föderation und zum Starten der `HelloWorld`–Beispielapplikation. Es wird empfohlen, die entsprechende Dokumentation der verwendeten Jini–Installation zu konsultieren.

Die Verwendung und das Starten des Klassen- und des Lookup–Servers sind im Folgenden beschrieben:

Klassen–Server (Class Server): Wenn sich ein Jini-Dienst beim Lookup-Server anmeldet, sorgt der Lookup–Server dafür, dass der Dienst-Proxy bei einem HTTP–Server, dem sogenanten Klassen-Server, hinterlegt wird. Später, wenn ein Klient den Dienst vom Lookup–Server anfordert, veranlasst der Lookup-Server den Klienten, sich den passenden Dienstproxy vom Klassen–Server herunterzuladen.

Prinzipiell kann jeder beliebige HTTP-Server als Jini–Klassen–Server verwendet werden. Die Jini-Referenzimplementierung enthält allerdings bereits eine minimale Implementierung eines HTTP-Servers, die genau für die von Jini benötigten Zwecke ausreicht.

Diese mitgelieferte Implementierung eines Klassen-Servers ist in der ausführbaren Jar–Datei `classserver.jar` im Verzeichnis `<JINIHOME>/lib` enthalten. Dabei bezeichnet der Platzhalter `<JINIHOME>` das Wurzelverzeichnis, in dem Jini installiert ist.

Der folgende Kommandozeilenaufruf startet den Klassenserver auf Port 8080 und mit der Angabe von zwei Verzeichnissen, in denen sich die zu servierenden Klassen befinden müssen. Im ersten Verzeichnis `<JINIHOME>/lib-dl` befinden sich die notwendigen Klassen der Jini–Installation, im zweiten Verzeichnis $< LIBS >$ müssen sich die Klassen für die Jini–Proxies der bereitgestellten Jini–Dienste befinden:

```
java -jar <JINIHOME>/lib/classserver.jar -port 8080 \
  -dirs <JINIHOME>/lib-dl:<LIBS>
```

Lookup–Server: Die Jini–Referenzimplementierung enthält neben einem Klassen–Server auch einen Lookup–Server names *Reggie*. Reggie befindet sich in der ausführbaren Jar–Datei `<JINIHOME>/lib/start.jar`.

Um Reggie zu starten, benötigt man eine Konfigurationsdatei, mit der die Konfiguration der zu startenden Reggie-Instanz festgelegt werden kann. Die möglichen Parameter und die Java–ähnliche Syntax dieser Konfigurationsdatei wollen wir hier nicht im Detail erläutern; wir geben stattdessen eine einfache Beispieldatei `reggie.config` an, die für unsere Zwecke ausreicht, unter der Annahme, dass die Platzhalter `<JINIHOME>` und `<POLICYHOME>` entsprechend den eigenen Konfigurationen angepasst werden:

```
import com.sun.jini.config.ConfigUtil;
import com.sun.jini.start.NonActivatableServiceDescriptor;
import com.sun.jini.start.ServiceDescriptor;

com.sun.jini.start {
  private static JINIHOME = "<JINIHOME>";
  private static codebase =
    ConfigUtil.concat(
      new Object[] {
        "http://", ConfigUtil.getHostName(),
        ":8080/reggie-dl.jar", " ",
      "http://", ConfigUtil.getHostName(),
      ":8080/jsk-dl.jar" } );
  private static policy = "<POLICYHOME>/all.policy";
  private static classpath = JINIHOME + "lib/reggie.jar";
  private static config = "config/group.config";

  static serviceDescriptors = new ServiceDescriptor[] {
    new NonActivatableServiceDescriptor(
      codebase, policy, classpath,
      "com.sun.jini.reggie.TransientRegistrarImpl",
      new String[] { config })
  };
}
```

Die obige Konfigurationsdatei verweist auf eine zweite Datei `group.config`, in der die Gruppen festgelegt werden, denen der Reggie–Lookup–Service angehören soll, siehe Abschnitt 8.2. Diese Datei könnte beispielsweise folgenden Inhalt haben:

```
import net.jini.jrmp.JrmpExporter;

com.sun.jini.reggie {
  serverExporter = new JrmpExporter();
  initialMemberGroups = new String[] { "jini.chat" };
}
```

Da Reggie das Herunterladen von fremdem Proxy–Code in die anfragenden Klienten veranlasst, läuft er unter der Kontrolle eines Sicherheitsmanagers und muss deshalb mit einer Policydatei gestartet werden, die genau das erlaubt. Aus Gründen der Einfachheit verwenden wir die in Abschnitt 3.4 vorgestellte Datei `all.policy`, die der Applikation sämtliche Rechte einräumt, gerade so, als würde sie ohne Sicherheitsmanager ablaufen.

```
java −Djava.security.policy=<POLICYHOME>/all.policy   \
     −jar <JINIHOME>/lib/start.jar                    \
     config/reggie.config
```

8.5   Jini aus Serversicht

Die Entwicklung und Bereitstellung eines Jini–Dienstes besteht aus den folgenden Schritten. Die Schritte 2 und 3 müssen offensichtlicherweise nicht in der angegeben Reihenfolge durchgeführt werden. Außerdem kann Schritt 3 bei der Verwendung eines RMI–Stubs auch ganz entfallen, so wie wir das an unserem Chat–Beispiel sehen werden.

1. Definition der Dienstschnittstelle

2. Implementierung des stationären Dienstteils

3. Implementierung des Dienstproxys

4. Anmelden des Dienstes beim Lookup–Service

Die Jini–Version unserer Chat–Anwendung, die wir im Folgenden vorstellen werden, baut auf der RMI–Kommunikationskomponente, wie wir sie in Kapitel 6 vorgestellt haben, auf. An der RMI–Kommunikation zwischen Sicht und Steuerung auf der einen Seite und Modell auf der anderen Seite ändern wir nichts. Konkret bedeutet das, dass wir für die Jini-Version die RMI–Klassen `RMIModelClient`, `RMIModelServer` und `RMIViewServer`, sowie die beiden Schnittstellen `IRemoteChatModel` und `IRemoteChatView` weiter verwenden.

Die beiden Fabrikklassen `RMIModelFactory` und `RMIViewFactory`, sowie die beiden Hauptklassen `RMIChatModel` und `RMIChatView` werden wir hingegen durch Jini-spezifische Implementierungen ersetzen.

8.5.1   Definition der Dienstschnittstelle

Genau wie bei Java RMI dient die Dienstschnittstelle als Spezifikation der Methoden, die der Klient am Server aufrufen kann. Im Falle von Jini ist es der Dienstproxy, der die Schnittstelle implementieren muss. Zusätzlich dient bei Jini die Dienstschnittstelle dem Klienten dazu, beim Lookup–Server die Art des Dienstes zu beschreiben, mit dem er vermittelt werden möchte.

Für unsere Chat–Beispielanwendung verwenden wir die bereits in Abschnitt 6.4.1 verwendete entfernte Schnittstelle `IRemoteChatModel`, die zur besseren Übersicht hier noch einmal wiederholt ist:

```
package chat.rmi;

import java.rmi.*;
import chat.*;

public interface IRemoteChatModel extends Remote {
    public boolean login(String name, IRemoteChatView view)
                                            throws Exception;
    public void utterComment(Contribution contribution)
                                            throws Exception;
    public String[] getNames() throws Exception;
    public void logout(String name) throws Exception;
}
```

Diese Schnittstelle beschreibt die Methoden, die der serverseitige Endpunkt des Kommunikationskanals von Sicht und Steuerung zum Modell bereitstellt. Genau diese Komponente soll in diesem Kapitel als Jini–Server dienen, weil damit die initiale Kontaktaufnahme zwischen Klient (Chat–Sicht) und Server (Chat–Modell) hergestellt werden kann.

Umgekehrt benötigen wir nur einen solchen initialen Kontaktpunkt; die zweite entfernte Schnittstelle aus Abschnitt 6.4.1, `IRemoteChatView`, wird deshalb nicht als Jini-Dienstschnittstelle verwendet.

8.5.2   Implementierung des stationären Dienstteils

Wie der stationäre Dienstteil implementiert, verteilt, konfiguriert und gestartet wird, ist nicht Teil der Jini-Spezifikation, sondern hängt von den speziellen Randbedingungen des jeweiligen Dienstes ab.

Für unsere Chat–Beispielanwendung verwenden wir als Implementierung des stationären Dienstteils die unveränderte RMI–Klasse `RMIModelServer`. Als denkbar schlankester Dienstproxy dient uns damit der RMI–Stub dieser Klasse und als stationärer Dienstteil die Kombination aus RMI–Skeleton und RMI–Serverobjekt.

8.5.3   Implementierung des Dienstproxys

Der Dienstproxy muss serialisierbarer Java-Code sein, der die Dienstschnittstelle implementiert. Wenn als Dienstproxy ein automatisch generierter RMI–Stub verwendet wird, ist das automatisch der Fall.

Als Dienstproxy für unsere Chat–Anwendung verwenden wir, wie bereits oben erwähnt, den RMI–Stub zur Klasse `RMIModelServer`.

8.5.4   Anmelden des Dienstes beim Lookup–Service

Um einen Jini-Dienst bei einem Lookup–Server anzumelden, müssen die folgenden Schritte durchgeführt werden:

- *Beschaffen einer Referenz auf einen Lookup–Server:* Für diesen Schritt enthält das Paket `net.jini.core` eine Utility–Klasse `LookupLocator`, die die Methode `getRegistrar` zum Auffinden eines Lookup–Services anbietet. Der Lookup–Locator wird beim Erzeugen mit der Jini–URI des Lookup–Service initialisiert. Der Lookup–Service im lokalen Netz beispielsweise ist immer unter der URI `jini://Localhost` erreichbar:

```
LookupLocator lookup =
                 new LookupLocator("jini://Localhost");
ServiceRegistrar registrar = lookup.getRegistrar();
```

- *Konstruieren eines `ServiceItem`–Objekts:* Dieses Objekt beinhaltet und beschreibt den zu registrierenden Dienst. Es besteht aus

  - dem Dienstproxy;
  - optional einer `ServiceID`, d.h. einem global eindeutigen Identifizierer, der genau diesen Dienst bezeichnet;
  - optional einem Array von beschreibenden Einträgen vom Typ `Entry`. Ein Eintrag kann beispielweise der benutzergewählte Name des Dienstes sein.

- *Registrieren des `ServiceItem`–Objekts beim Lookup–Service:*

```
registrar.register(serviceItem, Lease.FOREVER);
```

  Der obige Aufruf fordert vom Lookup–Service `registrar` einen Lease mit maximaler Lebensdauer an; außerdem führt der Lookup–Service automatisch die periodische Reregistrierung des Dienstes durch bevor der Lease abläuft.

In der Methode `createModelServer` der folgenden Klasse `JiniModelFactory` werden die oben genannten Schritte durchgeführt, um den serverseitigen Endpunkt des Kommunikationskanals von Sicht und Steuerung zum Modell als Jini–Service zu registrieren.

Beim Exportieren des zuvor erzeugten `RMIModelServer`–Objekts wird ein RMI–Stub erzeugt, den wir als Dienstproxy in das `ServiceItem`–Objekt eintragen. Als beschreibendes Attribut verwenden wir lediglich den selbstgewählten Dienstnamen `MyChatModel`; auf die Verwendung einer `ServiceID` verzichten wir, was man an der Angabe der `null`–Referenz im ersten Parameter des `ServiceItem`–Konstruktors erkennt.

```
package chat.jini;

import java.rmi.RMISecurityManager;
import java.rmi.server.UnicastRemoteObject;
import net.jini.core.discovery.LookupLocator;
import net.jini.core.entry.Entry;
import net.jini.core.lease.Lease;
import net.jini.core.lookup.*;
import net.jini.lookup.entry.Name;
import chat.*;
```

```
import chat.rmi.*;


public class JiniModelFactory implements IModelCommFactory {
  public void createModelServer(IChatModelClient model)
                                           throws Exception {
    System.setSecurityManager(new RMISecurityManager());

    LookupLocator lookup =
                  new LookupLocator("jini://Localhost");
    ServiceRegistrar registrar = lookup.getRegistrar();

    Entry[] attrs = new Entry[1];
    attrs[0] = new Name("MyChatModel");

    IRemoteChatModel obj = new RMIModelServer(model);
    IRemoteChatModel stub = (IRemoteChatModel)
              UnicastRemoteObject.exportObject(obj, 0);

    ServiceItem serviceItem =
                  new ServiceItem(null, stub, attrs);

    registrar.register(serviceItem, Lease.FOREVER);
  }
}
```

8.6   Jini aus Klientensicht

Ein Klient, der an einem bestimmten Jini–Dienst interessiert ist, muss die folgenden
Schritte durchführen:

- Er besorgt sich eine Referenz auf einen Lookup–Service. Dieser Schritt funktioniert
  genau wie auf der Serverseite.

- Er konstruiert ein *Service–Template*, das die gewünschten Eigenschaften des gesuchten Dienstes beschreibt und das ähnlich aufgebaut ist wie das `ServiceItem`–
  Objekt auf der Serverseite. Es kann aus den folgenden Komponenten bestehen:

  - Einer `ServiceID`;

  - Einem Array von Service–Typen, die der Dienst implementieren soll;

  - Einem Array von benutzerdefinierten Attributen vom Typ `Entry`.

- Er befragt den Lookup–Service nach einem Dienst, auf den das zuvor erzeugte
  Service–Template passt, das heißt der die darin spezifizierten Eigenschaften erfüllt.

Die obigen Schritte werden in der Methode `getModelClient` verwendet, um den Proxy des Dienstes zu bekommen, der den serverseitige Endpunkt des Kanals von Sicht und Steuerung zum Modell darstellt. Der einzige Servicetyp, den der Dienst implementieren muss, ist hierbei die Schnittstelle `IRemoteChatModel`.

Die andere Fabrikmethode, `createViewServer`, hat keine Jini-spezifische Funktionalität. Sie erzeugt und exportiert lediglich den serverseitigen Endpunkt des Rückkanals vom Modell zur Sicht als RMI–Serverobjekt.

```java
package chat.jini;

import java.rmi.server.UnicastRemoteObject;

import net.jini.core.discovery.LookupLocator;
import net.jini.core.entry.Entry;
import net.jini.core.lookup.*;
import net.jini.lookup.entry.Name;
import chat.*;
import chat.rmi.*;


public class JiniViewFactory implements IViewCommFactory {
  private RMIModelClient modelClient;

  public void createViewServer(IChatViewClient view)
                                      throws Exception {
    IRemoteChatView obj = new RMIViewServer(view);
    IRemoteChatView stub = (IRemoteChatView)
              UnicastRemoteObject.exportObject(obj, 0);
    modelClient.setViewServer(stub);
  }

  public IChatModelClient getModelClient() throws Exception {
    LookupLocator lookup =
                new LookupLocator("jini://localhost");
    ServiceRegistrar registrar = lookup.getRegistrar();
    Entry[] attrs = new Entry[1];
    attrs[0] = new Name("MyChatModel");
    Class<?>[] classes = { IRemoteChatModel.class };
    ServiceTemplate template =
                new ServiceTemplate(null, classes, attrs);
    IRemoteChatModel remoteModel =
            (IRemoteChatModel) registrar.lookup(template);
    modelClient = new RMIModelClient(remoteModel);
    return modelClient;
  }
}
```

8.7   Integration in die Chat–Applikation

Schließlich bleibt uns noch die Integration der abgeänderten Fabriken in die Chat–Applikation, indem wir eine entsprechende modell- und eine sichtseitige Hauptklasse definieren.

In der modellseitigen Hauptklasse `JiniChatModel` wird ein modellseitiges Fabrikobjekt instantiiert und dieses dem Konstruktor zur Erzeugung des Chat–Modells übergeben:

```
package chat.jini;

import chat.ChatModel;

public class JiniChatModel {
   public static void main(String[] args) {
      new ChatModel(new JiniModelFactory()).run();
   }
}
```

Entsprechend wird in der sichtseitigen Hauptklasse `JiniChatView` ein sichtseitiges Fabrikobjekt instantiiert und dieses dem Konstruktor zur Erzeugung der Chat–Sicht übergeben:

```
package chat.jini;

import chat.ChatView;

public class JiniChatView {
   public static void main(String[] args) {
      new ChatView(new JiniViewFactory()).run();
   }
}
```

8.8   Zusammenfassung

Jini füllt die Lücke, die andere Kommunikationsparadigmen wie Java RMI und CORBA bei der initialen Vermittlung zwischen Diensten und Servern offen lassen. Auf der anderen Seite ist die Kommunikation zwischen verteilten Dienstbestandteilen nicht Gegenstand der Jini–Spezifikation.

Diese Dienstevermittlung funktioniert selbst für dynamisch konfigurierte Netze, in die ständig neue Knoten hinzukommen und von denen sich laufend bestehende Knoten abmelden können. Diese Fähigkeit nennt man *Ad-hoc Networking* oder auch *Spontaneous Networking*.

Zwei wesentliche Prinzipien liegen der Jini-Architektur zugrunde:

1. Das *Dienstkonzept*, das eine Aufteilung von Jini-Diensten in einen zum Klienten herunterladbaren Dienstproxy und einen stationären Dienstteil vorsieht. Dabei ist in Jini nur spezifiziert, was notwendig ist, damit der Zusammenspiel zwischen Klienten und Diensten funktioniert, nämlich dass der Dienstproxy in Java implementiert sein muss. Nicht spezifiziert ist hingegen, in welcher Sprache der stationäre Dienstteil programmiert ist, ob dieser selbst verteilt ist, wie die Kommunikation zwischen Proxy und stationärem Teil durchgeführt wird und welche Teile der Dienstfunktionalität im Proxy und welche im stationären Dienstteil realisiert werden.

2. Der *Lookup-Service*, das Kernstück jeder Jini-Föderation. Jini-Dienste hinterlegen beim Lookup-Service bei der Registrierung ihren Dienstproxy. Registrierungen, die sogenannten *Leases*, gelten nur eine bestimmte Zeit. Werden sie nicht periodisch erneuert, verfallen sie. Dadurch gerät der Lookup-Service automatisch immer wieder in einen konsistenten Zustand (*Soft-State-Computing*). Jini-Klienten fragen den Lookup-Service nach passenden Diensten und bekommen deren Proxies geliefert, die sie genauso verwenden können wie lokale Dienste. Für das Discovery-Protokoll zum Auffinden eines Lookup-Servers in einem fremden Netz verwenden Jini–Klienten und –Dienste IP-Multicast.

Jini ist in erster Linie eine Spezifikation, die die Funktionalität der beteiligten Komponenten, z.B. des Lookup-Services, festlegt. Jede Implementierung dieser Spezifikation darf sich Jini nennen. Außerdem bietet Sun Microsystems eine Referenzimplementierung an, die neben der unbedingt erforderlichen Funktionalität auch einige sog. *Convenience Classes* enthält, die das Entwickeln von Jini-Diensten und -Klienten erleichtern.

8.9   Übungsaufgaben

Aufgabe 8.1

Inwiefern eignet sich Jini dazu, schon vorhandene Dienste als Jini-Dienste anzubieten?

Aufgabe 8.2

Aufgrund welcher Konvention(en) können Jini-Klienten und -Dienste selbst in fremden Netzen einen Lookup-Service finden?

Aufgabe 8.3

Realisiert Jini die Transparenzaspekte

- Ortstransparenz?

- Migrationstransparenz?

- Relokationstransparenz?

- Replikationstransparenz?

- Fehlertransparenz?

Aufgabe 8.4

Gegeben ist die folgende Java-Schnittstelle `JiniReceiver`, die dieselbe Funktionalität anbietet wie die Schnittstelle `RMIReceiver` aus Aufgabe 6.2:

```
public interface JiniReceiver extends Remote {

  public void receiveMessage(String message)
                             throws RemoteException;
}
```

- Implementieren Sie einen Jini-Dienst, der die obige Schnittstelle `JiniReceiver` anbietet. Der Dienst soll die vom Klienten geschickte Nachricht `message` auf dem Bildschirm ausgeben. Realisieren Sie – analog zu unserer Chat-Anwendung – einen *schlanken* Dienstproxy, der nur aus einem RMI-Stub besteht.

- Implementieren Sie weiterhin eine Klasse `JiniSender`, die sich vom Lookup-Server einen Proxy des `JiniReceiver`-Dienstes holt und dann in einer Schleife jeweils eine Textzeile von der Tastatur einliest und mit dieser die entfernte Methode `receiveMessage` aufruft.

Aufgabe 8.5

Modifizieren Sie die Implementierung des Jini-Dienstes aus Aufgabe 8.4 so, dass als Dienst–Proxy nicht nur der RMI–Stub übertragen wird, sondern der gesamte Dienst. Nach dieser Änderung soll die Ausgabe der Methode `receiveMessage` nicht mehr in dem Kommandofenster erfolgen, in dem der Dienst, sondern in dem Fenster, in dem der Klient gestartet wurde.

8.10   Weiterführende Literatur

- Arnold, O'Sullivan, Scheifler, Waldo, Wollrath. *The Jini Specification*. Addison Wesley 1999, ISBN 0-201-61634-3.

- W. Keith Edwards. *Core Jini*. Prentice Hall PTR, zweite Auflage, 2000, ISBN 0130894087.

- Sing Li, Ronald Ashri, Mile Buurmeijer, Eric Hol. *Professional Jini*. Wrox Press 2000, ISBN 1861003552.

- W. Keith Edwards, Tom Rodden, *Jini Example by Example*. Prentice Hall PTR, 2001, ISBN 0130338583.

- Pistoia (Herausgeber), Reller, Gupta, Nagnur, Ramani. *JAVA 2 Network Security*. Prentice Hall, 1999. ISBN 0130155926.

9 Andere Ansätze

Nachdem wir bisher mit Java RMI, CORBA und Jini ausschließlich betriebssystemunabhängige Kommunikationsmechanismen betrachtet und zudem auch für die Socketprogrammierung Java verwendet haben, geben wir in diesem Kapitel einen kurzen Überblick über die entsprechenden Möglichkeiten der entfernten Kommunikation auf Basis von Microsoft Windows–Betriebssystemen.

Wir behandeln dazu einen etwas älteren Kommunikationsmechansimus, nämlich das sogenannte *Distributed Component Object Model DCOM* sowie das modernere *.NET–Framework*. DCOM ist zum einen deshalb interessant, weil es als direkte Konkurrenz zu CORBA entwickelt wurde und deshalb viele Gemeinsamkeiten mit CORBA aufweist. Zum anderen existieren heute zahlreiche Anwendungen, die DCOM für die Kommunikation verwenden.

Das .NET–Framework ist eine umfassendere Architektur, die nicht nur, aber eben auch Mechanismen zur Unterstützung von entfernter Kommunikation enthält. In dieser Hinsicht hat das .Net–Framework viele Gemeinsamkeiten mit Java Socketprogrammierung, Java RMI, aber auch mit CORBA, was sich aus seiner Mehrsprachigkeit ergibt. Dazu mehr in Abschnitt 9.2.

9.1 DCOM

Micosofts *Distributed Component Object Model DCOM* ist eine Erweiterung des *Component Object Model COM*, das ebenfalls von Microsoft entwickelt wurde. Beide Modelle basieren auf DCE und damit auch auf RPC. Mit Hilfe von COM und DCOM lassen sich binäre Bibliotheken (nahezu) beliebiger Programmiersprachen so kapseln, dass auf sie über eine sprachunabhängige Schnittstelle zugegriffen werden kann. COM vermittelt dabei zwischen Objekten, die im selben Prozessraum oder zumindest auf demselben Rechner ausgeführt werden; DCOM unterstützt zusätzlich Aufrufe zwischen entfernten Rechnern.

COM war ursprünglich Bestandteil von *OLE (Object Linking and Embedding) 1.0* und wird generell zusammen mit den MS-Windows-Betriebssystemen ausgeliefert. Für WinNT wurde seit Version 4.0 COM durch DCOM ersetzt. Nach wie vor bilden COM und DCOM die Grundlage für OLE und für ActiveX.

Um DCOM als Microsoft-proprietärem Ansatz bessere Chancen in der Konkurrenz gegenüber CORBA einzuräumen, übergab Microsoft die weitere ActiveX- und damit auch (D)COM-Spezifikation an ein unabhängiges Konsortium, die sog. *Active Group*. Diese steht unter der Schirmherrschaft der *Open Group*. Ihr gehören neben Microsoft Firmen wie z.B. Adobe, DEC, HP, SAP und SNI an.

9.1.1   DCOM Objektmodell

Eine Besonderheit des DCOM Objektmodells ist, dass es keine Vererbung, sondern stattdessen Delegation und Aggregation unterstützt. Während man lange Zeit die Vererbung als essentielle Eigenschaft von Objektorientierung betrachtet hat, ist dem heute nicht mehr so. In jüngerer Zeit hat sich die Erkenntnis durchgesetzt, dass Vererbung zu unerwünschten Code-Abhängigkeiten führen kann, bis hin zum sogenannten *Problem der zerbrechlichen Basisklasse (fragile base class problem)*, bei dem scheinbar korrekte Änderungen einer Basisklasse zu Fehlern in den Subklassen führen können. Entwicklern wird deshalb heute geraten, Vererbung[1] nur sparsam zu verwenden, und stattdessen Delegation und Komposition einzusetzen. Hinweise zu weiterführender Literatur zu diesem Thema finden sich in Abschnitt 9.5.

In DCOM hat das Fehlen von Vererbung seinen Ursprung darin, dass DCOM in erster Linie zur Integration bereits vorhandenen Codes gedacht ist. Für dieses Anwendungsgebiet spielt Wiederverwendung durch Vererbung ohnehin nur eine untergeordnete Rolle.

DCOM kapselt also binären Code ein und definiert die Interaktion mehrerer solcher Codeblöcke untereinander. Jedes DCOM-Objekt kann dabei eine oder mehrere DCOM-Schnittstellen anbieten, die jeweils eine Menge öffentlich verfügbarer Methoden umfassen. Eine DCOM-Schnittstelle wird realisiert als eine virtuelle Methodentabelle (*Virtual Table VTBL*), die derjenigen von C++ sehr ähnlich ist. Diese Architektur ist in Abbildung 9.1 dargestellt.

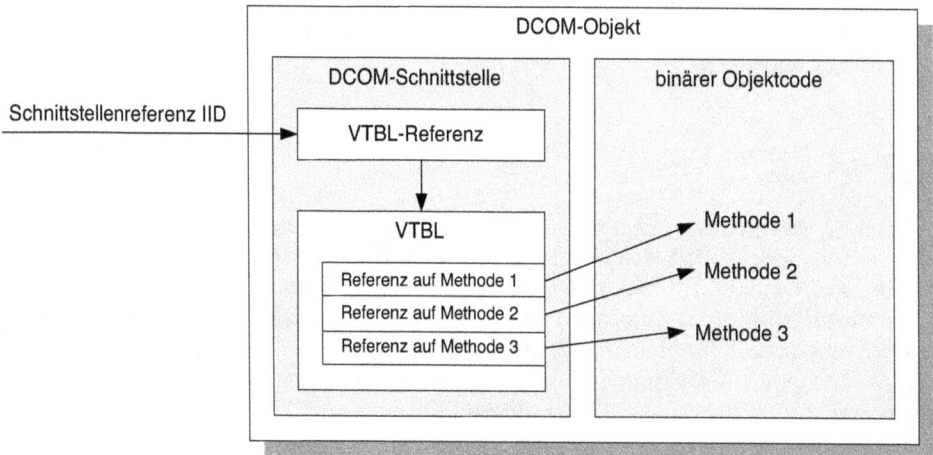

Abb. 9.1: *Realisierung einer DCOM-Schnittstelle als virtuelle Methodentabelle*

Die virtuellen Methodentabellen, die die DCOM-Schnittstellen darstellen, müssen vom Entwickler selbst erstellt werden; dies erhöht den Implementierungsaufwand und verringert die Portabilität im Vergleich zu CORBA erheblich. Dabei ist die Implementierung

---

[1]Das betrifft nur die sogenannte *Implementierungsvererbung*, also die Vererbung von Code. *Schnittstellenvererbung* und damit zusammenhängend Polymorphismus gelten weiterhin als wünschenswerte objektorientierte Techniken.

eines DCOM-Objektes in C++ die einfachste Variante, weil – zumindest wenn ein Microsoft C++-Compiler verwendet wird – die C++-Methodentabelle als VTBL eingesetzt werden kann. Für andere Sprachen als C++ ist der Aufwand wesentlich höher.

Der Zugriff auf ein DCOM-Objekt geschieht immer über eine Schnittstelle. Jede Schnittstelle hat einen systemweit eindeutigen Identifizierer, den sog. *Interface Identifier IID*. In DCOM-Terminologie wird ein systemweit eindeutiger Identifizierer allgemein als *Globally Unique Identifier GUID* bezeichnet.

Eine DCOM-Klasse hat ebenfalls einen GUID, den sog. *Class Identifier CLSID*. Damit kann ein Klient ein DCOM-Objekt der entsprechenden Klasse instanziieren. Gleichzeitig erhält der Klient einen IID auf die Schnittstelle *IUnknown*, die die Methoden *QueryInterface*, *AddRef* und *Release* enthält. Jede DCOM-Klasse muss zumindest diese Schnittstelle *IUnknown* realisieren.

Um von einem neu instanziierten DCOM-Objekt eine Referenz auf eine bestimmte Schnittstelle zu erlangen, wird die Methode *QueryInterface* aus *IUnknown* aufgerufen, mit dem Namen der gewünschten Schnittstelle als Parameter.

Die Methoden *AddRef* und *Release* erhöhen bzw. verringern einen Referenzzähler auf das entsprechende Objekt. Die Methode *AddRef* wird automatisch aufgerufen, wenn eine Referenz auf das Objekt herausgegeben wird. Die Methode *Release* muss von einem Klienten, der eine Referenz nicht mehr benötigt, selbst aufgerufen werden. Sobald ein Referenzzähler auf den Wert Null sinkt, kann das entsprechende DCOM-Objekt freigegeben werden.

Wie bereits zu Beginn des Abschnitts erwähnt, unterstützt DCOM keine Vererbung. Stattdessen bietet es die Konzepte der *Aggregation* bzw. der *Delegation* an. In beiden Fällen können Objekte in andere Objekte eingebettet werden. Die Schnittstellen der inneren Objekte werden dabei nach außen weitergereicht:

- *Aggregation* wird eingesetzt, wenn die *gesamte* Schnittstelle eines inneren Objektes außen sichtbar werden soll. Die entsprechenden Methoden werden dazu direkt von der virtuellen Methodentabelle des äußeren Objektes referenziert.

- *Delegation* wird verwendet, wenn nur ein *Teil* der Schnittstelle des inneren Objektes außen sichtbar werden soll. Die entsprechenden Methoden werden dazu vom äußeren Objekt angeboten, das sich zur Realisierung dann der Methoden des inneren Objektes bedienen kann.

Beide Mechanismen, Aggregation und Delegation, sind in Abbildung 9.2 graphisch dargestellt.

Das Kommunikationsmodell von DCOM macht einen Unterschied zwischen Aufrufen innerhalb eines Prozesses und Aufrufen über Prozessgrenzen hinweg. Im ersten Fall verweist eine Schnittstellenreferenz *direkt* auf die entsprechende virtuelle Methodentabelle; diese sog. *In-Proc Server* sind als Bibliotheken realisiert, die zu dem Klienten-Prozess dazugebunden werden.

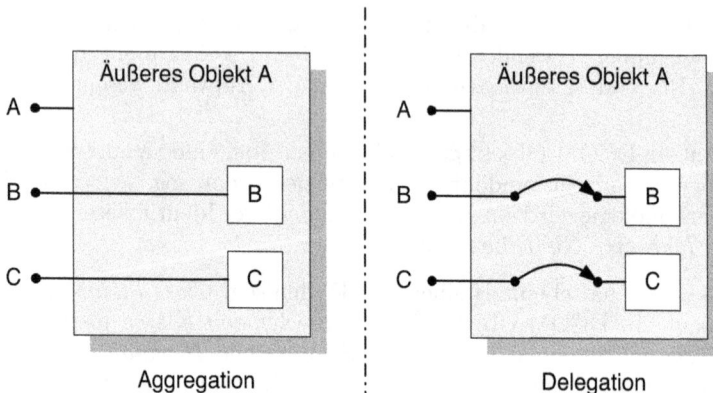

Abb. 9.2: *Aggregation und Delegation in DCOM*

Im zweiten Fall verweist die Referenz auf ein Proxyobjekt im Prozessraum des Klienten. Dieses versendet dann den eigentlichen Methodenaufruf über RPC an ein Stub-Objekt im Server-Prozessraum, den sog. *Out-of-Proc Server*.

Auch mit DCOM sind dynamische Methodenaufrufe möglich. Zu diesem Zweck bietet die sog. *Type Library* die Schnittstelle *IDispatch* an, die wiederum die Methode *GetTypeInfo* enthält. Mit ihrer Hilfe kann ein Klient nach einer Methode und ihrer Parameterleiste suchen. Der entsprechende Methodenaufruf kann dann zur Laufzeit dynamisch zusammengestellt werden.

Im Gegensatz zu CORBA verwendet DCOM zwei verschiedene Schnittstellenbeschreibungssprachen, nämlich die *Interface Definition Language IDL* und die *Object Description Language ODL*. Die DCOM-IDL wird dazu verwendet, mit Hilfe eines Compilers Proxy- und Stub-Objekte sowie den Code für das Parameter-Marshalling und -Demarshalling zu generieren. Die DCOM-ODL wird benötigt, um die Informationen, die für dynamische Methodenaufrufe benötigt werden, in die Type Library einzutragen. Im Gegensatz dazu wird in CORBA die Information für das Interface Repository ebenfalls aus der CORBA-IDL erzeugt.

9.2   .NET–Framework

Das .Net–Framework ist eine in die Windows–Betriebssysteme integrierte Software-Plattform der Firma Microsoft, auf der Programme in verschiedenen, sogenannten *.NET–Sprachen*, entwickelt werden können. Derzeit gehören zu den .Net–Sprachen C#, C++, Visual Basic .NET (VB.NET), J# und JScript .NET.

Es können dabei sogar innerhalb einer .NET–Anwendung verschiedene Sprachen verwendet werden. Möglich ist das durch ein Ausführungsmodell, dass dem von Java sehr ähnlich ist: In einem ersten Schritt wird der in einer .NET–Sprache geschriebene Quellcode in ein sprachunabhängiges Zwischenformat, die *Common Intermediate Language*

(CIL), übersetzt. Das CIL–Format entspricht in etwa Java Bytecode. Das CIL–Format kann dann von einer virtuellen .NET–Maschine – der sogenannten *Common Language Runtime (CLR)* – ausgeführt werden, die in etwa der virtuellen Javamaschine entspricht.

Ebenso wie eine moderne virtuelle Javamaschine (JVM) verwendet die .NET CLR einen *Just-in-Time-Compiler (JIT-Compiler)*, um den CIL–Code während der Ausführung in Maschinencode zu übersetzen. Dadurch wird jeder Codeabschnitt, der mehr als einmal durchlaufen wird, ab der zweiten Ausführung mit derselben Geschwindigkeit ausgeführt wie nativer Maschinencode. Alternativ – und auch das ist analog zu Java – kann der CIL–Code vor der Ausführung in nativen Code übersetzt werden, wodurch die eigentliche Ausführung nochmals beschleunigt wird. Natürlich geht eine solche Vorübersetzung des sprachunabhängigen Zwischencodes zu Lasten der Maschinenunabhängigkeit.

Die .NET–Plattform enthält eine ganze Reihe von Klassenbibliotheken, unter anderem für die Programmierung mit Sockets. Diese Bibliotheken liegen im CIL–Format vor und können von allen .NET–Sprachen aus verwendet werden.

Derzeit ist der volle .NET–Funktionsumfang nur für Windows–Betriebssysteme verfügbar.

9.2.1   Sockets

Von allen .NET–Sprachen ist C# diejenige, die Java am ähnlichsten ist, und zwar nicht nur rein syntaktisch, sondern auch, was die Auswahl unterstützter und nicht unterstützter Konzepte der objektorientierten Programmierung angeht. Wer Erfahrung mit Socketprogrammierung in Java hat, wird auch mit Socketprogrammierung in C# keine Probleme bekommen.

Naheliegenderweise unterstützt auch .NET die beiden wichtigsten IP-basierten Transportprotokolle UDP und TCP, indem zwei verschiedene Arten von Sockets angeboten werden, nämlich solche, die UDP–Endpunkte darstellen und solche, die TCP–Endpunkte darstellen:

UDP: Für die Kommunikation über das paketorientierte UDP–Transportprotokoll gibt es in .NET die Klasse `UdpClient`. Eine Instanz dieser Klasse stellt einen UDP–Endpunkt dar, über den UDP–Pakete sowohl verschickt als auch empfangen werden können. Die .NET–Klasse `UdpClient` entspricht in etwa der Java–Klasse `DatagramSocket`.

TCP: Für die Kommunikation über das verbindungsorientierte TCP–Transportprotokoll stellt .NET zwei Klassen bereit, nämlich `TcpListener` und `TcpClient`.

Ein TCP–Server verwendet eine Instanz der Klasse `TcpListener`, um mit Hilfe der Methode `AcceptTcpClient` (blockierend) auf eingehende Verbindungswünsche zu horchen. Sobald ein solcher Wunsch eingeht, liefert die Methode ein neues Objekt der Klasse `TcpClient` zurück, über das dann die eigentliche Kommunikation mit dem entfernten Endpunkt abgewickelt wird. Die .NET–Klasse `TcpListener` entspricht damit in etwa der Java–Klasse `ServerSocket`, während die .NET–Klasse `TcpClient` der Java–Klasse `Socket` entspricht.

Ein TCP–Client hingegen verwendet direkt die Klasse `TcpClient`, um eine Verbindung zu einem entfernten TCP–Server aufzubauen. Dazu ruft man entweder an dem `TcpClient`–Objekt die Methode `Connect` auf, der man die Adresse des `TcpListener`–Objekts übergibt, oder man verwendet einen `TcpClient`–Konstruktor, der als Parameter die Adresse des `TcpListener`–Objekts übergeben bekommt und die Verbindung zum TCP–Server schon beim Erzeugen aufbaut.

Tabelle 9.1 fasst die grundlegenden Analogien zwischen der Socketprogrammierung in .NET und in Java noch einmal anschaulich zusammen.

.NET	Java
UdpClient	DatagramSocket
TcpListener	ServerSocket
AcceptTcpClient	accept
TcpClient	Socket
Connect	connect

Tabelle 9.1: *Grundlegende Analogien in der Socketprogrammierung zwischen .NET und Java.*

9.2.2   Serialisierung

Ebenso wie Java bietet auch .NET einen Mechanismus zur Serialisierung von Objekten an, der beispielsweise von .NET Remoting zum Transport eines Objektes von einem Rechner zu einem anderen verwendet wird, siehe Abschnitt 9.2.3.

Objekte können in .NET in zwei verschiedene Formate serialisiert werden, nämlich entweder

1. in ein Binärformat oder

2. in ein SOAP–Format;

SOAP ist ein Protokoll zum Austausch von XML–kodierten Daten über HTTP. Serialisierung von Objekten in das SOAP–Format erlaubt den Austausch von Objekten zwischen .NET–Applikationen und solchen Applikationen, die nicht .NET verwenden. Das Binärformat hingegen ist besonders platzsparend und effizient und eignet sich für homogene verteilte .NET–Anwendungen.

Die Serialisierung eines Objektes auf einen Strom geschieht mit Hilfe eines *Formatierers*. Durch den Typ des Formatierers wird festgelegt, in welches Format das zu serialisierende Objekt gewandelt werden soll. Vorgegebene Formatiererklassen sind `BinaryFormatter` und `SoapFormatter`.

Um eine Klasse serialisierbar zu machen, wird sie mit dem Attribut `Serializable` versehen; einzelne Komponenten, die nicht serialisiert werden sollen, werden mit dem

Attribut `NonSerialized` markiert. Das folgende C#–Codebeispiel definiert eine serialisierbare Klasse `MyClass`, deren Komponente `volatileNumber` nicht serialisiert werden
soll:

```
// C#

[ Serializable ]
public class MyClass {
    private int persistentNumber;
    [NonSerialized]
    private double volatileNumber;
}
```

Markierung mit dem Attribut `Serializable` entspricht dem Markieren einer Java–
Klasse mit der Schnittstelle `java.io.Serializable`. Das Attribut `NonSerialized` in
.NET entspricht dem Java–Modifizierer `transient`.

Ebenso wie in Java gibt es auch in .NET die Möglichkeit, das Serialisierungsformat
selbst zu definieren. Zu diesem Zweck muss die zu serialisierende Klasse `MyClass` nicht
mit dem Attribute `Serializable` markiert werden, sondern stattdessen die Schnittstelle `ISerializable` implementieren, die eine Methode `GetObjectData` enthält und
die mit dem Code zum Serialisieren eines Objekts der `MyClass` ausprogrammiert werden muss. Außerdem muss die Deserialisierung in Form eines Konstruktors der Klasse
`MyClass` vorgegeben werden, der als Parameter die Instanz in serialisierter Form übergeben bekommt. Die .NET–Schnittstelle `ISerializable` entspricht in etwa der Java–
Schnittstelle `Externalizable`.

9.2.3   .NET Remoting

.NET Remoting ist der in das .NET–Framework eingebaute Mechanismus für den entfernten Methodenaufruf. Auch in .NET werden dazu lokale Proxies verwendet, die dieselbe Schnittstelle anbieten wie das entfernte Objekt, das sie repräsentieren und die
eingehende Methodenaufrufe transparent weiterleiten.

Aufgrund der Verwendung des CIL–Zwischenformats und der damit verbundenen Möglichkeit, Code-Teile in einer beliebigen .NET–Sprache zu programmieren, gehört .NET
Remoting zu den Mechanismen für den *sprachunabhängigen Methodenfernaufruf*. Was
die praktische Verwendung von .NET Remoting angeht, gibt es allerdings noch größere
Ähnlichkeiten zu Java RMI als zu CORBA, wie wir im Folgenden sehen werden.

.NET Remoting aus Serversicht

Ein Objekt, das seine Methoden über den .NET-Remoting–Mechanismus für den entfernten Aufruf bereitstellt, wird *Remotable Object* genannt; die Java–Entsprechung dazu
wäre ein RMI–Serverobjekt. Um ein solches Remotable Object zu erzeugen, müssen die
folgenden Schritte durchgeführt werden:

- Die gewünschte Server–Funktionalität wird in einer Klasse, z.B. `MyRemotable`, implementiert, die die vorgegebene .NET–Klasse `MarshalByRefObject` spezialisiert.

- Um das Remotable Object tatsächlich entfernt zugreifbar zu machen, wird ein sogenannter *Kanal* erzeugt und registriert, der auf einem frei wählbaren Port auf eingehende Methodenaufrufe horcht. Es gibt in .NET zwei Klassen, die zu diesem Zweck verwendet werden können, nämlich `TcpChannel` und `HttpChannel`. Die Namen dieser Klassen geben das Protokoll an, über das die Methodenaufrufe versandt werden müssen.

  Dieser Schritt entspricht in etwa dem Exportieren eines Serverobjekts beim Java-RMI–Mechanismus.

- Schließlich wird das Remotable Object registriert. In diesem Schritt, der in gewisser Weise vergleichbar ist mit der Anmeldung eines RMI–Serverobjekts bei der RMI–Registry, wird dem Remotable Object ein logischer Name zugewiesen. Dieser Name wird damit zu einem Bestandteil der URL, unter der entfernte Klienten das Remotable Object ansprechen können. Insgesamt setzt sich diese URL zusammen aus

  - dem Protokoll, das sich aus der Art des verwendeten Kanals ergibt;
  - dem Namen des Hostrechners;
  - der Portnummer, unter der der Kanal registriert wurde;
  - dem frei gewählten logischen Namen.

  Desweiteren wird beim Registrieren des Remotable Objects der *Aktivierungsmodus* angegeben. .NET unterstützt zwei verschiedene Aktivierungsmodi:

  - *Singleton:* Bei diesem Modus wird genau eine Instanz des Remotable Objects erzeugt, die für alle eingehende Methodenaufrufe verwendet wird. Die Server–Instanz selbst wird *Singleton-Objekt* genannt. Dieser Aktivierungsmodus entspricht dem Standardaktivierungsmodell in Java RMI.
  - *SingleCall:* Bei diesem Modus wird für jeden eingehenden Methodenaufruf eine eigene Server–Instanz erzeugt, ein sogenanntes *SingleCall–Objekt*.

.NET Remoting aus Klientensicht

Ebenso wie bei Java RMI und CORBA besteht aus Klientensicht die Verwendung des .Net-Remoting–Mechanismus' aus zwei Phasen, nämlich

1. dem Besorgen einer entfernten Objektreferenz, und

2. dem anschließenden Aufrufen der entfernten Methoden auf dieselbe Art als wenn sie an einem lokalen Objekt aufgerufen würden.

Der erste Schritt, das Besorgen der entfernten Objektreferenz, läuft in .NET nach dem folgenden Schema ab:

- Der Klient erzeugt und registriert einen Kanal vom selben Typ wie das Remotable Object. Wenn also das Remotable Object einen Kanal vom Typ `TcpChannel` verwendet, dann muss auch der Klient einen `TcpChannel`–Kanal erzeugen. Analog muss der Klient einen `HttpChannel`–Kanal erzeugen, falls das Remotable Object auch einen solchen verwendet.

- Der Klient verwendet die Methode `Activator.GetObject`, um sich eine Referenz auf das Remotable Object zu besorgen. Diese Methode bekommt den Typ des gewünschten Objekts sowie die oben beschriebene URI übergeben.

  Der Aufruf der Methode `Activator.GetObject` ist vergleichbar mit dem Aufruf der Methode `Naming.resolve` in Java RMI, mit dem eine entfernte Referenz von der RMI Registry besorgt wird.

Abschließend sei noch erwähnt, dass .NET ein weiteres Serveraktivierungsmodell unterstützt, nämlich die sogenannten *klientenaktivierten Objekte* (im Gegensatz zu den *serveraktivierten Objekten*, über die wir bisher gesprochen haben). Bei diesem Aktivierungsmodell fordert ein Klient die Erzeugung einer neuen Serverinstanz an, die er dann als einziger Klient nutzen kann, und zwar über mehrere Methodenaufrufe hinweg. Auf diese Art ist es möglich, dass die Serverinstanz klientenspezifische Zustandsinformation speichern kann. Im Gegensatz dazu muss bei den beiden serveraktivierten Modellen jeder Klient bei jedem Methodenaufruf die gesamte benötigte Kontextinformation übergeben.

9.3 Zusammenfassung

Nachdem wir in den vorigen Kapiteln nur Java-basierte und plattformunabhängige Kommunikationsmechanismen behandelt haben, haben wir in diesem Kapitel einen kurzen Überblick über Microsoft–Windows–spezifische Alternativen gegeben.

Das Distributed Common Object Model (DCOM) ist eine Weiterentwicklung des Common Object Models (COM), das den sprachunabhängigen Methodenfernaufruf erlaubt, ähnlich zu CORBA. Technisch basiert DCOM auf virtuellen Methodentabellen, die nach außen die entfernten Schnittstellen eines DCOM–Objekts realisieren. Im DCOM–Objektmodell gibt es keine Vererbung; sie wird stattdessen durch Aggregation und Delegation ersetzt.

Für Code–Neuentwicklungen wurde DCOM abgelöst durch die Kommunikationsmechanismen, die das .NET–Framework bietet. .NET ist eine umfassende Software–Plattform, die es erlaubt, Anwendungscode in beliebigen .NET–Sprachen zu schreiben; diese umfassen C#, C++, VB.NET, J# und JScript.NET. Das .NET–Framework enthält nicht nur, aber auch Mechanismen für die Kommunikation in verteilten Anwendungen. Dazu gehören unter anderem *Socketprogrammierung*, *Serialisierung* und *.NET Remoting*.

Socketprogrammierung in .NET ist sehr ähnlich zur Socketprogrammierung in Java, ganz besonders wenn als Implementierungssprache C# verwendet wird. Für die symmetrische Kommunikation über UDP gibt es in .NET UDP–Sockets (`UdpClient`), für die asymmetrische TCP–Kommunikation gibt es zum einen TCP–Serversockets (`TcpListener`) und zum anderen TCP–Klientensockets (`TcpClient`).

Wie Java enthält auch .NET einen Serialisierungsmechanismus, mit dem Objekte in Byteströme konvertiert und wieder hergestellt werden können. Instanzvariablen, die nicht serialisiert werden sollen, können durch die Angabe des Attributs `NonSerialized` explizit ausgenommen werden.

Im Gegensatz zu Java kann in .NET zwischen zwei verschiedenen Serialisierungsformaten gewählt werden: einem Binärformat, das die Daten effizient und platzsparend darstellt und einem SOAP-Format, das die Daten in einem vom Menschen lesbaren XML–Format darstellt.

.NET Remoting schließlich ist ein Mechanismus zum entfernten Methodenaufruf. Durch die generelle Sprachunabhängigkeit des .NET–Frameworks fällt .NET Remoting in die Kategorie der Technologien für *sprachunabhängige* Methodenfernaufrufe. In der praktischen Anwendung ist .NET Remoting recht ähnlich zu Java RMI. .NET Remoting unterstützt mehrere Serveraktivierungsmodi. Es gibt serveraktivierte Objekte, und zwar entweder sogenannte Singleton–Objekte, bei denen genau eine Objektinstanz die Methodenaufrufe aller Klienten bedient, oder SingleCall–Objekte, die nur für die Bearbeitung einer einzigen Anfrage erzeugt werden. Außerdem gibt es klientenaktivierte Objekte, deren Instantiierung von der Klientenseite angefordert wird und die einen einzelnen Klienten über mehrere Methodenaufrufe hinweg bedienen.

> *We will all die of information overload unless we find a way to say things better and shorter. If we can't do both, then shorter is better.* – Edward Stephens

9.4   Übungsaufgaben

Aufgabe 9.1

Welche der Kommunikationsmechanismen

- *DCOM,*

- *.NET–Sockets,*

- *.NET Remoting*

sind sprachabhängig, welche sprachunabhängig?

Aufgabe 9.2

Vergleichen Sie den Java–RMI–Mechanismus der dynamischen Serveraktivierung (Abschnitt 6.8) mit den Serveraktivierungsmodellen in .NET. Gibt es einen .NET–Serveraktivierungsmodus, der der dynamischen RMI–Serveraktivierung entspricht?

9.5 Weiterführende Literatur

Weiterführende Literatur zum Thema Vererbung, Delegation und Komposition:

- E. Gamma, R. Helm, R. Johnson, J. Vlissides. *Entwurfsmuster – Elemente wiederverwendbarer objektorientierter Software*, Addison-Wesley, 2004, ISBN 3827321999.

- Leonid Mikhajlov and Emil Sekerinski. *A Study of The Fragile Base Class Problem*. Study, Turku Centre for Computer Science, Finland; McMaster University, Ontario, Canada, November 1998.

- Heiko von Drachenfels. *Komponentenorientierte Programmierung im Kleinen*, S. 136–143. Informatik Spektrum 28(2), 2005.

Weiterführende Literatur zum Thema DCOM:

- Thuan L. Thai. *Learning DCOM*. O'Reilly UK, 1999, ISBN 1565925815.

- Andreas Kosch. *COM/DCOM mit Delphi*. Software & Support Verlag, 1999, ISBN 3980673804.

- Volker Gruhn, Andreas Thiel. *Komponentenmodelle – DCOM, JavaBeans, Enterprise JavaBeans, CORBA*. Addison-Wesley, 2000. ISBN 382731724X.

Weiterführende Literatur zum Thema .NET:

- David Chappell. *Understanding .NET*. 2. Auflage, 2006, Addison-Wesley Professional, ISBN 0321194047.

- Fergal Grimes. *Microsoft .NET for Programmers*. Manning Publications, 2002, ISBN 1930110197.

- Fiach Reid. *Network programming in .NET: C# & Visual Basic .NET*, Digital Press, 2004, ISBN 1555583156.

- Ingo Rammer, Mario Szpuszta. *Advanced .NET Remoting*, Apress, 2. Auflage, 2005, ISBN 1590594177.

A   Lösungshinweise zu den Aufgaben

A.1   Kapitel 1 – Einführung in das Thema

Aufgabe 1.1

Einige Gründe dafür, die Konten verteilt zu verwalten, könnten sein:

- *Lastverteilung*: Die Anzahl der Konten pro Filiale ist vielleicht durch einen PC noch gut verwaltbar, nicht mehr aber die Gesamtzahl aller Konten.

- *Hohe Datenlokalität*: Die Konten sind geographisch dort abgespeichert, wo sie am häufigsten benötigt werden. Ein- und Auszahlungen beispielsweise werden meistens lokal in der Heimatfiliale erledigt.

- *Historie:* Wenn die Datenverteilung historisch so gewachsen ist, ist es mit sehr großem Aufwand verbunden, in einem Reengineering-Prozess alles zu ändern und gleichzeitig den täglichen Betrieb aufrecht zu erhalten.

- *Robustheit:* Netzwerkausfälle oder der Ausfall eines einzelnen Zentralrechners (*single point of failure*) verursachen bei dezentraler Verwaltung der Daten wesentlich weniger Störung für den laufenden Betrieb als bei einer zentralen Datenhaltung.

Aufgabe 1.2

Die wichtigsten Gründe dafür, eine Anwendung verteilt zu entwerfen, sind die folgenden:

- Verteiltheit der Aufgabe (Videokonferenz-Systeme, Internet–Telefonie, Fahrzeug-Leitsysteme).

- Robustheit.

- Bedarf von spezieller Hard– oder Software für Teilaufgaben.

- Wirtschaftlichkeit.

- Nutzung brachliegender Ressourcen.

Aufgabe 1.3

Einige der Schwierigkeiten in den einzelnen Phasen des Software–Lebenszyklus sind im
Folgenden stichwortartig zusammengefasst:

- *Entwurf:*

  - Wahl eines Verteilungsmodells
  - Wahl eines Kommunikationsparadigmas, abhängig von verfügbaren Kanälen

- *Implementierung:*

  - zusätzliche Fehlerfälle (Ausbleiben von Nachrichten, unerwartete Nachrichten)
  - inhärente Nebenläufigkeit

- *Testen:*

  - Modultest: Simulation entfernter Komponenten
  - Integrationstest: Zusammenspiel möglicherweise weit entfernter Komponenten
  - aufwendiges Logging

- *Debugging:*

  - schwierige Fehlerreproduktion, vor allem bei weit verteilten Systemen
  - Anhalten von Programmen im Debugger kann zu Timer–Problemen führen
  - nebenläufige Prozesse sind schwer zu debuggen

- *Betrieb:*

  - Ausfall einzelner Komponenten kann Absturz des gesamten Systems verursachen

- *Versionierung & Konfiguration:*

  - unterschiedliche Versionierungszyklen für verschiedene Komponenten
  - Komponenten müssen Versionsnummern austauschen
  - Komponenten müssen vorwärts- und rückwärtskompatibel sein

A.2   Kapitel 2 – Konzepte verteilter Anwendungen

Aufgabe 2.1

Verteilungstransparenz bedeutet, die Tatsache, dass eine Anwendung verteilt auf mehreren Rechnern läuft, vor dem Benutzer zu verbergen, so dass der Benutzer den Eindruck hat, es mit einer lokalen Applikation zu tun zu haben.

Verteilungstransparenz kann untergliedert werden in

- *Zugriffstransparenz*

- *Ortstransparenz*

- *Migrationstransparenz*

- *Relokationstransparenz*

- *Persistenztransparenz*

- *Nebenläufigkeitstransparenz*

- *Replikationstransparenz*

- *Fehlertransparenz*

Aufgabe 2.2

Das liegt vor allem daran, dass auf ausbleibende Nachrichten eine bestimmte Zeit gewartet werden muss, weil das Ausbleiben von Nachrichten an entfernten Ausfällen, aber auch an langsamen Netzverbindungen liegen kann. Diese Wartezeit kann nicht immer vor dem Benutzer verborgen werden.

Aufgabe 2.3

Weil der Benutzer einer Applikation sich nicht für deren technische Realisierung interessiert, sondern nur dafür, wie gut sie eine bestimmte Aufgabe erfüllt. Die Verteiltheit ist ein solches Realisierungsdetail. Ein solches Information-Hiding ist deshalb sinnvoll, weil unbekannte Realisierungsdetails problemlos geändert werden können. Prinzipiell kann eine verteilte Anwendung durch eine lokale ersetzt werden, ohne dass der Benutzer es bemerkt, wenn sie verteilungstransparent ist.

Aufgabe 2.4

Skalierbarkeit bezeichnet die Fähigkeit eines Systems, ohne wesentliche architekturelle Änderungen wachsen zu können.

Aufgabe 2.5

Es gibt die Dimensionen

- Skalierbarkeit bezüglich der Größe
- Skalierbarkeit bezüglich der geographischen Verteilung
- Skalierbarkeit bezüglich der administrativen Verteilung

Aufgabe 2.6

Die folgende Tabelle stellt die Hindernisse und Vermeidungsstrategien für die verschiedenen Dimensionen der Skalierbarkeit zusammen:

Dimension	Hindernisse	Vermeidungsstrategien
Skalierbarkeit bezüglich der Größe	zentrale Dienste, zentrale Daten, zentrale Algorithmen	Verteilung, Replikation
Skalierbarkeit bezüglich der geographischen Verteilung	Latenzzeiten Broadcast	lokale Vorverarbeitung, asynchrone Kommunikation
Skalierbarkeit bezüglich der administrativen Verteilung	Sicherheitsrichtlinien, Kosten & Nutzen	konservative Annahmen, Geschäftsmodell

Aufgabe 2.7

Peer-To-Peer-Architekturen sind im allgemeinen gut skalierbar bezüglich der Größe, aber schlecht skalierbar bezüglich der administrativen Verteilung.

Aufgabe 2.8

Bei geographisch weiter Verteilung kann das initiale Finden der Peer-To-Peer-Gemeinschaft nicht über einen Broadcast-Mechanismus erfolgen, sondern erfordert einen Bootstrap-Server. Dieser Server sollte:

- nur eine konstante Anzahl Peers kennen;
- einem einfachen Request/Response-Protokoll ohne Sitzungsbegriff folgen;
- nicht am Nutzdatenaustausch beteiligt sein.

Aufgabe 2.9

Nein, das ist nicht garantiert. In C ist nicht festgelegt, welche Größe die einzelnen Datentypen haben. Die Datenstruktur kann also auf Quell- und Zielrechner verschiedene Formate haben, so dass sie auf dem Zielrechner anders interpretiert wird als auf dem Quellrechner.

Aufgabe 2.10

Nein, es wird auch eine Semantikbeschreibung benötigt, also eine Beschreibung dessen, was der Dienst leistet. Lediglich der Prozedur- bzw. Methodenname sowie die Namen und Typen der Parameter genügen dafür im allgemeinen nicht.

Diese Beschreibung kann entweder informell durch eine natürlichsprachige Kommentierung oder aber in einer formalen Beschreibungssprache erfolgen.

A.3   Kapitel 3 – Programmiertechniken

Aufgabe 3.1

(a) Eine mögliche Implementierung als Subklasse von **Thread** könnte wie folgt ausse-
    hen:

```
import javax.swing.JOptionPane;

public class ThreadedSquares extends Thread {

  private int number;

  public ThreadedSquares(int number) {
    this.number = number;
  }

  public void run() {
    System.out.println(number + " zum Quadrat = "
                              + (number * number) );
  }

  public final static void main(String[] args) {
    int number = Integer.valueOf(
                JOptionPane.showInputDialog("Zahl:"));

    while ( number != 0 ) {
      new ThreadedSquares(number).run();
      number = Integer.valueOf(
                JOptionPane.showInputDialog("Zahl:"));
    }
  }
}
```

(b) Eine mögliche Implementierung mit Hilfe der **Runnable**-Schnittstelle könnte wie
    folgt aussehen:

```
import javax.swing.JOptionPane;

public class ThreadedSquares implements Runnable {

  private int number;

  public ThreadedSquares(int number) {
    this.number = number;
  }
```

```java
public void run() {
    System.out.println(number + " zum Quadrat : "
                              + (number * number) );
}

public final static void main(String[] args) {
    int number = Integer.valueOf(
                    JOptionPane.showInputDialog("Zahl:"));

    while ( number != 0 ) {
        new Thread(new ThreadedSquares(number)).run();
        number = Integer.valueOf(
                    JOptionPane.showInputDialog("Zahl:"));
    }
}
}
```

Aufgabe 3.2

(a) Bei einem Ein-Prozessor-Computer sieht man immer mehrere Ausgaben desselben Threads hintereinander, bevor die Kontrolle umschaltet auf den nächsten Thread.

(b)
```java
public class EasyThread implements Runnable {
    private static final int NUMBER_OF_THREADS = 10;

    public void run() {
        while ( true ) {
            System.out.println(
                    Thread.currentThread().getName());
        }
    }

    public static void main( String args[] ) {
        for ( int i = 0; i < NUMBER_OF_THREADS; i++ ) {
            new Thread(EasyThread()).start();
        }
    }
}
```

(c)
```java
public class NoSyncThread implements Runnable {
    private static final int NUMBER_OF_THREADS = 10;
    private static final int SLEEP_TIME = 200;
```

```
private void criticalSection () {
  System.out.println(Thread.currentThread().getName());
  try {
    Thread.sleep(SLEEP_TIME);
  } catch (InterruptedException e) {
    e.printStackTrace();
  }
}

public void run () {
  while ( true ) {
    criticalSection ();
  }
}

public static void main( String args[] ) {
  for ( int i = 0; i < NUMBER_OF_THREADS; i++ ) {
    new Thread(new NoSyncThread ()).start ();
  }
}
}
```

Die Ausgabe erfolgt immer noch quasi-parallel, da jeder Thread ein eigenes Objekt darstellt und daher seinen eigenen Monitor besitzt. Trotz der synchronisierten Methode `criticalSection` sperren die Threads sich deshalb nicht gegenseitig.

(d) Man benötigt ein gemeinsames Objekt für alle Threads, an dessen Monitor sie sich gegenseitig sperren können. Dazu kann zum Beispiel eine Klassenvariable `semaphore` vom Typ `Object` verwendet werden:

```
public class SyncThread implements Runnable {
  private static final int NUMBER_OF_THREADS = 10;
  private static final int SLEEP_TIME = 200;
  private static Object semaphore = new Object();

  private synchronized void criticalSection () {
    synchronized ( semaphore ) {
      System.out.println(Thread.currentThread().getName());
      try {
        Thread.sleep(SLEEP_TIME);
      } catch (InterruptedException e) {
        e.printStackTrace();
      }
    }
  }

  public void run () {
    while ( true ) {
```

```
          criticalSection (),
       }
    }

    public static void main( String args [] ) {
       for ( int i = 0; i < NUMBER_OF_THREADS; i++ ) {
          new Thread (new SyncThread ()). start ();
       }
    }
}
```

Aufgabe 3.3

(a) Die vollständige Klasse `ObjectReaderWriter` könnte beispielsweise wie folgt aussehen:

```
import java.io.*;
import javax.swing.*;

public class ObjectReaderWriter {
   private JFrame parent;
   private SerializableClass obj;

   public ObjectReaderWriter (JFrame parent,
                                SerializableClass obj) {
      this.parent = parent;
      this.obj = obj;
   }

   public void writeData () {
      JFileChooser chooser = new JFileChooser ();
      ObjectOutputStream oos = null;

      int returnVal = chooser.showSaveDialog (parent);
      if (returnVal == JFileChooser.APPROVE_OPTION) {
         File file = chooser.getSelectedFile ();

         //************************************************
         // insert serialization here
         // - create an ObjectOutputStream
         // - write the object into the specified file
         // - make sure the stream is flushed
         //************************************************

         try {
            oos = new ObjectOutputStream (
```

```
                                       new FileOutputStream ( file ));
             oos . writeObject ( obj );
             oos . flush ();
          } catch (Exception e) {
             e . printStackTrace ();
          }
       }
    }

    public String readData () {
       ObjectInputStream ois = null;

       JFileChooser chooser = new JFileChooser ();
       int returnVal = chooser . showOpenDialog ( parent );
       if ( returnVal == JFileChooser .APPROVE_OPTION) {
          File file = chooser . getSelectedFile ();

          //*********************************************
          // insert deserialization here
          // - create an ObjectInputStream .
          // - read the serializable object from the
          //   stream and store it in the instance
          //   variable 'obj'
          //*********************************************

          try {
             ois = new ObjectInputStream (
                             new FileInputStream ( file ));
             obj = ( SerializableClass) ois . readObject ();
          } catch (Exception e) {
             e . printStackTrace ();
          }
       }
       return obj . toString ();
    }
}
```

(b) Die erweiterte Klasse **SerializableClass**:

```
import java . io . Serializable ;

public class SerializableClass
                            implements Serializable {
   private static final long serialVersionUID = 1L;
   private int id;
   private String str ;
   private NonserializableClass obj;
```

```
SerializableClass () {
  this.id = 64;
  this.str = "Instance of SerializableClass";
  this.obj = new NonserializableClass ();
}

public String toString () {
  return "(id: " + id + ", str: " + str
              + ", obj: " + obj + ")";
}
}
```

Mit dieser Erweiterung führt die Serialisierung zu einem Fehler, was daran liegt, dass die neue Instanzvariable nicht serialisierbar ist.

(c) Wenn die Instanzvariable `obj` als transient deklariert wird, kann eine Instanz der Klasse `SerializableClass` wieder serialisiert und deserialisiert werden. Allerdings hat die Variable `obj` nach dem Deserialisieren den Wert `null`, weil sie vom (De-)serialisierungsvorgang ausgenommen ist.

A.4 Kapitel 4 – Beispielanwendung

Aufgabe 4.1

Wie bereits in der Aufgabenstellung beschrieben, fungieren für die lokale Version der Chat–Applikation das Modell und die Sicht direkt als klientenseitige Endpunkte der beiden Kommunikationskanäle. Dadurch entfallen die serverseitigen Endpunkte, wodurch wiederum die Fabrikmethoden `IModelCommFactory.createModelServer` und `IViewCommFactory.createViewServer` zu Methoden mit leeren Rümpfen degenerieren. Die modellseitige Fabrikklasse `LocalModelFactory` enthält demnach nur eine leere Methode:

```
package chat.local;

import chat.IChatModelClient;
import chat.IModelCommFactory;

public class LocalModelFactory implements IModelCommFactory {
  public void createModelServer(IChatModelClient model)
                                          throws Exception {
  }
}
```

Die sichtseitige Fabrik enthält neben der leeren Methode `createViewServer` die Methode `getModelClient`, die eine Referenz auf das Model zurückliefert. Das Fabrikobjekt selbst bekommt das Modell bei seiner Instantiierung übergeben, speichert es ab, und reicht es dann in der Methode `getModelClient` weiter an das aufrufende `ChatView`–Objekt.

```
package chat.local;

import chat.*;


public class LocalViewFactory implements IViewCommFactory {
  ChatModel model;

  public LocalViewFactory(ChatModel model) {
    this.model = model;
  }

  public void createViewServer(IChatViewClient view)
                                          throws Exception {
  }

  public IChatModelClient getModelClient() throws Exception {
    return model;
  }
}
```

In der Hauptklasse `LocalChat` schließlich wird ein `ChatModel` erzeugt und dabei mit einem `LocalModelFactory`–Fabrikobjekt versorgt. Mit dem `ChatModel` als Parameter wird ein sichtseitiges Fabrikobjekt erzeugt, und anschließend wird die vom Benutzer gewünschte Anzahl von `ChatView`–Objekten erzeugt und gestartet.

```java
package chat.local;

import chat.*;

public class LocalChat {
  public static void main(String[] args) {
    if ( args.length != 1 ) {
      System.out.println(
              "usage: java chat.local.LocalChat <clients>");
      System.exit(1);
    }
    ChatModel model = new ChatModel(new LocalModelFactory());
    model.run();

    IViewCommFactory viewFactory =
                              new LocalViewFactory(model);
    for ( int i = 0; i < Integer.valueOf(args[0]); i++ ) {
      new ChatView(viewFactory).run();
    }
  }
}
```

A.5   Kapitel 5 – Sockets

Aufgabe 5.1

Portnummern sind in die folgenden drei Bereiche aufgeteilt:

Bereich	Ports
0 — 1023	priviligierte Ports
1024 — 49151	registrierte Ports
49152 — 65525	dynamische (private) Ports

Aufgabe 5.2

UDP eignet sich zur Übertragung von Echtzeit-Sprachdaten besser als TCP, weil bei Echtzeitdaten eine schnelle Auslieferung wichtiger ist als eine garantierte Auslieferung. Daten, die zu spät ankommen, sind bei Echtzeitdaten häufig sowieso wertlos und werden auf der Anwendungsebene verworfen. Kleine Aussetzer im Datenstrom können oftmals durch Interpolieren ausgeglichen werden, ohne dass der Benutzer das wahrnehmen würde.

Aufgabe 5.3

Ein UDP–Datagrampaket hat eine maximale Länge von 64 kByte inklusive des Paketheaders.

Aufgabe 5.4

Eine mögliche Realisierung der Klasse `UDPSender` könnte wie folgt aussehen:

```java
import java.net.*;

public class UDPSender {
  private DatagramSocket socket;

  public UDPSender() {
    try {
      socket = new DatagramSocket(8210);
    } catch (SocketException e) {
      e.printStackTrace();
    }
  }

  public void sendMessage(byte[] message) {
    DatagramPacket datagram = null;

    try {
      datagram = new DatagramPacket(message, message.length,
                          InetAddress.getLocalHost(), 8205);
    } catch (Exception e) {
```

```
      e . printStackTrace ( );
   }

   try {
      socket . send ( datagram );
   } catch ( Exception e ) {
      e . printStackTrace ( );
   }
}

public static void main( String [] args ) {
   UDPSender sender = new UDPSender ( );
   byte [] message = new byte [ 64 ];

   while ( true ) {
      System . out . print ( "Your message : " );
      try {
         System . in . read ( message );
      } catch ( Exception e ) {
         e . printStackTrace ( );
      }
      sender . sendMessage ( message );
   }
} // main

} // UDPSender
```

Entsprechend könnte die Klasse `UDPReceiver` wie folgt realisiert sein:

```
import java . net .*;

public class UDPReceiver {
   private DatagramSocket socket ;
   private DatagramPacket datagram ;

   public UDPReceiver ( ) {
      try {
         socket = new DatagramSocket ( 8205 );
      } catch ( Exception e ) {
         e . printStackTrace ( );
      }

      byte [] bytes = new byte [ 64 ];
      datagram = new DatagramPacket ( bytes , 64 );
   }

   public void getMessage ( ) {
```

```
    try {
      socket.receive(datagram);
    } catch (Exception e) {
      e.printStackTrace();
    }

    System.out.println("Message from " + datagram.getAddress()
            + "/" + datagram.getPort() + ": "
        + datagram.getData());
  }

  public static void main(String[] args) {
    UDPReceiver receiver = new UDPReceiver();

    System.out.println("Receiver is waiting for messages..");

    while (true) {
      receiver.getMessage();
    }
  }
} // UDPReceiver
```

Aufgabe 5.5

Die folgende Lösung einer modifzierten Klasse `UDPModelServer` verwendet eine innere
Klasse `UDPModelThread` zur Bearbeitung einzelner Anfragen:

```
import java.net.*;
import chat.*;
import chat.udp.*;

public class UDPModelServer extends Thread {
  private DatagramSocket socket;
  private IChatModelClient model;

  private class UDPModelThread extends Thread {
    DatagramPacket packet;

    public UDPModelThread(DatagramPacket packet) {
      this.packet = packet;
    }

    public void run() {
      try {
        UDPMessage message = UDPMessage.toUDPMessage(packet);

        if (message.getCommand().equals("login")) {
```

```
                String name = (String) message.getArgs().get(0);
                String hostname = (String) message.getArgs().get(1);
                Integer port = (Integer) message.getArgs().get(2);

                boolean login = model.login(name,
                                new UDPViewClient(hostname, port));
                UDPMessage response =
                                new UDPMessage("loginResponse");
                response.addArgument(login);
                response.send(packet.getAddress(),
                                packet.getPort(), socket);
            }

            if (message.getCommand().equals("logout")) {
                model.logout((String) message.getArgs().get(0));
            }

            if ("utterComment".equals(message.getCommand())) {
                model.utterComment(
                        (Contribution) message.getArgs().get(0));
            }

            if ("getNames".equals(message.getCommand())) {
                UDPMessage response =
                                new UDPMessage("getNamesResponse");
                response.addArgument(model.getNames());
                response.send(packet.getAddress(),
                                packet.getPort(), socket);
            }
        } catch (Exception e) {
            e.printStackTrace();
        }
    }
}

public UDPModelServer(IChatModelClient model) {
    this.model = model;
    try {
        socket = new DatagramSocket(
                            UDPMessage.MODEL_SERVER_PORT);
    } catch (SocketException e) {
        e.printStackTrace();
    }
}

public void run() {
    while (true) {
```

```
    try {
      DatagramPacket packet = UDPMessage.receive(socket);
      new UDPModelThread(packet).start();
    } catch (Exception e) {
      e.printStackTrace();
    }
  }
 }
}
```

Aufgabe 5.6

Die Instanzmethode

public InputStream Socket.getInputStream();

liefert den mit dem Socket assoziierten Eingabestrom, die Instanzmethode

public OutputStream Socket.getOutputStream();

den mit dem Socket assoziierten Ausgabestrom.

Aufgabe 5.7

Eine mögliche Realisierung der Klasse TCPSender könnte wie folgt aussehen:

```
import java.io.*;
import java.net.*;

public class TCPSender {
  private Socket socket;
  private ObjectOutputStream out;
  private ObjectInputStream in;

  public TCPSender() {
    try {
      socket = new Socket("localhost", 8210);
      out = new ObjectOutputStream(socket.getOutputStream());
      in = new ObjectInputStream(socket.getInputStream());
    } catch (Exception e) {
      e.printStackTrace();
    }
  }

  public void sendMessage(byte[] message) {
    try {
      out.writeObject(new String(message));
      in.readObject();
    } catch (Exception e) {
```

```
      e . printStackTrace ( ) ;
    }
  }

  public static void main(String [] args) {
    TCPSender sender = new TCPSender ();
    byte [] message = new byte [64];

    while (true) {
      System . out . print ("Your message: ");
      try {
        System . in . read (message);
      } catch (Exception e) {
        e . printStackTrace ();
      }
      sender . sendMessage (message);
    }
  }
}
```

Entsprechend könnte die Klasse `TCPReceiver` wie folgt realisiert sein:

```
import java . io .*;
import java . net .*;

public class TCPSender {
  private Socket socket;
  private ObjectOutputStream out;
  private ObjectInputStream in;

  public TCPSender () {
    try {
      socket = new Socket ("localhost", 8205);
      out = new ObjectOutputStream (socket . getOutputStream ());
      in = new ObjectInputStream (socket . getInputStream ());
    } catch (Exception e) {
      e . printStackTrace ();
    }
  }

  public void sendMessage (byte [] message) {
    try {
      out . writeObject (new String (message));
      in . readObject ();
    } catch (Exception e) {
      e . printStackTrace ();
    }
  }
```

```
}

public static void main(String[] args) {
  TCPSender sender = new TCPSender();
  byte[] message = new byte[64];

  while (true) {
    System.out.print("Your message: ");
    try {
      System.in.read(message);
    } catch (Exception e) {
      e.printStackTrace();
    }
    sender.sendMessage(message);
  }
}
}
```

A.6   Kapitel 6 – Java RMI

Aufgabe 6.1

Die verschiedenen Transparenzaspekte sind in Java RMI wie folgt erfüllt beziehungsweise nicht erfüllt:

Ortstransparenz: Eine entfernte Objektreferenz ist aus Benutzersicht nicht von einer lokalen Referenz zu unterscheiden. Ob Ortstransparenz gegeben ist, hängt davon ab, auf welche Weise die entfernte Objektreferenz beschafft wird. Wenn sie als Methodenparameter oder –ergebnis transportiert wurde, ist die Ortstransparenz gegeben. Ansonsten, wenn sie von der RMI-Registry geholt werden muss, ist die Ortstransparenz nicht gegeben, da der Klient wissen muss, auf welchem Rechner das Serverobjekt und damit auch die RMI-Registry laufen.

Migrationstransparenz: Sobald der Klient im Besitz der entfernten Objektreferenz ist, kann das Serverobjekt nicht mehr migrieren, ohne dass sich sein Stub und damit seine entfernte Objektreferenz ändert. Ebenso ändert sich die RMI-URI, wenn ein Objekt von einem Rechner zum anderen wandert. Migrationstransparenz ist deshalb in Java RMI nicht gegeben.

Relokationstransparenz: Da Migrationstransparenz nicht erfüllt ist, ist Relokationstransparenz erst recht nicht gegeben.

Nebenläufigkeitstransparenz: kann mit den in Java zur Verfügung stehenden Mitteln, nämlich kritischen Codeabschnitten und synchronisierten Methoden, realisiert werden.

Fehlertransparenz: ist in dem Maße gegeben, wie sie vom TCP–Transportprotokoll realisiert wird. TCP garantiert die Auslieferungsreihenfolge der versendeten IP–Pakte und sendet die Pakte wiederholt, bis ihr Empfang quittiert wird, oder aber bis ein entsprechender Timer abläuft. Wenn das geschieht und damit die Auslieferung komplett fehlschlägt, wird der Fehler in Java RMI durch eine Ausnahme vom Typ `RemoteException` angezeigt. Fehlertransparenz wird also in begrenztem Maße angeboten.

Aufgabe 6.2

Eine mögliche Implementierung der Klasse `RMIReceiverImpl` könnte wie folgt aussehen:

```
import java.rmi.RemoteException;
import java.rmi.registry.*;
import java.rmi.server.UnicastRemoteObject;

public class RMIReceiverImpl extends UnicastRemoteObject
                                    implements RMIReceiver {

  public void receiveMessage(String message)
```

```
                                         throws RemoteException {
    System.out.println("Message: " + message);
  }

  public RMIReceiverImpl() throws RemoteException {}

  public static void main(String[] args) {
    try {
      RMIReceiverImpl impl = new RMIReceiverImpl();
      Registry registry = LocateRegistry.createRegistry(
                                   Registry.REGISTRY_PORT);
      registry.rebind("RMIReceiver", impl);
    } catch (Exception e) {
      e.printStackTrace();
    }
    System.out.println("RMIReceiver waiting for clients..");
  }
}
```

Eine mögliche Implementierung der Klasse RMISender könnte wie folgt aussehen:

```
import java.rmi.registry.*;
import javax.swing.JOptionPane;

public class RMISender {
  public static void main(String[] args) {
    try {
      Registry registry = LocateRegistry.getRegistry();
      RMIReceiver receiver = (RMIReceiver)
                           registry.lookup("RMIReceiver");

      while (true) {
        String message = JOptionPane.showInputDialog(null,
                                     "Your message:");
        receiver.receiveMessage(message);
      }
    } catch (Exception e) {
      e.printStackTrace();
    }
  }
}
```

A.7   Kapitel 7 – CORBA

Aufgabe 7.1

Die Object Management Architecture besteht aus den Komponenten *Object Request Broker*, *Common Object Services*, *Common Facilities*, *Domain Objects* und *Application Objects*.

Zwei ORBs kommunizieren über das *General Inter-ORB Protocol GIOP* miteinander.

Aufgabe 7.2

Eine mögliche IDL–Spezifikation könnte wie folgt aussehen:

```
// IDL

module verwaltung {
  interface Mitarbeiter {
    enum MitarbTyp {
      ANGESTELLTER, MANAGER, VORSTAND
    };

    struct AngestTyp {
      string   personenId;
      long     stundenlohn;
    };

    struct ManagerTyp {
      string   personenId;
      long     jahreseinkommen;
    };

    struct VorstandTyp {
      string   personenId;
      short    gewinnbeteiligung;
    };

    union Mitarbeiter switch ( MitarbTyp ) {
      case ANGESTELLTER: AngestTyp angestellter;
      case MANAGER: ManagerTyp manager;
      case VORSTAND: VorstandTyp vorstand;
    };

    exception UngueltigePersonenId {};
    exception PersonenIdSchonVorhanden {};

    void insert(in Mitarbeiter mit_arbeiter)
```

```
                      throws  PersonenIdSchonVorhanden ;

     Mitarbeiter  read ( in  string  personenId )
                      throws  UngueltigePersonenId ;
  };
};
```

Aufgabe 7.3

Die verschiedenen Transparenzaspekte sind in CORBA wie folgt erfüllt beziehungsweise
nicht erfüllt:

Ortstransparenz: Eine entfernte Objektreferenz ist aus Benutzersicht nicht von einer
lokalen Referenz zu unterscheiden. Außerdem ist in CORBA – im Gegensatz zu
Java RMI–Registry – auch der logische Namen, an den eine Objektreferenz im
Naming Service gebunden werden kann, ortsunabhängig, so dass volle Ortstransparenz gegeben ist.

Migrationstransparenz: Sobald der Klient im Besitz der entfernten Objektreferenz
ist, kann das Serverobjekt nicht mehr migrieren, ohne dass sich sein Stub und
damit seine entfernte Objektreferenz ändert. Der logische Name des Objekts ändert sich jedoch nicht zwangsläufig. Migrationstransparenz ist deshalb in CORBA
teilweise gegeben.

Relokationstransparenz: Ein Objekt kann seine Lokation nicht ändern, während Methoden an ihm aufgerufen werden. Relokationstransparenz ist somit nicht erfüllt.

Nebenläufigkeitstransparenz: kann und muss im Serverobjekt mit den Mitteln der
jeweils verwendeten Programmiersprache realisiert werden. Sie hängt also davon
ab, ob die serverseitige Programmiersprache Nebenläufigkeit und Sperren ermöglicht.

Aufgabe 7.4

Vorteile des CORBA Naming Service gegenüber Java-RMI-URLs sind etwa:

- Der CORBA Naming Service ist flexibler als Java-RMI-URLs, beliebige Namensräume sind definierbar.

- Lokationstransparenz. Die benutzerdefinierten Namensräume müssen *nicht* die Lokation des Serverobjektes beinhalten.

Nachteile sind zum Beispiel:

- Die Verwendung des CORBA Naming Service ist schwieriger als die von RMI-
  URLs.

- In einer verteilten Umgebung muß man sich auf einen gemeinsamen Namensraum
  einigen, an den sich alle Serverobjekte halten müssen.

Aufgabe 7.5

Eine mögliche Implementierung der Klasse CorbaReceiverImpl könnte wie folgt aussehen:

```java
// Java

package exercises.chapter7.problem5;

import org.omg.CORBA.ORB;
import org.omg.CosNaming.*;
import org.omg.PortableServer.*;
import exercises.chapter7.idl.*;

public class CorbaReceiverImpl extends CorbaReceiverPOA {

    public void receiveMessage(String message) {
        System.out.println("Message: " + message);
    }

    public static void main(String[] args) {
        try {
            ORB orb = ORB.init(args, null);

            POA rootpoa = POAHelper.narrow(
                    orb.resolve_initial_references("RootPOA"));
            rootpoa.the_POAManager().activate();

            NamingContextExt nameService =
                NamingContextExtHelper.narrow(
                    orb.resolve_initial_references("NameService"));

            org.omg.CORBA.Object ref =
                    rootpoa.servant_to_reference(
                        new CorbaReceiverImpl());
            CorbaReceiver server = CorbaReceiverHelper.narrow(ref);

            nameService.rebind(nameService.to_name("CorbaReceiver"),
                        server);
            System.out.println("Receiver ready and waiting ...");

            orb.run();
        } catch (Exception e) {
            e.printStackTrace();
        }
    }
}
```

Eine mögliche Implementierung der Klasse `CorbaSender` könnte wie folgt aussehen:

```java
// Java

package exercises.chapter7.problem5;

import javax.swing.JOptionPane;
import org.omg.CORBA.ORB;
import org.omg.CosNaming.*;
import exercises.chapter7.idl.*;

public class CorbaSender {
  CorbaReceiver receiver;

  public CorbaSender(CorbaReceiver receiver) {
    this.receiver = receiver;
  }

  public void run() {
    while (true) {
      String message =
          JOptionPane.showInputDialog("Message: ");
      receiver.receiveMessage(message);
    }
  }

  public static void main(String[] args) {
    ORB orb = ORB.init(args, null);

    try {
      NamingContextExt nameService =
        NamingContextExtHelper.narrow(
          orb.resolve_initial_references("NameService"));

      CorbaReceiver receiver = CorbaReceiverHelper.narrow(
        nameService.resolve_str("CorbaReceiver"));

      new CorbaSender(receiver).run();
    } catch (Exception e) {
      e.printStackTrace(System.out);
    }
  }
}
```

Aufgabe 7.6

Die modifizierte Variante der Klasse `CorbaReceiverImpl` könnte wie folgt aussehen:

```java
// Java

package exercises.chapter7.problem6;

import java.io.FileOutputStream;
import java.io.ObjectOutputStream;
import org.omg.CORBA.ORB;
import org.omg.PortableServer.*;
import exercises.chapter7.idl.*;

public class CorbaReceiverImpl extends CorbaReceiverPOA {

  public void receiveMessage(String message) {
    System.out.println("Message: " + message);
  }

  public static void main(String[] args) {
    try {
      ORB orb = ORB.init(args, null);

      POA rootpoa = POAHelper.narrow(
            orb.resolve_initial_references("RootPOA"));
      rootpoa.the_POAManager().activate();

      org.omg.CORBA.Object ref =
            rootpoa.servant_to_reference(
                new CorbaReceiverImpl());
      CorbaReceiver server = CorbaReceiverHelper.narrow(ref);

      ObjectOutputStream oostream = new ObjectOutputStream(
                new FileOutputStream("/tmp/t.tmp"));

      oostream.writeObject(orb.object_to_string(server));
      oostream.flush();
      oostream.close();

      System.out.println("Receiver ready and waiting ...");

      orb.run();
    } catch (Exception e) {
      e.printStackTrace();
    }
  }
}
```

Die modifizierte Variante der Klasse `CorbaSender` könnte wie folgt aussehen:

```java
// Java

package exercises.chapter7.problem6;

import java.io.*;
import javax.swing.JOptionPane;
import org.omg.CORBA.ORB;
import exercises.chapter7.idl.*;

public class CorbaSender {
  CorbaReceiver receiver;

  public CorbaSender(CorbaReceiver receiver) {
    this.receiver = receiver;
  }

  public void run() {
    while (true) {
      String message =
            JOptionPane.showInputDialog("Message: ");
      receiver.receiveMessage(message);
    }
  }

  public static void main(String[] args) {
    ORB orb = ORB.init(args, null);

    try {
      ObjectInputStream oistream = new ObjectInputStream(
        new FileInputStream("/tmp/t.tmp"));

      String stringRef = (String) oistream.readObject();
      oistream.close();

      org.omg.CORBA.Object obj =
            orb.string_to_object(stringRef);
      CorbaReceiver receiver = CorbaReceiverHelper.narrow(obj);
      new CorbaSender(receiver).run();
    } catch (Exception e) {
      e.printStackTrace(System.out);
    }
  }
}
```

A.8   Kapitel 8 – Jini

Aufgabe 8.1

Bestehender Code kann relativ einfach als Jini-Dienst zur Verfügung gestellt werden.
Dazu wird der existierende Code als stationärer Dienstteil verwendet, der von einem neu
geschriebenen, *schlanken* Dienst-Proxy angesteuert beziehungsweise *eingehüllt* wird.

Nur der neue Dienstproxy, der in Java geschrieben sein muss, wird zum Jini-Klienten
heruntergeladen. Da Jini sich nicht für die Kommunikation zwischen stationärem Dienstteil und Proxy interessiert, kann der schon existente stationäre Dienstteil über ein be-
liebiges, möglicherweise proprietäres Protokoll angesteuert werden.

Aufgabe 8.2

Aufgrund zweier Konventionen können Jini-Dienste und -Klienten auch in fremden Netzen einen Lookup-Service finden:

1. Lookup-Services annoncieren ihre Existenz auf der reservierten IP-Mulicast-
   Adresse 224.0.1.84.

2. Lookup-Services horchen auf der reservierten IP-Multicast-Adresse 224.0.1.85 auf
   eingehende Discovery-Nachrichten.

Aufgabe 8.3

Die verschiedenen Transparenzaspekte sind in Jini wie folgt erfüllt beziehungsweise nicht
erfüllt:

- *Ortstransparenz*: Dadurch, dass zum einem Dienste über den Lookup–Server vermittelt werden und zum anderen Lookup–Server auch in fremden Netzen gefunden
  werden können, bietet Jini Ortstransparenz.

- *Migrationstransparenz*: Ein Dienst kann transparent von einem Rechner zu einem
  andern wandern, solange er sich nach der Migration wieder neu beim Lookup–
  Server anmeldet. Jini unterstützt also Migrationstransparenz.

- *Relokationstransparenz*: Auch in Jini kann ein Dienst sich nicht transparent von
  einem Rechner zum anderen bewegen, solange er benutzt wird. Relokationstransparenz ist demnach *nicht* gegeben.

- *Replikationstransparenz*: Ein Klient bekommt vom Lookup–Server auf Anfrage
  einen Service–Proxy, der transparent mit dem stationären Dienstteil kommuniziert. Jeder Klient bekommt eine eigene lokale Kopie des Proxys; Proxies werden
  also automatisch repliziert. Ob alle Proxies mit ein und derselben Instanz des
  stationären Dienstteils kommunizieren, oder ob der stationäre Dienstteil selbst
  repliziert ist, ist für die Klienten transparent. Replikationstransparenz ist also
  gegeben.

- *Fehlertransparenz*: Das Prinzip der Leases, d.h. dass ein Dienst nur solange beim Lookup-Server registriert bleibt, wie er seine Registrierung periodisch erneuert, bietet ein gewisses Maß an Fehlertransparenz bei der Vermittlung von Klienten und Diensten.

Aufgabe 8.4

Eine mögliche Realisierung `JiniReceiverImpl` zum Bereitstellen des Jini–Dienstes könnte wie folgt aussehen:

```java
import java.rmi.*;
import java.rmi.server.UnicastRemoteObject;
import net.jini.core.discovery.LookupLocator;
import net.jini.core.entry.Entry;
import net.jini.core.lease.Lease;
import net.jini.core.lookup.*;
import net.jini.lookup.entry.Name;

public class JiniReceiverImpl implements JiniReceiver {
  public JiniReceiverImpl() throws RemoteException {}

  public void receiveMessage(String message)
                                    throws RemoteException {
    System.out.println("Message: " + message);
  }

  public static void main(String[] args) {
    try {
      System.setSecurityManager(new RMISecurityManager());

      Entry[] attrs = new Entry[1];
      attrs[0] = new Name("MyJiniReceiver");
      JiniReceiverImpl server = new JiniReceiverImpl();
      JiniReceiver stub = (JiniReceiver)
              UnicastRemoteObject.exportObject(server, 0);
      ServiceItem serviceItem =
              new ServiceItem(null, stub, attrs);

      LookupLocator lookup =
                  new LookupLocator("jini://Localhost");
      ServiceRegistrar registrar = lookup.getRegistrar();
      registrar.register(serviceItem, Lease.FOREVER);

      System.out.println("JiniReceiver up and running... ");

    } catch (Exception e) {
```

```
      e. printStackTrace ();
    }
  }
}
```

Eine Implementierung eines des Klienten **JiniSender** könnte wie folgt aussehen:

```java
import java.rmi.RMISecurityManager;
import javax.swing.JOptionPane;
import net.jini.core.discovery.LookupLocator;
import net.jini.core.entry.Entry;
import net.jini.core.lookup.*;
import net.jini.lookup.entry.Name;

public class JiniSender {
  private JiniReceiver receiver;

  public JiniSender() {
    try {
      LookupLocator lookup =
              new LookupLocator("jini://localhost");
      ServiceRegistrar registrar = lookup.getRegistrar();
      Entry[] attrs = new Entry[1];
      attrs[0] = new Name("MyJiniReceiver");
      Class<?>[] classes = { JiniReceiver.class };
      ServiceTemplate template =
              new ServiceTemplate(null, classes, attrs);
      receiver = (JiniReceiver) registrar.lookup(template);
    } catch (Exception e) {
      e.printStackTrace();
    }
  }

  private void run() {
    try {
      while (true) {
        String message =
                JOptionPane.showInputDialog("Your message: ");
        receiver.receiveMessage(message);
      }
    } catch (Exception e) {
      e.printStackTrace();
    }
  }

  public static void main(String[] args) {
    System.setSecurityManager(new RMISecurityManager());
```

```
    new JiniSender ().run ();
  }
}
```

Aufgabe 8.5

Die notwendige Modifikation der Klasse `JiniReceiverImpl` umfasst lediglich die folgenden beiden Punkte:

1. Die modifizierte Klasse implementiert die Schnittstelle `java.io.Serializable`.

2. Das Objekt `server` wird nicht exportiert; stattdessen wird bei der Konstruktion des `ServiceItem`–Objekts nicht der Stub, sondern das (serialisierbare) Serverobjekt selbst übergeben.

Mit diesen Änderungen ergibt sich folgendes Programmlisting für die modifizierte Variante der Klasse `JiniReceiverImpl`:

```java
import java.io.Serializable ;
import java.rmi.*;
import net.jini.core.discovery.LookupLocator ;
import net.jini.core.entry.Entry ;
import net.jini.core.lease.Lease ;
import net.jini.core.lookup.*;
import net.jini.lookup.entry.Name;

public class JiniReceiverImpl implements JiniReceiver ,
                                         Serializable {
  public JiniReceiverImpl() throws RemoteException {}

  public void receiveMessage(String message)
                             throws RemoteException {
    System.out.println("Message: " + message );
  }

  public static void main(String[] args) {
    try {
      System.setSecurityManager (new RMISecurityManager ());

      Entry[] attrs = new Entry [1];
      attrs [0] = new Name("MyJiniReceiver");
      JiniReceiverImpl server = new JiniReceiverImpl ();
      ServiceItem serviceItem =
                      new ServiceItem (null , server , attrs );

      LookupLocator lookup =
```

```
                            new LookupLocator("jini://Localhost");
                ServiceRegistrar registrar = lookup.getRegistrar();
                registrar.register(serviceItem, Lease.FOREVER);

                System.out.println("JiniReceiver up and running... ");

            } catch (Exception e) {
                e.printStackTrace();
            }
        }
    }
```

A.9   Kapitel 9 – Andere Ansätze

Aufgabe 9.1

Alle drei Kommunikationsmechanismen sind sprachunabhängig.

Aufgabe 9.2

Die dynamische RMI–Serveraktivierung ist eine Art Mischform zwischen Klientenaktivierung und dem Singleton–Aktivierungsmodus in .NET Remote. Die Instantiierung des entsprechende RMI–Serverobjekts wird zwar aufgrund eines Methodenaufrufs vom Klienten angestoßen, das Serverobjekt steht dann aber allen Klienten zur Verfügung.

B   Glossar

Applet

Ein Applet ist ein Java-Programm, das von einem (Java-fähigen) Web-Browser aus-geführt wird. HTML-Seiten können auf Applets verweisen; wenn eine solche Seite von einem Web-Browser angezeigt wird, wird das entsprechende Applet über das Internet heruntergeladen und lokal – unter Kontrolle des Web-Browsers – ausgeführt. Der we-sentliche Unterschied zwischen einer Java-Applikation und einem Java-Applet besteht darin, dass Applets nicht über eine `main`-Methode gestartet werden, sondern über die Schnittstelle der Klasse `Applet` kontrolliert werden. Aus Sicherheitsgründen sind App-lets einigen Einschränkungen bzgl. Zugriffe auf Dateien, Socketverbindungen zu fremden Rechner, etc. unterworfen.

Common Object Services

CORBA bietet eine ganze Reihe von allgemein verfügbaren und immer wieder benö-tigten Diensten, die sog. Common Object Services, an. Sie sind als CORBA-Objekte mit einer fest definierten Schnittstelle realisiert. Zwei sehr wichtige Common Object Services sind z.B. der *Naming Service* und der *Trading Service*.

CORBA

Die *Common Object Request Broker Architecture CORBA* ist eine Spezifikation der *Ob-ject Management Group OMG*. Die OMG ist ein Industriekonsortium von mittlerweile über 850 Mitgliedern und hat das Ziel, den Einsatz objektorientierter Software zu för-dern. Mit CORBA hat sich quasi die gesamte Software-Industrie auf eine gemeinsame Definition eines verteilten Objektmodells geeinigt. CORBA unterstützt die Kooperati-on verteilter Anwendungen über sprachunabhängige Methodenfernaufrufe und ist für nahezu alle verfügbaren Plattformen erhältlich.

CORBA Interface Definition Language IDL

Die Interface Definition Language dient dazu, die Schnittstelle eines entfernten Objektes unabhängig von der Implementierungssprache anzugeben. Die Syntax der CORBA IDL ist stark an C++ angelehnt, enthält aber nur Konstrukte zur Typ-, Konstanten- und Operationsdeklaration, jedoch keine Kontrollstrukturen.

DCOM

Micosofts *Distributed Component Object Model* DCOM ist eine Erweiterung des *Component Object Model* COM, das ebenfalls von Microsoft entwickelt wurde. Beide Modelle basieren auf DCE und damit auch auf RPC. Mit Hilfe von COM und DCOM lassen sich binäre Bibliotheken (nahezu) beliebiger Programmiersprachen so kapseln, dass auf sie über eine sprachunabhängige Schnittstelle zugegriffen werden kann. DCOM kennt keine Vererbung. Stattdessen bietet es die Konzepte der *Aggregation* bzw. der *Delegation* an. In beiden Fällen können Objekte in andere Objekte eingebettet werden. Die Schnittstellen der inneren Objekte werden dabei nach außen weitergereicht. Der Zugriff auf ein DCOM-Objekt geschieht immer über eine Schnittstelle. DCOM erlaubt dynamische Methodenaufrufe.

Discovery

Das Jini-Discovery-Protokoll wird von Jini-Klienten und Jini-Diensten verwendet, um einen lokalen Lookup-Service aufzufinden. Dazu sendet der Jini-Klient bzw. -Dienst eine Discovery-Nachricht auf einer bestimmten IP-Multicast-Adresse, auf der Lookup-Services horchen müssen.

Garbage Collection

Objekte werden in Java mit Hilfe des **new**-Operators erzeugt. Es gibt aber keinen Operator zum Freigeben eines Objektes, was daran liegt, dass Java das Freigeben unbenötigten Speichers selbst durchführt; diesen Vorgang nennt man Garbage Collection. Wird ein Objekt nicht mehr benötigt – d.h. verweist keine Referenz mehr auf das Objekt –, dann wird es automatisch freigegeben.

Java Remote Method Invocation (Java RMI)

Java RMI ist die Java-Realisierung des Methodenfernaufrufs. Java RMI ist eine homogene, sprachabhängige Technologie, bei der alle miteinander kommunizierenden Komponenten in Java implementiert sein müssen.

Jini

Jini ist eine Technologie, die es Klienten selbst in fremden Netzen erlaubt, Dienste zu finden. Das basiert auf der Idee, Lookup-Services zu verwenden, bei denen Dienste sich anmelden und Klienten nachfragen können. Ein Jini–Dienst besteht aus einem portablen, in Java programmierten Dienstproxy, der zur Erledigung seiner Aufgabe über beliebige Kommunikationsmechanismen mit einem oder mehreren stationären Dienstteilen kommunizieren kann; die stationären Dienstteile können in beliebigen Programmiersprachen realisiert sein.

Join

Mit Hilfe des Join-Protokolls registriert sich ein Jini-Dienst bei einem oder mehreren Lookup-Services. Diese Registrierungen, die sog. *Leases*, gelten nur für eine bestimmte Zeitspanne. Wenn der Jini-Dienst sich nicht innerhalb dieser Zeit erneut anmeldet, wird er aus den Lookup-Services gelöscht.

Lease

Ein Lease ist eine temporäre Registrierung eines Jini-Dienstes bei einem Lookup-Service. Leases müssen regelmäßig erneuert werden, sonst verfallen sie. Damit folgen Leases der Idee des Soft-State-Computing. Soft-State-Computing garantiert, dass eine Anwendung sich selbst im Fehlerfalle immer wieder von selbst in einen konsistenten Zustand begibt.

Lookup-Service

Kernstück jeder Jini-Föderation ist der Lookup-Service. Jini-Dienste registrieren sich beim Lookup-Service, indem sie ihren Proxy dort hinterlegen. Jini-Klienten befragen den Lookup-Service nach passenden Diensten.

Methodenfernaufruf

Die Technik des Methodenfernaufrufs ist die logische Übertragung des Prinzips des Prozedurfernaufrufs auf das Paradigma objektorientierter Programmierung. Im Gegensatz zum Prozedurfernaufruf, wo Prozeduren von einem Server für entfernten Aufruf zur Verfügung gestellt werden, werden beim Methodenfernaufruf Objektmethoden bereitgestellt. Diese Methoden können (fast) genauso verwendet werden wie Methoden lokaler Objekte.

Nachrichtenbasierte Kommunikation

Bei nachrichtenbasierten Systemen kommunizieren Prozesse über das Austauschen von Nachrichten miteinander. Nachrichtenbasierte Kommunikation kommt mit den beiden Dienstprimitiven *send(receiverAddress, message)* und *receive(senderAddress, message)* aus. Das entspricht einem verbindungslosen, paketorientierten Kommunikationsdienst.

.NET

.NET ist ein auf den Windows–Betriebssystemen basierendes Framework zur Entwicklung von Anwendungen in beliebigen .NET–Sprachen. Zu diesen Sprachen gehören C#, C++, VB.NET, JScript.NET und J#. In .NET werden Programmteile, die sogenannten

Assemblies, in das sprachunabhängige Zwischenformat *Common Intermediate Langua-*
ge (CIL) übersetzt und dann von einer virtuellen Maschine, der *Common Language*
Runtime (CLR), ausgeführt. .NET enthält unter anderem Mechanismen für die entfernte Kommunikation, z.B. Sockets, Objektserialisierung und *.NET Remoting* für den
Methodenfernaufruf.

Object Management Architecture

Grundlage für die CORBA-Spezifikation ist die sogenannte Object Management Architecture OMA. Sie besteht aus den fünf Komponenten *Object Request Broker*, *Common*
Object Services, *Common Facilities*, *Domain Objects* und *Application Objects*.

Object Request Broker

Der *Object Request Broker ORB* stellt den Mittelpunkt der Object Management Architecture dar. Er ermöglicht es, dass Objekte in einer verteilten heterogenen Umgebung miteinander kommunizieren. Die Objekte können sich auf beliebigen Rechnern im
Netzwerk befinden. Ein Klient muss nicht wissen, wo sich ein Server befindet, wie ein
Methodenaufruf zu ihm transportiert wird oder wie der Server implementiert ist.

Objektadapter

Der Objektadapter ist für das Auffinden und gegebenenfalls für die Aktivierung des
vom Klienten gewünschten CORBA-Server-Objektes auf dem Rechner, auf dem das
Server-Objekt läuft, zuständig. Server-Objekte können *on-demand* vom Objektadapter
gestartet werden. Der Methodenfernaufruf wird vom Adapter an das Server-Skeleton
weitergegeben, das die Parameter entpackt und die eigentliche Implementierung mit der
Ausführung der Methode beauftragt. Die Rückgabe der Ergebnisse geschieht analog.

Objektserialisierung

Objektserialisierung ist die Fähigkeit, Objekte so in Byteströme zu konvertieren, dass
diese zu einem späteren Zeitpunkt oder auf einem entfernten Rechner in genaue Kopi-
en der Ausgangsobjekte zurückgewandelt werden können (*Deserialisierung*). Wenn ein
Objekt in einen Strom geschrieben wird, wird zuerst ein Header erzeugt, der unter anderem den Objekttyp enthält. Dannach werden die einzelnen Objektkomponenten mit
Hilfe der `write`-Methode ihres jeweiligen Typs geschrieben. Enthält ein zu serialisierendes Objekt selbst wieder Objekte als Komponenten, wird derselbe Vorgang rekursiv
durchgeführt. Das Einlesen geschieht analog. Außerdem gibt es die Möglichkeit, das
Serialisierungsformat selbst zu bestimmen.

Prozedurfernaufruf

Die Idee beim Prozedurfernaufruf besteht darin, für die Kommunikation zwischen entfernten Prozessen das gleiche Paradigma wie für den lokalen Funktionsaufruf zu verwenden. Der grundsätzliche Ablauf eines Prozedurfernaufrufs ist wie folgt:

1. Der aufrufende Prozeß A schickt der entfernten Prozedur B die Eingabeparameter.

2. B führt die entsprechende Funktionalität aus, während A wartet.

3. B schickt die Rückgabeparameter und das Funktionsergebnis zurück zu A.

RMI Registry

Java-Objekte, die Methoden für den entfernten Aufruf anbieten, müssen bei der RMI Registry registriert werden. Diese Objekte werden unter einer RMI-URL der Form 'rmi://<Server>:<Port>/ <Objekt>' angemeldet.

Skalierbarkeit

Unter Skalierbarkeit versteht man die Fähigkeit eines Systems, ohne strukturelle Änderungen zu wachsen. Skalierbarkeit unterteilt man in *Skalierbarkeit bezüglich der Größe*, *Skalierbarkeit bezüglich der geographischen Verteilung* und *Skalierbarkeit bezüglich der administrativen Verteilung*.

Verteilte Anwendung

Eine verteilte Anwendung besteht aus mehreren Prozessen, die typischerweise auf verschiedenen, miteinander vernetzten Rechnern laufen und die zur Erledigung einer gemeinsamen Aufgabe miteinander kooperieren. Weil die einzelnen Prozesse auf weit voneinander entfernten Rechnern laufen können, ist für die Kooperation Netzwerkkommunikation erforderlich. Eine verteilte Anwendung sitzt damit oberhalb eines Computernetzwerks; für den Benutzer sollte sich die Anwendung aber möglichst genauso darstellen, als liefe sie zentral auf seinem Rechner. Im Endeffekt verbirgt damit eine verteilte Anwendung das Netzwerk vor dem Benutzer.

Verteilungstransparenz

Verteilungstransparenz ist die Fähigkeit eines verteilten Systems, dem Benutzer den Eindruck eines zentralen Systems zu vermitteln. Allgemein nennt man ein System transparent bezüglich einer Eigenschaft, wenn diese Eigenschaft für den Benutzer unerheblich

– nicht sichtbar – ist. Verteilungstransparenz läßt sich weiter aufgliedern in die verschiedenen Teilaspekte *Zugriffstransparenz, Lokationstransparenz, Nebenläufigkeit, Replikationstransparenz, Fehlertransparenz, Ausführungstransparenz* und *Skalierungstransparenz*.

Index

www.ingramcontent.com/pod-product-compliance
Lightning Source LLC
Chambersburg PA
CBHW081101220326
41598CB00038B/7179